TITUS LIVIUS

Ab urbe condita
Liber III

Römische Geschichte
3. Buch

LATEINISCH / DEUTSCH

ÜBERSETZT UND HERAUSGEGEBEN
VON LUDWIG FLADERER

PHILIPP RECLAM JUN. STUTTGART

Dem Gedenken meiner Mutter Rosa F.

Universal-Bibliothek Nr. 2033 [3]
Alle Rechte vorbehalten
© 1988 Philipp Reclam jun. GmbH & Co., Stuttgart
Gesamtherstellung: Reclam, Ditzingen. Printed in Germany 1988
RECLAM und UNIVERSAL-BIBLIOTHEK sind eingetragene
Warenzeichen der Philipp Reclam jun. GmbH & Co., Stuttgart
ISBN 3-15-002033-6

Ab urbe condita
Liber III

Römische Geschichte
3. Buch

1 (1) Antio capto, Ti. Aemilius et Q. Fabius consules fiunt. Hic erat Fabius qui unus exstinctae ad Cremeram genti superfuerat. (2) Iam priore consulatu Aemilius dandi agri plebi fuerat auctor; itaque secundo quoque consulatu eius et agrarii se in spem legis erexerant, et tribuni, rem contra consules saepe temptatam adiutore utique consule obtineri posse rati, suscipiunt, et consul manebat in sententia sua. (3) Possessores et magna pars patrum, tribuniciis se iactare actionibus principem civitatis et largiendo de alieno popularem fieri querentes, totius invidiam rei a tribunis in consulem averterant. (4) Atrox certamen aderat, ni Fabius consilio neutri parti acerbo rem expedisset: T. Quincti ductu et auspicio agri captum priore anno aliquantum a Volscis esse; (5) Antium, propinquam, opportunam et maritimam urbem, coloniam deduci posse; ita sine querellis possessorum plebem in agros ituram, civitatem in concordia fore. (6) Haec sententia accepta est. Triumviros agro dando creant T. Quinctium, A. Verginium, P. Furium; iussi nomina dare qui agrum accipere vellent. (7) Fecit statim, ut fit, fastidium copia adeoque pauci nomina dedere ut ad explendum numerum coloni Volsci

1 (1) Nach der Einnahme von Antium wurden Ti. Aemilius und Q. Fabius Konsuln. Letzterer war eben jener Fabier[1], der als einziger von seinem an der Cremera ausgelöschten Geschlecht mit dem Leben davongekommen war. (2) Aemilius[2] war schon während seines ersten Konsulates Wortführer für die Verteilung von Ackerland an das besitzlose Volk gewesen. Daher hatten auch in seinem zweiten Konsulat die Befürworter einer Landverteilung in Erwartung eines Gesetzes Mut gefaßt; dazu nahmen sich die Tribunen der Sache an, weil sie meinten, was oft gegen die Konsuln versucht worden war, könne auf jeden Fall *mit* einem Konsul als Beistand durchgesetzt werden; und auch der Konsul blieb bei seiner Ansicht. (3) Die Pächter von Staatsland sowie ein Großteil der Väter hatten mit ihrer Klage, der erste Mann des Gemeinwesens schmücke sich mit dem Gebaren eines Volkstribunen und mache sich durch Verschleuderung fremder Habe beim Volk Liebkind, den Haß in der ganzen Sache von den Tribunen auf den Konsul gelenkt. (4) Eine heftige Auseinandersetzung stand bevor,[3] hätte nicht Fabius durch einen für keine der beiden Seiten bitteren Ratschluß die Lage entschärft: unter des T. Quinctius Führung und Auspizien[4] sei im Vorjahr den Volskern ein ansehnliches Stück Ackerboden entrissen worden; (5) nach Antium, einer nahegelegenen und gut erreichbaren Küstenstadt könne man Kolonisten entsenden; auf diese Weise werde das besitzlose Volk ohne Einspruch von Pächtern Ackerland übernehmen und Eintracht in der Bürgerschaft herrschen. (6) Dieser Vorschlag wurde angenommen. Als Dreierrat[5] für die Verteilung des Bodens wählte man T. Quinctius, A. Verginius sowie P. Furius und forderte alle, die ein Grundstück übernehmen wollten, auf, ihre Namen anzugeben. (7) Doch sofort erregte der Reichtum – so geschieht es eben – Verdruß, und es ließen sich dermaßen wenige eintragen, daß volskische Kolonisten herangezogen

adderentur; cetera multitudo poscere Romae agrum malle quam alibi accipere. (8) Aequi a Q. Fabio – is eo cum exercitu venerat – pacem petiere, inritamque eam ipsi subita incursione in agrum Latinum fecere.

2 (1) Q. Servilius insequenti anno – is enim cum Sp. Postumio consul fuit – in Aequos missus in Latino agro stativa habuit castra. Quies necessaria morbo implicitum exercitum tenuit. (2) Extractum in tertium annum bellum est Q. Fabio et T. Quinctio consulibus. Fabio extra ordinem, quia is victor pacem Aequis dederat, ea provincia data. (3) Qui haud dubia spe profectus famam nominis sui pacaturam Aequos, legatos in concilium gentis missos nuntiare iussit Q. Fabium consulem dicere se ex Aequis pacem Romam tulisse, ab Roma Aequis bellum adferre eadem dextera armata quam pacatam illis antea dederat. (4) quorum id perfidia et periurio fiat, deos nunc testes esse, mox fore ultores. se tamen, utcumque sit, etiam nunc paenitere sua sponte Aequos quam pati hostilia malle. (5) si paeniteat, tutum receptum ad expertam clementiam fore: sin periurio gaudeant, dis magis iratis quam hostibus gesturos bellum. (6) Haec dicta adeo nihil moverunt quemquam ut legati prope violati sint exercitusque in Algidum adversus Romanos missus. (7) Quae ubi Romam sunt nuntiata, indignitas rei magis quam periculum consulem alterum ab urbe excivit. Ita duo consulares exercitus ad ho-

Römische Geschichte 3. Buch 7

wurden, um die Zahl zu vervollständigen; die verbleibende Mehrheit zog es vor, in Rom Ackerland zu fordern, als es sonstwo geschenkt zu bekommen.[6] (8) Die Aequer baten Q. Fabius – mit einem Heer war er ja dort eingerückt – um Frieden, machten diesen aber durch einen plötzlichen Einfall ins Latinerland selbst gegenstandslos.

2 (1) Q. Servilius wurde im darauffolgenden Jahr, er war nämlich zusammen mit Sp. Postumius Konsul,[7] gegen die Aequer geschickt und hatte sein Standlager noch auf latinischem Boden, wo das Heer von einer Krankheit[8] befallen wurde, so daß aufgezwungene Untätigkeit es niederhielt. (2) So zog sich der Krieg ins dritte Jahr, als Q. Fabius und T. Quinctius Konsuln wurden. Dem Fabius gab man dieses Einsatzgebiet[9] ohne Rücksicht auf das herkömmliche Verfahren,[10] weil er den Aequern nach seinem Sieg Frieden gewährt hatte. (3) Dieser Mann also, der mit der festen Überzeugung losgezogen war, der Klang seines Namens werde die Aequer befrieden, sandte Unterhändler vor die Versammlung des Stammes und befahl ihnen kundzutun, der Konsul Q. Fabius erkläre, daß er den Frieden von den Aequern nach Rom gebracht habe, nun aber von Rom den Aequern Krieg bringe in derselben, jetzt allerdings bewaffneten Rechten, welche er ihnen vorher friedvoll gereicht habe. (4) Durch wessen tückischen Meineid[11] dies geschehe, dafür seien im Augenblick die Götter[12] Zeugen, die bald zu Rächern würden. Wie dem auch sei – ihm sei es dennoch lieber, wenn die Aequer auch jetzt erst zur Reue fänden, als daß sie Feindseligkeiten erlitten. (5) Sollten sie Reue empfinden, gebe es sichere Zuflucht zur alterprobten Milde: hätten sie aber ihre Freude am Meineid, würden sie eher gegen erzürnte Götter als gegen Kriegsfeinde Krieg führen. (6) Diese Worte ließen jedermann dermaßen unbeeindruckt, daß man den Unterhändlern beinahe Gewalt antat, obendrein noch ein Heer gegen die Römer zum Algidus entsandte. (7) Sobald das in Rom bekanntgeworden war, rief eher die Empörung darüber als eine Gefahr den zweiten Konsul aus der Stadt. So rückten zwei konsularische

8 *Ab urbe condita liber III*

stem accessere acie instructa ut confestim dimicarent. (8) Sed cum forte haud multum diei superesset, unus ab statione hostium exclamat: 'Ostentare hoc est, Romani, non gerere bellum. (9) In noctem imminentem aciem instruitis; longiore luce ad id certamen quod instat nobis opus est. Crastino die oriente sole redite in aciem; erit copia pugnandi; ne timete.' (10) His vocibus inritatus miles in diem posterum in castra reducitur, longam venire noctem ratus quae moram certamini faceret. Tum quidem corpora cibo somnoque curant; ubi inluxit postero die, prior aliquanto constitit Romana acies; tandem et Aequi processere. (11) Proelium fuit utrimque vehemens, quod et Romanus ira odioque pugnabat et Aequos conscientia contracti culpa periculi et desperatio futurae sibi postea fidei ultima audere et experiri cogebat. (12) Non tamen sustinuere aciem Romanam Aequi; pulsique cum in fines suos se recepissent, nihilo inclinatioribus ad pacem animis ferox multitudo increpare duces quod in aciem, qua pugnandi arte Romanus excellat, commissa res sit; (13) Aequos populationibus incursionibusque meliores esse et multas passim manus quam magnam molem unius exercitus rectius bella gerere.

3 (1) Relicto itaque castris praesidio egressi tanto cum tumultu invasere fines Romanos, ut ad urbem quoque terrorem pertulerint. (2) Necopinata etiam res plus trepidationis fecit,

Römische Geschichte 3. Buch 9

Heere in Schlachtordnung gegen den Feind, um unverzüglich zu kämpfen. (8) Da aber der Tag gerade zur Neige ging, rief einer vom feindlichen Wachposten herüber: »Kriegsgeprahle ist das, Römer, nicht Kriegführung! (9) Für die kurze Zeit bis zum Einbruch der Nacht richtet ihr die Schlachtordnung ein, aber für den Kampf, der bevorsteht, ist das Tageslicht länger vonnöten. Kehrt am morgigen Tag bei Sonnenaufgang in die Aufstellung zurück – im Überfluß wird es da zu kämpfen geben, nur keine Angst!« (10) Die von solchen Rufen aufgebrachten Soldaten wurden ins Lager zurückgeführt, um den kommenden Tag zu erwarten. Ihnen schien es, als ob eine lange Nacht bevorstehe, da sie den Kampf verzögere. Dann freilich erquickten sie sich mit Speis und Schlaf; als es aber tags darauf hell wurde, bezog das römische Treffen bedeutend früher seine Stellung; endlich rückten auch die Aequer heran. (11) Heftig war auf beiden Seiten der Kampf, weil die Römer voll Zorn und Haß fochten, andererseits zwang das Bewußtsein, schuldhaft eine Gefahr heraufbeschworen zu haben, sowie die tiefe Verzweiflung über ihre künftige Glaubwürdigkeit, die Aequer dazu, das Letzte zu wagen und zu versuchen. (12) Trotzdem hielten die Aequer der römischen Schlachtreihe nicht stand; doch nachdem sie sich geschlagen in ihr Gebiet zurückgezogen hatten, schalt in einer Stimmung, die trotz allem einem Frieden nicht geneigter war, die tobende Menge ihre Führer, daß die Auseinandersetzung in offener Feldschlacht entschieden worden sei, wo doch der Römer sich gerade in dieser Kampfesweise auszeichne; (13) die Aequer hingegen seien bei Plünderungen wie auch bei Streifzügen überlegen, und eine große Zahl einzelner Verbände führe wirksamer Krieg als die Riesenmasse eines einzelnen Heeres.

3 (1) So ließen sie also eine Besatzung im Lager, setzten sich in Marsch und fielen mit derartigem Ungestüm ins Land der Römer ein, daß sie das Entsetzen sogar bis vor die Stadt trugen. (2) Der unerwartete Vorfall erregte darüber hinaus noch mehr Bestürzung, weil man alles eher befürchten konnte, als

10 *Ab urbe condita   liber III*

quod nihil minus quam ne victus ac prope in castris obsessus hostis memor populationis esset timeri poterat; (3) agrestesque pavidi incidentes portis non populationem nec praedonum parvas manus, sed omnia vano augentes timore exercitus et legiones adesse hostium et infesto agmine ruere ad urbem clamabant. (4) Ab iis proximi audita incerta eoque vaniora ferre ad alios. Cursus clamorque vocantium ad arma haud multum a pavore captae urbis abesse. Forte ab Algido Quinctius consul redierat Romam. (5) Id remedium timori fuit; tumultuque sedato victos timeri increpans hostes, praesidia portis imposuit. (6) Vocato dein senatu cum ex auctoritate patrum iustitio indicto profectus ad tutandos fines esset Q. Servilio praefecto urbis relicto, hostem in agris non invenit. (7) Ab altero consule res gesta egregie est; qui, qua venturum hostem sciebat, gravem praeda eoque impeditiore agmine incedentem adgressus, funestam populationem fecit. (8) Pauci hostium evasere ex insidiis, praeda omnis recepta est. Sic finem iustitio, quod quadriduum fuit, reditus Quincti consulis in urbem fecit. (9) Census deinde actus et conditum ab Quinctio lustrum. Censa civium capita centum quattuor milia septingenta quattuordecim dicuntur praeter orbos orbasque. (10) In Aequis nihil deinde memorabile actum; in oppida sua se recepere, uri sua popularique passi. Consul cum

Römische Geschichte   3. Buch   11

daß ein besiegter, ja beinahe im eigenen Lager eingeschlossener Feind noch an Plünderung dächte. (3) Ferner strömte die Landbevölkerung angsterfüllt durch die Stadttore und schrie, in ihrer grundlosen Panik noch alles übertreibend, es gehe weder um Plünderungen noch um unbedeutende Räuberbanden, sondern Heere und Legionen der Feinde seien da, die in bedrohlichem Zuge in Richtung Stadt stürmten. (4) Von ihnen gaben die Nächststehenden, was sie gehört hatten, unsicher und deshalb übertrieben an andere weiter. Das Gedränge und die Stimmen derer, die zu den Waffen riefen, stand der Panik in einer eroberten Stadt nicht viel nach.[13] (5) Zufällig[14] war der Konsul Quinctius vom Algidus nach Rom zurückgekehrt. Das war ein Heilmittel gegen die Furcht; und nachdem sich der Aufruhr beruhigt hatte, verteilte er an den Toren Wachposten, wobei er heftig tadelte, daß man sich vor besiegten Feinden fürchte. (6) Dann berief er den Senat ein, und als er nach dem gemäß der Weisung der Väter erlassenen Stillstand der Gerichte[15] aufgebrochen war, um die Grenzen zu sichern – Q. Servilius war als Stadtpräfekt[16] zurückgeblieben –, fand er den Feind nicht mehr im Lande: (7) der zweite Konsul hatte den Feldzug schon erfolgreich abgeschlossen. Er griff nämlich den Feind, der beutebeladen und daher in recht schwerfälliger Kolonne dahinzog, dort an, wo er seinem Wissen nach vorüberkommen mußte, und bereitete seinem Raubzug ein tödliches Ende. (8) Wenige Feinde entrannen dem Hinterhalt, die Beute wurde zur Gänze zurückgewonnen. So bewirkte die Rückkehr des Konsuls Quinctius in die Stadt das Ende des Gerichtsstillstandes, der vier Tage gewährt hatte. (9) Hierauf wurde von Quinctius eine Volkszählung abgehalten und das abschließende Reinigungsopfer[17] dargebracht. Es sollen 104714 Bürger gezählt worden sein, Witwen und Waisen ausgeschlossen. (10) Gegen die Aequer wurde dann nichts Erwähnenswertes mehr unternommen; sie zogen sich in ihre Städte zurück und duldeten, daß man ihre Habe brandschatzte und plünderte. Als der Konsul mit seinem Heer das ganze Feindesland etliche Male plündernd

12 Ab urbe condita liber III

aliquotiens per omnem hostium agrum infesto agmine popu-
labundus isset, cum ingenti laude praedaque Romam rediit.
4 (1) Consules inde A. Postumius Albus Sp. Furius Fusus.
Furios Fusios scripsere quidam; id admoneo ne quis immu-
tationem virorum ipsorum esse quae nominum est putet.
(2) Haud dubium erat quin cum Aequis alter consulum
bellum gereret. Itaque Aequi ab Ecetranis Volscis praesidium
petiere; quo cupide oblato – adeo civitates eae perpetuo in
Romanos odio certavere – bellum summa vi parabatur.
(3) Sentiunt Hernici et praedicunt Romanis Ecetranum ad
Aequos descisse. Suspecta et colonia Antium fuit, quod
magna vis hominum inde, cum oppidum captum esset, confu-
gisset ad Aequos; isque miles per bellum Aequicum vel acerri-
mus fuit; (4) compulsis deinde in oppida Aequis, ea multitudo
dilapsa cum Antium redisset, sua sponte iam infidos colonos
Romanis abalienavit. (5) Necdum matura re cum defectionem
parari delatum ad senatum esset, datum negotium est consulibus ut principibus coloniae Romam excitis quaererent quid
rei esset. (6) Qui cum haud gravate venissent, introducti a
consulibus ad senatum ita responderunt ad interrogata ut
magis suspecti quam venerant dimitterentur.
(7) Bellum inde haud dubium haberi. Sp. Furius consulum
alter cui ea provincia evenerat profectus in Aequos, Herni-
corum in agro populabundum hostem invenit, ignarusque
multitudinis, quia nusquam universa conspecta fuerat, impa-

Römische Geschichte 3. Buch 13

durchzogen hatte, kehrte er reich an Ruhm und Beute nach Rom zurück.

4 (1) Hierauf waren A. Postumius Albus und Sp. Furius Fusus Konsul. Anstelle von »Furius« haben einige »Fusius« geschrieben;[18] ich weise deshalb darauf hin, damit niemand für eine Vertauschung der Personen hält, was nur eine Änderung der Namensformen ist. (2) Es bestand kein Zweifel, daß einer der beiden Konsuln gegen die Aequer Krieg führen würde. Daher baten die Aequer die Volsker aus Ecetra um Hilfe; diese wurde auch bereitwillig[19] gewährt – so sehr standen diese Stämme in ihrem unauslöschlichen Haß gegen die Römer im Wettstreit – und der Feldzug wurde mit größter Energie vorbereitet. (3) Die Herniker hörten davon und benachrichtigten[20] die Römer vom Abfall der Ecetraner zu den Aequern. Mit Argwohn betrachtete man auch die Kolonie Antium, weil bei der Eroberung dieser Stadt von dort eine große Menschenmenge zu den Aequern übergelaufen war und eben jene Soldaten während des Aequerkrieges wohl die tapfersten waren; (4) als man dann die Aequer in ihre befestigten Plätze zurückgeworfen hatte, machte sich diese Gruppe aus dem Staube, kehrte nach Antium zurück und wiegelte die von sich aus schon verräterischen Kolonisten gegen die Römer auf. (5) Da man aber, noch ehe die Sache ausgereift war, dem Senat hinterbrachte, daß eine Verschwörung vorbereitet werde, erteilte man den Konsuln den Auftrag, die ersten Männer der Kolonie nach Rom zu laden und sie zu befragen, was vor sich gehe. (6) Diese kamen zwar, ohne sich zu sträuben, und wurden von den Konsuln vor den Senat geführt, gaben jedoch in einer Weise auf die Fragen Antwort, daß sie bei ihrer Entlassung unter größerem Verdacht standen als bei ihrer Ankunft.

(7) Von da an hielt man den Krieg für unvermeidlich. Sp. Furius, der eine der beiden Konsuln, dem dieses Kommando zugefallen war, rückte gegen die Aequer ab, traf im Land der Herniker auf den plündernden Feind und über dessen Stärke im Unklaren – niemals war sie als Ganzes zu sehen gewesen –,

rem copiis exercitum temere pugnae commisit. (8) Primo concursu pulsus se intra castra recepit. Neque is finis periculi fuit; namque et proxima nocte et postero die tanta vi castra sunt circumsessa atque oppugnata ut ne nuntius quidem inde mitti Romam posset. (9) Hernici et male pugnatum et consulem exercitumque obsideri nuntiaverunt, tantumque terrorem incussere patribus ut, quae forma senatus consulti ultimae semper necessitatis habita est, Postumio, alteri consulum, negotium daretur videret ne quid res publica detrimenti caperet. (10) Ipsum consulem Romae manere ad conscribendos omnes qui arma ferre possent optimum visum est; pro consule T. Quinctium subsidio castris cum sociali exercitu mitti; (11) ad eum explendum Latini Hernicique et colonia Antium dare Quinctio subitarios milites – ita tum repentina auxilia appellabant – iussi.

5 (1) Multi per eos dies motus multique impetus hinc atque illinc facti, quia superante multitudine hostes carpere multifariam vires Romanas, ut non suffecturas ad omnia, adgressi sunt; (2) simul castra oppugnabantur, simul pars exercitus ad populandum agrum Romanum missa urbemque ipsam, si qua fortuna daret, temptandam. (3) L. Valerius ad praesidium urbis relictus, consul Postumius ad arcendas populationes finium missus. (4) Nihil remissum ab ulla parte curae aut laboris; vigiliae in urbe, stationes ante portas praesidiaque in muris disposita, et, quod necesse erat in tanto tumultu, iusti-

Römische Geschichte 3. Buch 15

warf er sein diesen Truppen nicht gewachsenes Heer auf gut Glück in die Schlacht. (8) Beim ersten Angriff geschlagen, zog er sich ins Lager zurück. Aber auch das bedeutete nicht das Ende der Gefahr, weil in der nächsten Nacht wie auch am folgenden Tag das Lager mit solcher Macht belagert, ja berannt wurde, daß nicht einmal ein Bote von dort nach Rom geschickt werden konnte. (9) Die Herniker brachten die Kunde, daß unglücklich gekämpft worden sei und Konsul wie Heer belagert würden. Damit jagten sie den Vätern einen derartigen Schauder ein, daß man Postumius, dem anderen Konsul, die Weisung erteilte, »er möge Vorsorge treffen, daß der Staat keinen Schaden nehme« – eine Form des Senatsbeschlusses, die stets als Zeichen der tiefsten Drangsal gewertet wurde.[21] (10) Am besten schien es, wenn der Konsul selbst in Rom bliebe, um alle Waffenfähigen auszuheben, und anstelle des Konsuls[22] den T. Quinctius mit einem Bundesgenossenheer zum Entsatz des Lagers zu schicken. (11) Um dieses Heer zu ergänzen, wurde den Latinern, Hernikern und der Kolonie Antium aufgetragen, dem Quinctius »Eingreiftruppen« – so nannte man damals die in Eile rekrutierten Hilfstruppen – zur Verfügung zu stellen.

5 (1) Zahlreich waren in jenen Tagen die Truppenverschiebungen, zahlreich auch die Angriffe von verschiedenen Seiten, weil die Feinde in ihrer zahlenmäßigen Überlegenheit die römischen Kräfte oft und an verschiedenen Punkten attackierten, um sie zu zersplittern, überzeugt, jene könnten nicht allem standhalten; (2) zur selben Zeit stürmten sie gegen das Lager, zur selben Zeit sandten sie eine Heeresgruppe aus, das römische Land zu verwüsten und sich an die Stadt selbst zu wagen, sollte sich nur irgendeine Gelegenheit dazu bieten. (3) L. Valerius ließ man zur Verteidigung der Stadt zurück, der Konsul Postumius wurde ausgeschickt, das Land vor Plünderung zu beschützen. (4) Auf keinem Gebiet ließ man es an Eifer oder Einsatz fehlen: Patrouillen waren in der Stadt, Wachposten vor den Toren, Schutzwehren auf den Mauern eingeteilt, und wie inmitten eines solchen Aufruhrs

16   *Ab urbe condita   liber III*

tium per aliquot dies servatum. (5) Interim in castris Furius
consul, cum primo quietus obsidionem passus esset, in incau-
tum hostem decumana porta erupit et, cum persequi posset,
metu substitit ne qua ex parte altera in castra vis fieret.
(6) Furium legatum – frater idem consulis erat – longius extu-
lit cursus; nec suos ille redeuntes persequendi studio neque
hostium ab tergo incursum vidit. Ita exclusus multis saepe
frustra conatibus captis ut viam sibi ad castra faceret, acriter
dimicans cecidit. (7) Et consul nuntio circumventi fratris con-
versus ad pugnam, dum se temere magis quam satis caute in
mediam dimicationem infert, volnere accepto aegre ab circumstantibus ereptus et suorum animos turbavit et ferociores
hostes fecit; (8) qui caede legati et consulis volnere accensi
nulla deinde vi sustineri potuere. Compulsi in castra Romani
rursus obsiderentur, nec spe nec viribus pares, venissetque in
periculum summa rerum, ni T. Quinctius cum peregrinis
copiis, Latino Hernicoque exercitu, subvenisset. (9) Is inten-
tos in castra Romana Aequos legatique caput ferociter ostentantes ab tergo adortus, simul ad signum a se procul editum ex
castris eruptione facta, magnam vim hostium circumvenit.
(10) Minor caedes, fuga effusior Aequorum in agro fuit
Romano, in quos palatos praedam agentes Postumius aliquot
locis, quibus opportuna imposuerat praesidia, impetum

Römische Geschichte 3. Buch 17

erforderlich, wurde Gerichtsstillstand bewahrt. (5) Unterdessen stieß der Konsul Furius, der zuerst die Belagerung im Lager ruhig hingenommen hatte, vom decumanischen Tor[23] gegen den nichts argwöhnenden Feind vor, machte aber trotz der Möglichkeit einer weiteren Verfolgung halt, da er fürchtete, es könne von der anderen Seite aus zu einem Handstreich auf das Lager kommen. (6) Den Unterfeldherrn[24] Furius – zugleich ein Bruder des Konsuls – trieb der Angriff zu weit vor: im Eifer der Verfolgung sah er weder, wie seine eigenen Leute zurückgingen, noch, wie in seinem Rücken der Feind angriff. So abgeschnitten, fiel er verbissen kämpfend, nachdem er oft, aber vergeblich versucht hatte, sich einen Weg zum Lager zu bahnen. (7) Auch der Konsul, der aufgrund der Kunde von der Umzingelung seines Bruders in die Schlacht zurückgekehrt war, wurde verwundet, während er sich eher überstürzt[25] als besonnen mitten ins Kampfgetümmel begab, wodurch er, von den Umstehenden nur mit Mühe geborgen, seine eigenen Leute in Verwirrung setzte und die Feinde noch unerschrockener machte. (8) Diese waren durch den Tod des Unterfeldherrn und die Verwundung des Konsuls wild erregt und konnten in der Folge von keiner Macht mehr aufgehalten werden. Die Römer wurden ins Lager zurückgedrängt, an Zuversicht wie Stärke unterlegen, neuerdings belagert, und es wäre sogar die Existenz des Staates auf dem Spiel gestanden, wenn nicht T. Quinctius mit seinen Fremdtruppen, dem latinischen und hernikischen Heer, zu Hilfe gekommen wäre. (9) Dieser griff die Aequer, welche das römische Lager bedrohten und das Haupt des Unterfeldherren unerschrocken zur Schau stellten, im Rücken an und umzingelte eine große Streitmacht der Feinde, da gleichzeitig auf ein von ihm aus der Entfernung gegebenes Zeichen hin ein Ausfall aus dem Lager gemacht wurde. (10) Auf römischem Gebiet waren die Verluste der Aequer recht gering,[26] überstürzter schon ihre Flucht. Während sie ohne festes Ziel plündernd umherzogen, griff sie Postumius von einigen Plätzen aus an, die er mit entsprechenden Besatzungen belegt hatte.

Ab urbe condita *liber III*

dedit. Hi vagi dissipato agmine fugientes in Quinctium victorem cum saucio consule revertentem incidere; (11) tum consularis exercitus egregia pugna consulis volnus, legati et cohortium ultus est caedem. Magnae clades ultro citroque illis diebus et inlatae et acceptae.

(12) Difficile ad fidem est in tam antiqua re quot pugnaverint ceciderintve exacto adfirmare numero; audet tamen Antias Valerius concipere summas: (13) Romanos cecidisse in Hernico agro quinque milia octingentos: ex praedatoribus Aequorum qui populabundi in finibus Romanis vagabantur ab A. Postumio consule duo milia et quadringentos caesos: ceteram multitudinem praedam agentem quae inciderit in Quinctium nequaquam pari defunctam esse caede: interfecta inde quattuor milia et, exsequendo subtiliter numerum, ducentos ait et triginta.

(14) Ut Romam reditum est, iustitium remissum est; caelum visum est ardere plurimo igni; portentaque alia aut obversata oculis aut vanas exterritis ostentavere species. His avertendis terroribus in triduum feriae indictae, per quas omnia delubra pacem deum exposcentium virorum mulierumque turba implebantur. (15) Cohortes inde Latinae Hernicaeque ab senatu gratiis ob impigram militiam actis remissae domos. Antiates mille milites, quia serum auxilium post proelium venerant, prope cum ignominia dimissi.

6 (1) Comitia inde habita; creati consules L. Aebutius P. Servilius. Kalendis Sextilibus, ut tunc principium anni agebatur, consulatum ineunt. (2) Grave tempus et forte annus pestilens erat urbi agrisque, nec hominibus magis quam

Römische Geschichte 3. Buch   19

Verwirrt in versprengten Haufen fliehend, gerieten sie an den siegreichen Quinctius, der gerade mit dem verwundeten Konsul auf dem Rückmarsch war; (11) da rächte dann das konsularische Heer in trefflichem Kampf die Verletzung des Konsuls, aber auch den Tod des Unterfeldherrn und seiner Kohorten. Hier wie dort wurden in jenen Tagen große Verluste zugefügt und auch eingesteckt.

(12) Schwierig ist es, bei einem so weit zurückliegenden Sachverhalt getreulich mit exakter Zahl zu belegen, wieviel da kämpften oder fielen; dennoch wagt es Valerius Antias[27], Gesamtzahlen anzugeben: (13) Römer seien im Gebiet der Herniker gefallen: 5800; von den aequischen Räubern, die plündernd römische Lande durchstreiften, seien vom Konsul A. Postumius 2400 getötet worden; die restliche Schar, die auf ihrem Beutezug an Quinctius geraten sei, habe keineswegs einen so geringen Blutzoll geleistet: er gibt an, dort seien 4000 und – indem er die Zahl ganz genau ausführt – 230 getötet worden.

(14) Sobald man nach Rom zurückgekommen war, wurde der Gerichtsstillstand aufgehoben; der Himmel schien in zahlreichen Feuersbrünsten aufzugehen, und andere Unheilszeichen boten sich entweder den Blicken dar oder wurden von den Verängstigten, obschon nur leere Illusion, als wirklich angesehen.[28] Um diese Schrecknisse abzuwenden, wurden dreitägige Betfeste[29] anberaumt, in deren Verlauf sich alle Heiligtümer mit Männern und Frauen füllten, die Gnade von den Göttern erbaten. (15) Danach dankte der Senat den Kohorten der Latiner und Herniker für ihren rastlosen Kriegseinsatz und entließ sie in die Heimat. Die 1000 Soldaten aus Antium aber wurden beinahe mit Schimpf und Schande verabschiedet, weil sie erst nach der Schlacht verspätet zu Hilfe gekommen waren.

6 (1) Hierauf hielt man Wahlen ab; zu Konsuln wurden L. Aebutius und P. Servilius gewählt. Am 1. August[30], damals der Jahresanfang, übernahmen sie das Konsulat. (2) Es war gerade zur ungesunden Jahreszeit, und ein Seuchenjahr

Ab urbe condita liber III

pecori, et auxere vim morbi, terrore populationis pecoribus agrestibusque in urbem acceptis. (3) Ea conluvio mixtorum omnis generis animantium et odore insolito urbanos et agrestem confertum in arta tecta aestu ac vigiliis angebat, ministeriaque in vicem ac contagio ipsa volgabant morbos. (4) Vix instantes sustinentibus clades repente legati Hernici nuntiant in agro suo Aequos Volscosque coniunctis copiis castra posuisse, inde exercitu ingenti fines suos depopulari.

(5) Praeterquam quod infrequens senatus indicio erat sociis adflictam civitatem pestilentia esse, maestum etiam responsum tulere, ut per se ipsi Hernici cum Latinis res suas tutarentur; urbem Romanam subita deum ira morbo populari; si qua eius mali quies veniat, ut anno ante, ut semper alias, sociis opem laturos. (6) Discessere socii, pro tristi nuntio tristiorem domum referentes, quippe quibus per se sustinendum bellum erat quod vix Romanis fulti viribus sustinuissent. (7) Non diutius se in Hernico hostis continuit; pergit inde infestus in agros Romanos, etiam sine belli iniuria vastatos. Ubi cum obvius nemo ne inermis quidem fieret, perque omnia non praesidiis modo deserta sed etiam cultu agresti transirent, pervenere ad tertium lapidem Gabina via.

(8) Mortuus Aebutius erat Romanus consul; collega eius Ser-

Römische Geschichte 3. Buch 21

herrschte in Stadt und Land, für Mensch genauso wie für Tier. Weil man aus Furcht vor Plünderung Vieh und Landbewohner in die Stadt aufgenommen hatte, nahm die Macht der Seuche zu. (3) Dieser Schmelztiegel von Kreaturen aller Art machte infolge seiner ungewohnten Ausdünstung die Stadtleute beklommen und quälte wegen der Hitze und des Wachens in der Nacht auch den Landmann, den man in enge Behausungen gepfercht hatte; dazu verbreitete die Hilfe am Nächsten sowie der Körperkontakt selbst die Krankheiten. (4) Kaum noch hielten sie ihrem gegenwärtigen Unglück stand, als ihnen unverhofft hernikische Boten meldeten, Aequer und Volsker hätten ihre Truppen vereint und auf ihrem Gebiet ein Lager errichtet, von dem aus sie mit einem gewaltigen Heer das Land verwüsteten.

(5) Abgesehen davon, daß die schwach besuchte Senatssitzung den Bundesgenossen einen Hinweis auf die von der Seuche hart getroffene Stadt gab, nahmen sie auch die betrübliche Antwort mit, die Herniker müßten selbst und von sich aus zusammen mit den Latinern ihr Eigentum schützen; die Römerstadt werde durch der Götter jähen Zorn mit Krankheit geschlagen; sollte eine Beruhigung dieses Übels eintreten, würden sie wie im Jahr zuvor, wie sonst immer, den Bundesgenossen Hilfe bringen. (6) Die Verbündeten reisten ab und brachten im Tausch für ihre unheilvolle Nachricht eine noch unheilvollere nach Hause, zumal sie aus eigener Kraft einen Krieg durchhalten mußten, den sie, auf römische Streitkräfte gestützt, kaum durchgestanden hätten. (7) Der Feind hielt sich nicht länger im Land der Herniker auf; von dort zog er bedrohlich gegen das Römerland, das auch ohne des Krieges Unbill verheert war. Da sich ihnen dort niemand, nicht einmal ein Unbewaffneter entgegenstellte, und sie Orte durchzogen, die allesamt nicht nur jedes Schutzes entblößt, sondern auch bar jeder landwirtschaftlichen Bebauung waren, kamen sie auf der gabinischen Straße[31] bis zum dritten Meilenstein.

(8) Der römische Konsul Aebutius war tot; sein Kollege Ser-

Ab urbe condita liber III

vilius exigua in spe trahebat animam; adfecti plerique princi-
pum, patrum maior pars, militaris fere aetas omnis, ut non
modo ad expeditiones quas in tanto tumultu res poscebat, sed
vix ad quietas stationes viribus sufficerent. (9) Munus vigi-
liarum senatores, qui per aetatem ac valetudinem poterant,
per se ipsi obibant; circumitio ac cura aedilium plebi erat; ad
eos summa rerum ac maiestas consularis imperii venerat.
7 (1) Deserta omnia, sine capite, sine viribus, di praesides ac
fortuna urbis tutata est, quae Volscis Aequisque praedonum
potius mentem quam hostium dedit. (2) Adeo enim nullam
spem non potiundi modo sed ne adeundi quidem Romana
moenia animus eorum cepit tectaque procul visa atque im-
minentes tumuli avertere mentes eorum, ut totis passim
(3) castris fremitu orto quid in vasto ac deserto agro inter ta-
bem pecorum hominumque desides sine praeda tempus tererent, cum integra loca, Tusculanum agrum opimum copiis,
petere possent, signa repente convellerent transversisque itineribus per Labicanos agros in Tusculanos colles transirent.
Eo vis omnis tempestasque belli conversa est.
(4) Interim Hernici Latinique pudore etiam, non misericordia
solum, moti si nec obstitissent communibus hostibus infesto
agmine Romanam urbem petentibus nec opem ullam obsessis
sociis ferrent, coniuncto exercitu Romam pergunt. (5) Ubi
cum hostes non invenissent, secuti famam ac vestigia obvii

Römische Geschichte 3. Buch 23

vilius lag in den letzten Zügen und die Hoffnung war gering;
die meisten führenden Persönlichkeiten, ein Großteil der
Väter, ja beinahe die gesamte kriegstaugliche Generation war
erkrankt, so daß die Kräfte nicht nur schwerlich für die
Kriegszüge, die eine so bedrohliche Lage erforderte, sondern
auch kaum für Wachposten in Ruhe ausreichten. (9) Den
Wachdienst übernahmen die Väter persönlich, soweit sie
nach Alter und Gesundheitszustand dazu in der Lage waren;
Kontrollgang und Aufsicht oblagen den plebejischen Ädilen[32]; auf sie war die oberste Entscheidungsgewalt und die
Würde konsularischer Amtsbefugnis übergegangen.
7 (1) Die hilfespendenden Götter und Fortuna[33], die Hüterin
der Stadt, die Volskern und Aequern eher Banditen- als Fein-
desgesinnung schenkte, retteten all das, was man schon aufgegeben hatte, was führerlos, was kraftlos war. (2) Diese
schöpften nämlich derart wenig Zuversicht, die römischen
Stadtmauern angreifen, geschweige denn erobern zu können,
und die von fern sichtbaren Gebäude sowie die hochragenden
Hügel[34] brachten sie auf so völlig andere Gedanken, (3) daß
sie über das ganze Lager verbreitet unwilliges Murren erhoben, wozu sie denn in wüstem und leerem Lande, unter ver-
wesenden Menschen und Tieren untätig ohne Beute ihre Zeit
vergeudeten, obwohl sie noch unberührte Gegenden, das an
Gütern reiche Land um Tusculum, erreichen könnten; so
rissen sie urplötzlich ihre Feldzeichen aus dem Boden und
marschierten durch das Gebiet von Labici auf die tusculanischen Hügel zu. Dorthin wandte sich die ganze vernichtende
Wut des Krieges.
(4) Unterdessen ließen sich Herniker und Latiner nicht bloß
von Mitleid, sondern sogar vom Gefühl der Schuld bestimmen, falls sie sich weder gemeinsamen Feinden, die in
bedrohlichem Zuge auf die Römerstadt losgingen, entgegenstellen, noch belagerten Bundesgenossen irgendwie Hilfe
bringen würden, und setzten sich deshalb mit vereintem Heer
nach Rom in Marsch. (5) Ohne jedoch die Feinde dort ange-
troffen zu haben, folgten sie mündlichen Hinweisen und

Ab urbe condita liber III

fiunt descendentibus ab Tusculano in Albanam vallem. Ibi
haudquaquam aequo proelio pugnatum est, fidesque sua
sociis parum felix in praesentia fuit. (6) Haud minor Romae
fit morbo strages quam quanta ferro sociorum facta erat.
Consul qui unus supererat moritur; mortui et alii clari viri,
M. Valerius T. Verginius Rutulus augures, Ser. Sulpicius
curio maximus; (7) et per ignota capita late vagata est vis
morbi, inopsque senatus auxilii humani ad deos populum ac
vota vertit: iussi cum coniugibus ac liberis supplicatum ire
pacemque exposcere deum. (8) Ad id quod sua quemque mala
cogebant auctoritate publica evocati omnia delubra implent.
Stratae passim matres, crinibus templa verrentes, veniam
irarum caelestium finemque pesti exposcunt.

8 (1) Inde paulatim, seu pace deum impetrata seu graviore
tempore anni iam circumacto, defuncta morbis corpora salu-
briora esse incipere, (2) versisque animis iam ad publicam
curam, cum aliquot interregna exissent, P. Valerius Publicola
tertio die quam interregnum inierat consules creat L. Lucretium Tricipitinum et T. Veturium Geminum, sive ille Vetusius fuit. (3) Ante diem tertium idus Sextiles consulatum
ineunt, iam satis valida civitate ut non solum arcere bellum
sed ultro etiam inferre posset. (4) Igitur nuntiantibus Hernicis
in fines suos transcendisse hostes impigre promissum auxilium. Duo consulares exercitus scripti. Veturius missus in
Volscos ad bellum ultro inferendum: (5) Tricipitinus populationibus arcendis sociorum agro oppositus non ultra quam in

Römische Geschichte 3. Buch 25

Fußspuren und stießen auf sie, als diese gerade aus dem Tusculanischen in das Tal von Alba hinabstiegen. Dort schlug man sich in einem keineswegs ausgeglichenen Kampf – ihre Treue brachte den Bundesgenossen in diesem Augenblick kaum Erfolg ein. (6) In Rom starben nicht weniger an der Seuche als Bundesgenossen durch das Schwert. Es starb der Konsul, der allein noch übrig war; tot auch andere hervorragende Männer: die Auguren M. Valerius und T. Verginius Rutulus sowie der oberste Kurienpriester[35] Ser. Sulpicius; (7) aber auch in der gesichtslosen Menge verbreitete sich weithin die Gewalt der Seuche, und der Senat, menschlicher Hilfe bar, verwies das Volk auf Götter und Gelübde: alle wurden angehalten, mit Weib und Kind einen Bittgang zu tun und Gnade zu erflehen von den Göttern. (8) Wozu jeden seine eigenen Leiden trieben, auch von der staatlichen Obrigkeit aufgerufen, bevölkerten sie sämtliche Heiligtümer. Ringsum waren die Mütter zu Boden gesunken und erbaten, mit ihrem Haar die Tempel fegend,[36] Gnade vor dem Zorn der Himmlischen und ein Ende der Seuche.

8 (1) Von da an begannen allmählich – sei es, daß man die göttliche Vergebung erwirkt hatte, sei es, daß die ungesündere Zeit des Jahres abgelaufen war – die krankheitsgeschwächten Leiber zu gesunden; (2) man richtete die Gedanken bereits wieder auf die Sorge um das Gemeinwesen, und nachdem es einige Interregna[37] gegeben hatte, ließ P. Valerius Publicola am dritten Tag seines Interregnums L. Lucretius Tricipitinus und T. Veturius (oder Vetusius) Geminus zu Konsuln wählen. (3) Sie begannen ihr Konsulat am 11. August, als die Bürgerschaft schon kräftig genug war, einen Krieg nicht nur abzuwehren, sondern ihn auch von sich aus beginnen zu können. (4) Als daher Herniker Kunde brachten, die Feinde seien auf ihr Gebiet übergewechselt, versprach man ihnen ohne Zögern Hilfe. Zwei konsularische Heere wurden ausgehoben, Veturius gegen die Volsker gesandt, um den Krieg ins gegnerische Land zu tragen: (5) Tricipitinus, damit beauftragt, das Gebiet der Bundesgenossen

Hernicos procedit. (6) Veturius primo proelio hostes fundit fugatque: Lucretium dum in Hernicis sedet praedonum agmen fefellit supra montes Praenestinos ductum, inde demissum in campos. Vastavere agros Praenestinum Gabinumque; ex Gabino in Tusculanos flexere colles. (7) Urbi quoque Romae ingens praebitus terror, magis re subita quam quod ad arcendam vim parum virium esset. Q. Fabius praeerat urbi; is armata iuventute dispositisque praesidiis tuta omnia ac tranquilla fecit. (8) Itaque hostes praeda ex proximis locis rapta adpropinquare urbi non ausi, cum circumacto agmine redirent quanto longius ab urbe hostium abscederent eo solutiore cura, in Lucretium incidunt consulem iam ante exploratis itineribus subsidiis instructum et ad certamen intentum. (9) Igitur praeparatis animis repentino pavore perculsos adorti aliquanto pauciores multitudinem ingentem fundunt fugantque et compulsos in cavas valles, cum exitus haud in facili essent, circumveniunt. (10) Ibi Volscum nomen prope deletum est. Tredecim milia quadringentos septuaginta cecidisse in acie ac fuga, mille septingentos quinquaginta vivos captos, signa viginti septem militaria relata in quibusdam annalibus invenio; ubi etsi adiectum aliquid numero sit, magna certe caedes fuit. (11) Victor consul ingenti praeda potitus eodem in stativa rediit. Tum consules castra coniungunt, et Volsci Aequique adflictas vires suas in unum contu-

Römische Geschichte 3. Buch 27

vor Plünderungen zu schützen, rückte nicht weiter vor als bis zu den Hernikern. Veturius zersprengte und vertrieb die Feinde beim ersten Treffen. (6) Dem Lucretius hingegen entging eine Schar von Plünderern, die über die Berge von Praeneste geführt und von dort in die Ebene hinabgeschickt worden waren, während er bei den Hernikern festsaß. Sie verwüsteten die Länder von Praeneste und Gabii; vom gabinischen Gebiet wandten sie sich den Hügeln von Tusculum zu. (7) Auch der Stadt Rom wurde ein gewaltiger Schrecken eingeflößt, mehr aber aufgrund der Überraschung über diesen Vorfall, als daß die Kräfte zur Abwehr des Übergriffes nicht ausgereicht hätten. Q. Fabius stand an der Spitze der Stadt; er hatte die Jungmannschaft bewaffnen lassen und schuf durch die Verteilung von Wachposten überall Sicherheit und Ruhe.[38] (8) Trotz ihrer Raubzüge in der näheren Umgebung wagten es daher die Feinde nicht mehr, sich der Hauptstadt zu nähern, sondern sie machten kehrt und befanden sich auf dem Heimmarsch, als sie – um so disziplinloser, je weiter sie sich von der Feindesstadt absetzten – auf den Konsul Lucretius stießen, der nach Erkundung ihrer Marschrouten von Hilfskorps unterstützt und bereit zum Kampf war. (9) Während die Römer innerlich vorbereitet den Angriff begannen, wurden die Feinde von jähem Entsetzen gepackt, so daß die Römer, obschon bedeutend in der Minderheit, eine gewaltige Übermacht zurückwarfen, verjagten und in enge Talschluchten trieben, wo sie den Feind aufgrund der schweren Passierbarkeit der Ausgänge umzingeln konnten. (10) Dort wurde das Volk der Volsker beinahe vernichtet. In einigen Jahrbüchern finde ich geschrieben, daß 13 470 in der Schlacht und auf der Flucht gefallen, 1750 lebend gefangen und 27 Feldzeichen erbeutet worden seien; mag man hier die Zahl auch etwas vergrößert haben, so war es sicherlich ein großes Morden.[39] (11) Der siegreiche Konsul bemächtigte sich einer gewaltigen Beute und kehrte ins Standlager an der früheren Stelle zurück. Hierauf vereinigten die Konsuln die Heerlager, und auch Volsker und Aequer sammelten ihre angeschlage-

28 *Ab urbe condita liber III*

lere. Tertia illa pugna eo anno fuit. Eadem fortuna victoriam dedit; fusis hostibus etiam castra capta.

9 (1) Sic res Romana in antiquum statum rediit, secundaeque belli res extemplo urbanos motus excitaverunt. (2) C. Terentilius Harsa tribunus plebis eo anno fuit. Is consulibus absentibus ratus locum tribuniciis actionibus datum, per aliquot dies patrum superbiam ad plebem criminatus, maxime in consulare imperium tamquam nimium nec tolerabile liberae civitati invehebatur: (3) nomine enim tantum minus invidiosum, re ipsa prope atrocius quam regium esse; (4) quippe duos pro uno dominos acceptos, immoderata, infinita potestate, qui soluti atque effrenati ipsi omnes metus legum omniaque supplicia verterent in plebem. (5) quae ne aeterna illis licentia sit, legem se promulgaturum ut quinque viri creentur legibus de imperio consulari scribendis; quod populus in se ius dederit, eo consulem usurum, non ipsos libidinem ac licentiam suam pro lege habituros. (6) Qua promulgata lege cum timerent patres ne absentibus consulibus iugum acciperent, senatus a praefecto urbis Q. Fabio vocatur, qui adeo atrociter in rogationem latoremque ipsum est invectus ut nihil, si ambo consules infesti circumstarent tribunum, relictum minarum atque terroris sit: (7) insidiatum eum et tempore capto adortum rem publicam. si quem similem eius priore anno inter morbum bellumque irati di tribunum dedissent, non potuisse

Römische Geschichte   3. Buch   29

nen Streitkräfte. Das gab die dritte Schlacht in diesem Jahr.
Ein gleiches Geschick verlieh den Sieg: die Feinde wurden
geschlagen, das Lager sogar erobert.
9 (1) So nahm der römische Staat seinen alten Zustand wieder
an, und die Erfolge im Krieg riefen unverzüglich Umwälzungen in der Stadt hervor. (2) C. Terentilius Harsa[40] war in dem
Jahr Volkstribun. Er meinte, während der Abwesenheit der
Konsuln sei Raum für Unternehmungen von seiten der Tribunen gegeben, und nachdem er etliche Tage hindurch den
Stolz der Väter vor dem gemeinen Volk angeprangert hatte,
fuhr er vor allem gegen die konsularische Amtsgewalt los, die
zu ausgedehnt und für eine freie Bürgerschaft nicht tragbar
sei: (3) denn nur dem Namen nach weniger hassenswert, sei
sie tatsächlich beinahe noch härter als die von Königen;
(4) statt des einen habe man nämlich zwei Zwingherren von
unbeschränkter, grenzenloser Machtfülle[41] hingenommen,
die, selbst enthemmt und zügellos, alle Schrecknisse der
Gesetze sowie deren Strafen zur Gänze auf den Bürgerstand
abwälzten. (5) Damit ihnen diese Willkür[42] nicht auf ewig
möglich sei, werde er öffentlich ein Gesetz vorschlagen, demzufolge fünf Männer zur Abfassung von Gesetzen über die
konsularische Amtsgewalt gewählt werden sollten;[43] ein
Konsul werde dann nur diejenigen Rechte über die Menschen
ausüben, die das Volk ihm gegeben habe, ihre schrankenlose
Willkür aber würden sie selbst nicht mehr als Gesetz ansehen.
(6) Da die Väter nach Bekanntmachung des Gesetzesvor-
schlages fürchteten, in Abwesenheit der Konsuln unters Joch
zu kommen, wurde der Senat vom Stadtpräfekten Q. Fabius
einberufen, der so wild gegen Antrag und Antragsteller selbst
loszog, daß keine weiteren Drohungen und Einschüchterun-
gen hätten ausgesprochen werden können, selbst wenn sich
die Konsuln zu zweit feindselig gegen die Tribunen gestellt
hätten: (7) im Hinterhalt habe er gelauert, eine günstige Gelegenheit abgewartet und dann den Staat angegriffen. Wenn erzürnte Götter im Vorjahr, während Seuche und Krieg, einen
ihm ähnlichen Mann zum Tribunen gemacht hätten, wäre

sisti. (8) mortuis duobus consulibus, iacente aegra civitate, in
conluvione omnium rerum, ad tollendum rei publicae consulare imperium laturum leges fuisse, ducem Volscis Aequisque
ad oppugnandam urbem futurum. (9) quid tandem? illi non
licere, si quid consules superbe in aliquem civium aut crudeliter fecerint, diem dicere, accusare iis ipsis iudicibus quorum
in aliquem saevitum sit? (10) non illum consulare imperium
sed tribuniciam potestatem invisam intolerandamque facere;
quam placatam reconciliatamque patribus de integro in antiqua redigi mala. neque illum se deprecari quo minus pergat ut
coeperit. (11) 'Vos,' inquit Fabius, 'ceteri tribuni, oramus, ut
primum omnium cogitetis potestatem istam ad singulorum
auxilium, non ad perniciem universorum comparatam esse;
tribunos plebis vos creatos, non hostes patribus. (12) Nobis
miserum, invidiosum vobis est, desertam rem publicam
invadi. Non ius vestrum, sed invidiam minueritis. Agite cum
collega ut rem integram in adventum consulum differat. Ne
Aequi quidem ac Volsci, morbo absumptis priore anno consulibus, crudeli superboque nobis bello institere.' (13) Agunt
cum Terentilio tribuni, dilataque in speciem actione, re ipsa
sublata, consules extemplo arcessiti.
10 (1) Lucretius cum ingenti praeda, maiore multo gloria
rediit. Et auget gloriam adveniens exposita omni in campo
Martio praeda, ut suum quisque per triduum cognitum abdu-

Römische Geschichte 3. Buch 31

die Situation nicht mehr zu retten gewesen. (8) Obschon beide Konsuln tot waren, die Bürgerschaft krank darniederlag, sich alles in Auflösung befand, würde er Gesetze eingebracht haben, um die konsularische Machtbefugnis im Staat abzuschaffen, wäre er den Volskern und Aequern Anführer beim Angriff auf die Stadt geworden. (9) Was wolle er denn noch? Habe er bei einem anmaßenden oder grausamen Vorgehen der Konsuln gegen irgendeinen Bürger nicht die Möglichkeit, einen Gerichtstermin zu bestimmen und sie vor eben diesen Richtern anzuklagen, aus deren Kreis jemand Opfer eines Gewaltaktes geworden sei? (10) Er mache nicht das Amt der Konsuln, sondern der Tribunen Gewalt verhaßt und unerträglich; obwohl sich die Väter mit ihr schon ausgesöhnt und angefreundet hätten, werde sie wieder zu dem altbekannten Übel gemacht. Diesen Terentilius flehe er aber nicht mehr an, den begonnenen Weg zu verlassen. (11) »Ihr übrigen Tribunen«, sagte Fabius,[44] »euch bitten wir, vor allem daran zu denken, daß euer Amt zum Schutze einzelner, nicht zur Vernichtung aller geschaffen wurde, daß ihr zu Tribunen des Volkes, nicht zu Feinden des Senates gewählt worden seid. (12) Uns zum Unglück, euch zur Feindschaft geschieht der Angriff auf den verwaisten Staat. Nicht euer Vorrecht, sondern den Haß gegen euch werdet ihr verringern, wenn ihr mit eurem Kollegen verhandelt, er möge die Frage ohne Vorentscheidung bis zur Ankunft der Konsuln verschieben. Nicht einmal die Aequer und Volsker setzten ihren grausamen und frevlerischen Krieg gegen uns fort, als im Vorjahr die Konsuln von der Seuche hinweggerafft wurden.« (13) Die Tribunen besprachen sich mit Terentilius, und als sein Vorhaben dem Anschein nach nur aufgeschoben, tatsächlich aber aufgehoben war, rief man auf der Stelle die Konsuln herbei.

10 (1) Reich an Beute, viel reicher noch an Ruhm, kehrte Lucretius heim. Und er vergrößerte seinen Ruhm bei seiner Ankunft sogar noch dadurch, daß er die ganze Beute auf dem Marsfeld zur Schau stellen ließ, damit drei Tage hindurch jeder sein Hab und Gut wiedererkennen und mitnehmen

ceret. Reliqua vendita, quibus domini non exstitere. (2) Debebatur omnium consensu consuli triumphus; sed dilata res est, tribuno de lege agente; id antiquius consuli fuit. (3) Iactata per aliquot dies cum in senatu res tum apud populum est; cessit ad ultimum maiestati consulis tribunus et destitit. Tum imperatori exercituique honos suus redditus. (4) Triumphavit de Volscis Aequisque; triumphantem secutae sunt legiones. Alteri consuli datum ut ovans sine militibus urbem iniret.
(5) Anno deinde insequenti lex Terentilia ab toto relata collegio novos adgressa consules est; erant consules P. Volumnius Ser. Sulpicius. (6) Eo anno caelum ardere visum, terra ingenti concussa motu est. Bovem locutam, cui rei priore anno fides non fuerat, creditum. Inter alia prodigia et carne pluit, quem imbrem ingens numerus avium intervolitando rapuisse fertur; quod intercidit, sparsum ita iacuisse per aliquot dies ut nihil odor mutaret. (7) Libri per duumviros sacrorum aditi; pericula a conventu alienigenarum praedicta, ne qui in loca summa urbis impetus caedesque inde fierent; inter cetera monitum ut seditionibus abstineretur. Id factum ad impediendam legem tribuni criminabantur, ingensque aderat certamen. (8) Ecce, ut idem in singulos annos orbis volveretur, Hernici nuntiant Volscos et Aequos, etsi abscisae res sint,

Römische Geschichte 3. Buch 33

könne. Der Rest, für den sich keine Besitzer fanden, wurde verkauft. (2) Nach einhelliger Auffassung war man dem Konsul einen Triumph schuldig, aber die Sache wurde zurückgestellt, weil der Tribun für seinen Gesetzesantrag noch Wahlreden hielt; dies war für den Konsul vorrangig. (3) Etliche Tage besprach man die Frage im Senat wie auch vor dem Volk; schließlich wich der Tribun der Hoheit des Konsuls und gab auf. Jetzt zollte man dem Feldherrn und seinem Heer die schuldige Ehre. (4) Er feierte einen Triumph über Volsker und Aequer, und seine Legionen folgten dem Triumphwagen. Dem zweiten Konsul gestattete man, in einem kleinen Triumph[45] ohne Soldaten in die Stadt einzuziehen.

(5) Im darauffolgenden Jahr legte das gesamte Kollegium der Tribunen den Entwurf des Terentilius abermals als Antrag vor und machte damit den neuen Konsuln zu schaffen. Konsuln waren P. Volumnius und Ser. Sulpicius. (6) In dem Jahr sah man den Himmel in Flammen stehen, die Erde wurde von einem gewaltigen Beben[46] erschüttert. Eine Begebenheit, der noch ein Jahr zuvor kein Glaube geschenkt worden war, hielt man für wahr – man sagte, eine Kuh habe geredet.[47] Neben anderen Unheilszeichen regnete es auch Fleisch;[48] ein großer Vogelschwarm, der mitten in dem Regen flog, soll ihn als Beute mit sich geschleppt haben; was zu Boden fiel, sei einige Tage verstreut liegengeblieben, ohne sich im Geruch zu ändern. (7) Über die Zweierkommission für heilige Handlungen wurden die sibyllinischen Bücher[49] befragt; sie kündigten Gefahren von einem Zusammenschluß Fremdgeborener an; dabei werde es zu irgendwelchen Angriffen auf die höchsten Regionen der Stadt und danach zu einem Blutbad kommen; unter anderem erhielten sie noch die Mahnung, sich des Parteienhaders zu enthalten. Die Tribunen erhoben nun die Beschuldigung, das sei nur zur Verhinderung des Gesetzesantrages unternommen worden, und schon stand ein großer Streit bevor. (8) Doch siehe, damit die Welt sich Jahr für Jahr im gleichen Lauf drehe, brachten die Herniker die Kunde, daß Volsker und Aequer trotz der Schwächung ihrer Macht

34   *Ab urbe condita   liber III*

reficere exercitus; Antii summam rei positam; Ecetrae Antiates colonos palam concilia facere; id caput, eas vires belli esse. (9) Ut haec dicta in senatu sunt, dilectus edicitur; consules belli administrationem inter se dispertiri iussi, alteri ut Volsci, alteri ut Aequi provincia esset. (10) Tribuni coram in foro personare, fabulam compositam Volsci belli, Hernicos ad partes paratos. iam ne virtute quidem premi libertatem populi Romani sed arte eludi. (11) quia occidione prope occisos Volscos et Aequos movere sua sponte arma posse iam fides abierit, novos hostes quaeri; coloniam fidam propinquam infamem fieri. (12) bellum innoxiis Antiatibus indici, geri cum plebe Romana, quam oneratam armis ex urbe praecipiti agmine acturi essent, exsilio et relegatione civium ulciscentes tribunos. (13) sic, ne quid aliud actum putent, victam legem esse, nisi dum in integro res sit, dum domi, dum togati sint, caveant ne possessione urbis pellantur, ne iugum accipiant. (14) si animus sit, non defore auxilium; consentire omnes tribunos. nullum terrorem externum, nullum periculum esse; cavisse deos priore anno ut tuto libertas defendi posset. Haec tribuni.

11 (1) At ex parte altera consules in conspectu eorum positis sellis dilectum habebant. Eo decurrunt tribuni contionemque

Römische Geschichte 3. Buch 35

ihre Heere wieder ergänzten; Antium stelle den Mittelpunkt der Unternehmungen dar; in Ecetra hielten Kolonisten aus Antium öffentlich Kundgebungen ab; das sei das Haupt, das die kriegstreibenden Kräfte. (9) Wie dies im Senat vorgebracht worden war, erließ man eine Truppenaushebung; die Konsuln wurden angewiesen, sich die Führung des Feldzuges so zu teilen, daß dem einen die Volsker, dem zweiten die Aequer als Einsatzbereich zufielen. (10) Lauthals und vor aller Augen verkündeten nun auf dem Forum die Tribunen, die Geschichte von einem Volskerkrieg sei ein abgekartetes Spiel, die Herniker auf ihre Rolle vorbereitet worden. Schon werde die Freiheit des römischen Volkes nicht einmal mehr mit mannhafter Stärke unterdrückt, sondern in einem Ränkespiel verhöhnt. (11) Da der Glaube schon geschwunden sei, daß die in blutigem Gemetzel beinahe vernichteten Volsker und Aequer von selbst ihre Waffen erheben könnten, suche man nach neuen Feinden, bringe eine treue und benachbarte Kolonie in Verruf. (12) Den unschuldigen Antiaten werde Krieg angesagt, doch geführt werde er gegen den Bürgerstand Roms, den man mit Waffen beladen, Hals über Kopf aus der Stadt führen wolle, um sich durch der Bürger Verbannung und Vertreibung an den Tribunen zu rächen. (13) Daher – sie sollten ja nicht glauben, daß es sich anders abgespielt habe – sei der Gesetzesantrag gefallen, wenn sie nicht, solange die Sache noch nicht entschieden sei, solange sie in der Heimat, solange sie Bürger im Gewande der Toga seien, Vorsorge träfen, um nicht aus dem Besitz der Stadt vertrieben zu werden und Unterjochung zu erleiden. (14) Wenn sie Mut faßten, würde es ihnen an Hilfe nicht fehlen;[50] alle Tribunen seien einer Meinung. Von außen gebe es keine Bedrohung, keine Gefahr; die Götter hätten im Vorjahr dafür gesorgt, daß die Freiheit jetzt in Sicherheit verteidigt werden könne. Soweit die Tribunen.

11 (1) Auf der andern Seite jedoch hatten die Konsuln in Sichtweite[51] der Tribunen ihre Amtsstühle aufstellen lassen und wollten gerade die Rekrutierung vornehmen. Dorthin

36   *Ab urbe condita   liber III*

secum trahunt. Citati pauci velut rei experiundae causa, et
statim vis coorta. (2) Quemcumque lictor iussu consulis pren-
disset, tribunus mitti iubebat; neque suum cuique ius modum
faciebat sed virium spes et manu obtinendum erat quod inten-
deres.
(3) Quemadmodum se tribuni gessissent in prohibendo dilectu, sic patres ⟨se⟩ in lege, quae per omnes comitiales dies
ferebatur, impedienda gerebant. (4) Initium erat rixae, cum
discedere populum iussissent tribuni, quod patres se submoveri haud sinebant. Nec fere seniores rei intererant, quippe
quae non consilio regenda sed permissa temeritati audaciae-
que esset. (5) Multum et consules se abstinebant, ne cui in
conluvione rerum maiestatem suam contumeliae offerrent.
(6) Caeso erat Quinctius, ferox iuvenis qua nobilitate gentis,
qua corporis magnitudine et viribus. Ad ea munera data a dis
et ipse addiderat multa belli decora facundiamque in foro
⟨exhibuerat⟩, ut nemo, non lingua, non manu promptior in
civitate haberetur. (7) Hic cum in medio patrum agmine con-
stitisset, eminens inter alios, velut omnes dictaturas consula-
tusque gerens in voce ac viribus suis, unus impetus tribunicios
popularesque procellas sustinebat. (8) Hoc duce saepe pulsi
foro tribuni, fusa ac fugata plebes est; qui obvius fuerat, mul-
catus nudatusque abibat, ut satis appareret, si sic agi liceret,
victam legem esse. (9) Tum prope iam perculsis aliis tribunis

Römische Geschichte   3. Buch   37

stürmten die Tribunen an der Spitze der versammelten Menge. Nur wenige wurden, gleichsam um die Lage zu sondieren, aufgerufen, und sofort brach offene Gewalt aus. (2) Wen auch immer der Liktor[52] auf Geheiß des Konsuls verhaftete, der Tribun befahl, ihn zu entlassen; auch setzte niemandem ein wirklicher Rechtsanspruch, sondern das Vertrauen auf seine Stärke eine Grenze, und mit der Faust galt es festzuhalten, was man haben wollte.

(3) Wie die Tribunen sich verhalten hatten, um die Rekrutierung zu verhindern, so betrugen sich auch die Väter bei der Unterdrückung des Gesetzesantrags, der an allen Versammlungstagen[53] vorgelegt wurde. (4) Der Streit begann, als die Tribunen das Volk aufforderten, zur Abstimmung auseinanderzutreten,[54] die Väter aber trotz Weisung nicht Platz machten. Die Älteren waren aber darin so gut wie nicht verwickelt, weil die Frage in ihren Augen mit kluger Überlegung nicht zu regeln, sie vielmehr tolldreister Unbesonnenheit überantwortet war. (5) Auch die Konsuln hielten sich deutlich abseits, um in dem allgemeinen Wirrwarr ihre Hoheit keiner Beleidigung auszusetzen. (6) Da gab es einen unerschrockenen jungen Mann, Caeso Quinctius, so adlig von Geburt, wie hochgewachsen und stark. Diesen Gottesgaben hatte er selbst noch viele Ruhmestaten im Krieg hinzugefügt und auf dem Forum eine Beredsamkeit gezeigt, daß niemand in der Bürgerschaft – weder zum Wort noch zur Tat – für entschlossener galt. (7) Wenn er inmitten der Senatorenschar fest dastand, die anderen überragte, widerstand er als einziger, gleichsam in Stimme und Stärke alle Diktaturen und Konsulate in sich bergend, den Attacken der Tribunen und dem Rasen des Volkes. (8) Unter seiner Führung wurden die Tribunen oftmals vom Forum vertrieben, wurde das einfache Volk verjagt und in die Flucht geschlagen; wer sich ihm in den Weg gestellt hatte, kam übel zugerichtet gerade mit dem nackten Leben davon; klar genug ergab sich daraus, daß der Gesetzesantrag gefallen sei, wenn einer sich so verhalten dürfe. (9) Als daraufhin die anderen Tribunen schon völlig

38 *Ab urbe condita liber III*

A. Verginius, ex collegio unus, Caesoni capitis diem dicit.
Atrox ingenium accenderat eo facto magis quam conterrue-
rat; eo acrius obstare legi, agitare plebem, tribunos velut iusto
persequi bello. (10) Accusator pati reum ruere invidiaeque
flammam ac materiam criminibus suis suggerere; legem interim non tam ad spem perferendi quam ad lacessendam Caesonis temeritatem ferre. (11) Multa ibi saepe ab iuventute in-
consulte dicta factaque in unius Caesonis suspectum incidunt
ingenium. Tamen legi resistebat. (12) Et A. Verginius
identidem plebi: 'Ecquid sentitis iam, vos, Quirites, Caesonem simul civem et legem quam cupitis habere non posse?
(13) Quamquam quid ego legem loquor? Libertati obstat;
omnes Tarquinios superbia exsuperat. Exspectate dum consul aut dictator fiat, quem privatum viribus et audacia regnan-
tem videtis.' Adsentiebantur multi pulsatos se querentes, et
tribunum ad rem peragendam ultro incitabant.
12 (1) Iam aderat iudicio dies apparebatque volgo homines in
damnatione Caesonis libertatem agi credere. Tum demum
coactus cum multa indignitate prensabat singulos. Sequeban-
tur necessarii, principes civitatis. (2) T. Quinctius Capitolinus, qui ter consul fuerat, cum multa referret sua familiaeque
decora, (3) adfirmabat neque in Quinctia gente neque in civitate Romana tantam indolem tam maturae virtutis unquam

Römische Geschichte 3. Buch 39

eingeschüchtert waren, lud Verginius, einer aus ihrem Kollegium, Caeso wegen eines Kapitalverbrechens[55] vor Gericht. Dadurch hatte er dessen wilden Sinn eher in Flammen als in Furcht gesetzt; um so leidenschaftlicher nur stellte er sich dem Gesetzesantrag entgegen, machte Jagd auf das gemeine Volk, verfolgte die Tribunen wie in einem regelrechten Krieg. (10) Der Ankläger litt es, daß der Angeklagte ins Verderben stürzte und der Anfeindung Zündstoff, sowie seinen Anschuldigungen eine Grundlage bot; indessen legte er den Gesetzentwurf nicht so sehr in Erwartung eines Erfolges, als mit dem Ziel vor, die Verwegenheit des Caeso herauszufordern. (11) Vieles, was damals vom Jungadel unbedacht gesagt oder getan worden war, fiel auf die beargwöhnte Wesensart des Caeso allein zurück. Dennoch wehrte er sich gegen den Gesetzesantrag. (12) Und A. Verginius sprach mehrere Male zum Bürgervolk: »Merkt ihr nun wohl, Römer, daß ihr einen Caeso zum Mitbürger und das Gesetz, nach dem ihr verlangt, nicht gleichzeitig haben könnt? (13) Und überhaupt, was spreche ich noch von einem Gesetz? Der Freiheit steht er im Weg, überragt alle Tarquinier an Hochmut. Wartet nur ab, bis er Konsul oder Diktator wird, den ihr jetzt als Privatmann mit Macht und Dreistigkeit wie einen König herrschen seht!« Viele stimmten ihm zu, klagten, mißhandelt worden zu sein, und trieben überdies die Tribunen an, die Sache bis zum Ende durchzustehen.

12 (1) Schon war der Gerichtstag nahe, und es zeigte sich deutlich, daß nach Ansicht der Öffentlichkeit mit der Verurteilung des Caeso die Einführung der Freiheit verbunden sei. Da erst sah sich Caeso gezwungen, mit großem Widerwillen, einen nach dem anderen um Hilfe zu bitten. Ihm folgten seine Angehörigen und Freunde, die ersten Männer im Staate. (2) T. Quinctius Capitolinus, der dreimal Konsul gewesen war, versicherte, indem er auf seine und seiner Familie zahlreiche Ruhmestaten verwies, (3) daß weder im Geschlecht der Quinctier noch in der römischen Bürgerschaft jemals solch ein Naturell von so früh ausgeprägter mannhafter

40 *Ab urbe condita liber III*

exstitisse; suum primum militem fuisse, se saepe vidente
pugnasse in hostem. (4) Sp. Furius, missum ab Quinctio
Capitolino sibi eum in dubiis suis rebus venisse subsidio;
neminem unum esse cuius magis opera putet rem restitutam.
(5) L. Lucretius, consul anni prioris, recenti gloria nitens,
suas laudes participare cum Caesone, memorare pugnas,
referre egregia facinora nunc in expeditionibus, nunc in acie;
suadere et monere iuvenem egregium, (6) instructum naturae
fortunaeque omnibus bonis, maximum momentum rerum
eius civitatis in quamcumque venisset, suum quam alienum
mallent civem esse. (7) quod offendat in eo, fervorem et auda-
ciam, aetatem cottidie magis auferre: quod desideretur, consilium, id in dies crescere. senescentibus vitiis, maturescente
virtute, sinerent tantum virum senem in civitate fieri. (8) Pater
inter hos L. Quinctius, cui Cincinnato cognomen erat, non
iterando laudes, ne cumularet invidiam, sed veniam errori
atque adulescentiae petendo, sibi qui non dicto, non facto
quemquam offendisset, ut condonarent filium orabat. (9) Sed
alii aversabantur preces aut verecundia aut metu, alii se suos-
que mulcatos querentes atroci responso iudicium suum praeferebant.
13 (1) Premebat reum praeter volgatam invidiam crimen
unum, quod M. Volscius Fictor, qui ante aliquot annos tribunus plebis fuerat, (2) testis exstiterat se, haud multo post
quam pestilentia in urbe fuerat, in iuventutem grassantem in
Subura incidisse. ibi rixam natam esse fratremque suum maio-

Römische Geschichte 3. Buch 41

Tüchtigkeit aufgetreten sei; jener sei sein bester Soldat gewesen und habe vor seinen Augen oft gegen den Feind gefochten. (4) Sp. Furius gab an, ihm sei er, von Q. Capitolinus geschickt, in gefährlicher Lage zu Hilfe gekommen: keinen einzigen gebe es seiner Ansicht nach, durch dessen Einsatz die Situation eher gerettet worden sei. (5) L. Lucretius, der noch von neuem Ruhm umstrahlte Konsul des Vorjahres, ließ Caeso an seiner Beliebtheit teilhaben, erinnerte an Kämpfe, berichtete von trefflichen Taten bald auf Feldzügen bald in offener Schlacht (6) und mahnte eindringlich, sie sollten einen außergewöhnlichen, mit allen Gaben der Natur und des Glücks begabten jungen Mann, der für die Belange jedes Gemeinwesens, in das er käme, von ausschlaggebender Bedeutung sein würde, lieber zum Mit- als zum Fremdbürger[56] haben wollen. (7) Was an ihm Anstoß errege, sein glühendes Temperament, verringere sich jeden Tag, den er älter werde; was man vermisse, Besonnenheit, wachse von Tag zu Tag. Da seine Fehler alterten, seine Tugend reife, sollten sie einen so bedeutenden Mann in ihrem Gemeinwesen alt werden lassen. (8) Unter diesen Männern wiederholte der Vater des Caeso, L. Quinctius, der den Beinamen Cincinnatus[57] trug, die Lobesreden nicht, um die Mißgunst nicht zu steigern, sondern bat um Nachsicht für jugendliches Irren und flehte, sie möchten seinetwegen, der er weder durch Wort noch durch Tat irgend jemanden gekränkt habe, den Sohn begnadigen. (9) Aber die einen verschlossen entweder aus Scheu oder aus Angst ihre Ohren den Bitten, die anderen klagten, sie selbst und ihre Angehörigen wären verprügelt worden, und nahmen mit der harten Erwiderung ihr Urteil vorweg.

13 (1) Abgesehen von der allgemeinen Unbeliebtheit belastete den Angeklagten *eine* Anschuldigung: M. Volscius Fictor, der vor einigen Jahren Volkstribun gewesen war, (2) hatte nämlich als Zeuge ausgesagt, er sei nicht lange nachdem die Seuche in der Stadt gewütet hatte, auf eine Gruppe Jugendlicher gestoßen, die sich in der Subura herumtrieb. Dort sei es

Ab urbe condita liber III

rem natu, necdum ex morbo satis validum, pugno ictum ab Caesone cecidisse; (3) semianimem inter manus domum ablatum, mortuumque inde arbitrari, nec sibi exsequi rem tam atrocem per consules superiorum annorum licuisse. Haec Volscio clamitante adeo concitati homines sunt ut haud multum afuerit quin impetu populi Caeso interiret. (4) Verginius arripi iubet hominem et in vincula duci. Patricii vi contra vim resistunt. T. Quinctius clamitat, cui rei capitalis dies dicta sit et de quo futurum propediem iudicium, eum indemnatum indicta causa non debere violari. (5) Tribunus supplicium negat sumpturum se de indemnato; servaturum tamen in vinculis esse ad iudicii diem ut, qui hominem necaverit, de eo supplicii sumendi copia populo Romano fiat. (6) Appellati tribuni medio decreto ius auxilii sui expediunt: in vincula conici vetant; sisti reum pecuniamque ni sistatur populo promitti placere pronuntiant. (7) Summam pecuniae quantam aequum esset promitti, veniebat in dubium; id ad senatum reicitur: reus, dum consulerentur patres, retentus in publico est. (8) Vades dari placuit; unum vadem tribus milibus aeris obligarunt; quot darentur permissum tribunis est. Decem finierunt; tot vadibus accusator vadatus est reum. Hic primus vades publico dedit. Dimissus e foro nocte proxima in Tuscos

Römische Geschichte   3. Buch   43

dann zu einem Handgemenge gekommen und sein älterer,
von der Krankheit noch nicht so recht wiederhergestellter
Bruder, sei, von einem Faustschlag des Caeso getroffen,
zusammengebrochen; (3) halbtot habe man ihn auf Händen
nach Hause getragen, und als Folge davon sei sein Bruder,
wie er vermute, gestorben;[58] er selbst habe aber wegen der
Konsuln der letzten Jahre nicht die Möglichkeit gehabt, einen
so schrecklichen Vorfall gerichtlich zu verfolgen. Da Volscius
diese Geschichte lauthals verkündete, erregten sich die Menschen so sehr, daß nicht viel gefehlt hätte, und Caeso wäre an
der Empörung des Volkes zugrunde gegangen. (4) Verginius
befahl, den Mann zu verhaften und ins Gefängnis zu bringen.
Die Patrizier aber erwiderten Gewalt mit Gewalt: T. Quinctius rief, man dürfe nicht Hand an jemand legen, der wegen
eines Kapitalverbrechens vor Gericht geladen worden sei und
über den binnen kurzem ein Urteil gesprochen werde. (5) Der
Tribun erwiderte, er werde Caeso ohne Urteilsspruch nicht
hinrichten lassen, doch beabsichtige er, ihn bis zum Tage der
Verhandlung sicher in Gewahrsam zu behalten, damit das
römische Volk die Möglichkeit bekomme, an einem Mörder
die Strafe zu vollstrecken. (6) Man rief die Tribunen an, und
diese übten kraft eines vermittelnden Entscheids ihr Recht auf
Beistandsleistung aus; sie untersagten, Caeso in den Kerker
zu werfen, gaben aber ihrem Willen Ausdruck, daß der Angeklagte sich zu stellen habe, und, falls er nicht vor Gericht
erscheine, dem Volk ein Geldbetrag garantiert werden müsse.
(7) In welcher Höhe man die Geldsumme gerechterweise ver-
einbaren sollte, blieb unklar; die Sache wurde an den Senat
verwiesen, der Angeklagte in öffentlichem Gewahrsam
behalten, solange die Väter berieten. (8) Sie ordneten das Stellen von Bürgen an; jeden einzelnen Bürgen verpflichteten sie
zur Zahlung von 3000 Assen[59]; wie viele aufzubieten seien,
wurde den Tribunen überlassen. Diese bestimmten zehn –
durch diese Zahl von Bürgen verpflichtete der Kläger den
Beklagten, vor Gericht zu erscheinen. Caeso stellte als erster
der Staatskasse Bürgen.[60] Vom Forum entlassen, ging er in

44   *Ab urbe condita   liber III*

in exsilium abiit. (9) Iudicii die cum excusaretur solum vertisse exsilii causa, nihilo minus Verginio comitia habente, collegae appellati dimisere concilium. (10) Pecunia a patre exacta crudeliter, ut divenditis omnibus bonis aliquamdiu trans Tiberim velut relegatus devio quodam tugurio viveret.
14 (1) Hoc iudicium et promulgata lex exercuit civitatem: ab externis armis otium fuit. (2) Cum velut victores tribuni perculsis patribus Caesonis exsilio prope perlatam esse crederent legem, et quod ad seniores patrum pertineret cessissent possessione rei publicae, (3) iuniores, id maxime quod Caesonis sodalium fuit, auxere iras in plebem, non minuerunt animos; sed ibi plurimum profectum est quod modo quodam temperavere impetus suos. (4) Cum primo post Caesonis exsilium lex coepta ferri est, instructi paratique cum ingenti clientium exercitu sic tribunos, ubi primum submoventes praebuere causam, adorti sunt ut nemo unus inde praecipuum quicquam gloriae domum invidiaeve ferret, mille pro uno Caesones exstitisse plebes quereretur. (5) Mediis diebus quibus tribuni de lege non agerent, nihil iisdem illis placidius aut quietius erat. Benigne salutare, adloqui plebis homines, domum invitare, adesse in foro, tribunos ipsos cetera pati sine interpellatione concilia habere, nunquam ulli neque publice neque privatim truces esse, nisi cum de lege agi coeptum esset; alibi

Römische Geschichte 3. Buch 45

der folgenden Nacht zu den Etruskern in die Verbannung. (9) Obwohl er am Tag des Gerichts damit entschuldigt wurde, er habe das Land verlassen, um in die Verbannung zu gehen, hielt Verginius dessenungeachtet eine Volksversammlung ab, doch lösten seine Kollegen nach einer Berufung die Versammlung auf. (10) Vom Vater forderte man die Geldsumme unbarmherzig ein, so daß er all seine Habe verkaufen mußte und geraume Zeit jenseits des Tibers wie ein Vertriebener in irgendeiner abgelegenen Hütte lebte.[61]

14 (1) Diese Verhandlung sowie die Bekanntmachung[62] des Gesetzestextes hielt die Bürgerschaft in Atem: vor fremden Kriegen war Ruhe. (2) Während die Tribunen, Siegern gleich, nach dem Schlag, den die Väter durch des Caeso Verbannung erhalten hatten, ihren Gesetzentwurf für beinahe durchgesetzt hielten, und die älteren unter den Vätern, soweit es auf sie ankam, vom Besitzrecht auf den Staat zurückgetreten waren, (3) steigerten die Jüngeren, vor allem die engen Freunde des Caeso, ihre Haßgefühle auf das einfache Volk, minderten nicht ihre Wut; dabei erzielten sie jedoch größere Erfolge, weil sie ihre Angriffe irgendwie begrenzten. (4) Als nach der Verbannung des Caeso der Gesetzentwurf zum ersten Mal eingebracht werden sollte, fielen sie, bestens vorbereitet, mit einer Riesenschar von Gefolgsleuten über die Tribunen her, sobald diese ihnen mit der Aufforderung auseinanderzutreten einen Vorwand lieferten; so kam es, daß kein bestimmter Patrizier ein Mehr an Ruhm oder Haß nach Hause brachte, und die Menge klagte, an die Stelle eines Caeso seien tausend neue getreten. (5) An den Zwischentagen[63] jedoch gab es nichts Sanfteres, nichts Ruhigeres als eben jene Freunde des Caeso: wohlwollend grüßten sie, sprachen zum Mann aus dem Volk, luden ihn nach Hause, standen ihm auf dem Forum zur Verfügung, gestatteten sogar den Tribunen, ihre sonstigen Versammlungen ohne Störung abzuhalten und waren keinem gegenüber, weder öffentlich noch privat, unfreundlich – es sei denn, sie begannen, über das Gesetz zu verhandeln; ansonsten gab sich die Adelsjugend volkstüm-

46 *Ab urbe condita liber III*

popularis iuventus erat. (6) Nec cetera modo tribuni tranquillo peregere, sed refecti quoque in insequentem annum, ne voce quidem incommoda, nedum et ulla vis fieret. Paulatim permulcendo tractandoque mansuefecerant plebem. His per totum annum artibus lex elusa est.

15 (1) Accipiunt civitatem placidiorem consules C. Claudius Appi filius et P. Valerius Publicola. Nihil novi novus annus attulerat; legis ferendae aut accipiendae cura civitatem tenebat. (2) Quantum iuniores patrum plebi se magis insinuabant, eo acrius contra tribuni tendebant ut plebi suspectos eos criminando facerent: (3) coniurationem factam; Caesonem Romae esse; interficiendorum tribunorum, trucidandae plebis consilia inita; id negotii datum ab senioribus patrum ut iuventus tribuniciam potestatem e re publica tolleret formaque eadem civitatis esset quae ante Sacrum montem occupatum fuerat. (4) Et a Volscis et Aequis statum iam ac prope sollemne in singulos annos bellum timebatur, propiusque aliud novum malum necopinato exortum. Exsules servique, (5) ad quattuor milia hominum et quingenti, duce Appio Herdonio Sabino nocte Capitolium atque arcem occupavere. (6) Confestim in arce facta caedes eorum qui coniurare et simul capere arma noluerant: alii inter tumultum praecipites pavore in forum devolant: alternae voces 'Ad arma' et 'Hostes in urbe sunt' audiebantur. (7) Consules et armare plebem et inermem pati timebant, incerti quod malum repentinum,

Römische Geschichte 3. Buch 47

lich. (6) Die Tribunen erledigten nicht bloß ihre übrigen Geschäfte in aller Ruhe, sondern sie wurden sogar für das folgende Jahr wiedergewählt – und das ohne ein grobes Wort, geschweige denn, daß es zu irgendeiner Ausschreitung gekommen wäre: durch behutsames Taktieren hatten die Tribunen das einfache Volk nach und nach versöhnlich gestimmt.[64] Mit diesen Methoden hintertrieb man das ganze Jahr hindurch das Gesetz.

15 (1) Es übernahmen ein friedfertiges Gemeinwesen die Konsuln C. Claudius, des Appius Sohn, und P. Valerius Publicola. Nichts Neues hatte das neue Jahr gebracht; der Gedanke, den Gesetzentwurf einbringen zu können oder bewilligen zu müssen, hielt die Bürgerschaft gefangen. (2) Je mehr die jüngeren unter den Vätern sich bei den einfachen Bürgern einschmeichelten, desto heftiger versuchten die Tribunen dagegenzusteuern, um diese durch Anschuldigungen beim Volk verdächtig zu machen: (3) eine Verschwörung habe man unternommen; Caeso sei in Rom; die Ermordung der Tribunen, ein Massaker unter dem Volk seien beschlossene Sache; die älteren Senatoren hätten die Weisung ausgegeben, daß die Adelsjugend die tribunizische Amtsgewalt im Staat beseitigen, und das Gemeinwesen dieselbe Verfassung bekommen solle wie vor der Besetzung des Heiligen Berges. (4) Ferner fürchtete man den von Volskern und Aequern schon gewohnten und Jahr für Jahr fast zum regelmäßigen Ritual gewordenen Krieg; doch zuvor brach unerwartet ein anderes Unglück los. Verbannte und Sklaven – (5) etwa 4500 Menschen – besetzten unter Führung des Sabiners Ap. Herdonius des Nachts das Kapitol und auch die Burg.[65] (6) Sofort kam es dort zu einem Gemetzel an den Leuten in der Burg, die es abgelehnt hatten, sich mit zu verschwören und ebenfalls zu den Waffen zu greifen; andere hasteten in dem Durcheinander kopflos vor Entsetzen auf das Forum hinunter; abwechselnd hörte man die Rufe: »Zu den Waffen!« und »Feinde sind in der Stadt!« (7) Die Konsuln hatten ebenso Bedenken, die Menge zu bewaffnen, wie sie unbewaffnet zu

48 *Ab urbe condita liber III*

externum an intestinum, ab odio plebis an ab servili fraude,
urbem invasisset; sedabant tumultus, sedando interdum
movebant; nec enim poterat pavida et consternata multitudo
regi imperio. (8) Dant tamen arma, non volgo, tantum ut
incerto hoste praesidium satis fidum ad omnia esset. Solliciti
reliquum noctis incertique qui homines, quantus numerus
hostium esset, in stationibus disponendis ad opportuna
omnis urbis loca egere. (9) Lux deinde aperuit bellum ducem-
que belli. Servos ad libertatem Appius Herdonius ex Capitolio vocabat: se miserrimi cuiusque suscepisse causam, ut exsules iniuria pulsos in patriam reduceret et servitiis grave iugum
demeret; id malle populo Romano auctore fieri; si ibi spes
non sit, se Volscos et Aequos et omnia extrema temptaturum
et concitaturum.

16 (1) Dilucere res magis patribus atque consulibus. Praeter ea
tamen quae denuntiabantur, ne Veientium neu Sabinorum id
consilium esset timere et, (2) cum tantum in urbe hostium
esset, mox Sabinae Etruscaeque legiones ex composito adessent, tum aeterni hostes, Volsci et Aequi, non ad populandos,
ut ante, fines sed ad urbem ut ex parte captam venirent.
(3) Multi et varii timores; inter ceteros eminebat terror servilis
ne suus cuique domi hostis esset, cui nec credere nec non
credendo, ne infestior fieret, fidem abrogare satis erat tutum;

Römische Geschichte   3. Buch   49

lassen, unschlüssig, welch jähes Unheil denn, ob von außen
oder von innen, vom Haß des gemeinen Volkes oder durch
der Sklaven Tücke hervorgerufen, über die Stadt hereingebrochen wäre; sie versuchten den Aufruhr zu beruhigen,
schürten ihn aber zuweilen durch ihre Beschwichtigungsver-
suche, da die ängstlich verschreckte Menge sich von der
Obrigkeit nicht mehr leiten ließ. (8) Dennoch gaben sie Waffen aus, allerdings nicht an jeden, sondern gerade an so viele,
um angesichts des unbekannten Feindes eine für alle Fälle
ausreichende Verteidigung sicherzustellen. Voll Sorge, und
ohne zu wissen, um welche Art von Menschen, um welche
Zahl von Feinden es sich handelte, brachten sie den Rest der
Nacht mit der Verteilung von Schutzposten an geeigneten
Punkten der ganzen Stadt zu. (9) Das Tageslicht enthüllte
dann Krieg und Kriegsführer. Ap. Herdonius rief vom Kapitol die Sklaven zur Freiheit auf: er habe sich der Sache gerade
der Armseligsten angenommen, um Verbannte, die rechts-
widrig vertrieben worden wären, in ihr Vaterland zurückzu-
führen und den Sklavenstand von seinem schweren Joch zu
befreien;[66] wenn das mit Zustimmung des römischen Volkes
geschehen könne, sei es ihm nur recht, sollte aber von dort
nichts zu erwarten sein, werde er Volsker und Aequer auf-
wiegeln und das Äußerste wagen.

16 (1) Allmählich klärte sich die Lage für Väter und Konsuln.
Gleichwohl fürchteten sie, von diesen Drohungen abgese-
hen, daß dieses Unternehmen auf einen Plan der Vejenter und
Sabiner zurückgehe, daß (2) – wäre erst eine so große Zahl
von Feinden in der Stadt – bald sabinische und etruskische
Legionen nach Vereinbarung zur Stelle seien, und dann ihre
Erbfeinde, Volsker und Aequer, nicht zur Verwüstung der
Feldmark wie zuvor, sondern gegen eine schon zum Teil
gefallene Stadt vorrückten. (3) Vielfache und mannigfaltige
Befürchtungen: sie alle übertraf die Angst vor den Sklaven:
daß jeder seinen Feind im Hause hätte, demgegenüber man
weder sicher war, wenn man ihm vertraute, noch wenn man
ihm mißtraute und, sollte er nicht noch gefährlicher werden,

50 *Ab urbe condita liber III*

vixque concordia sisti videbatur posse. (4) Tantum superantibus aliis ac mergentibus malis nemo tribunos aut plebem timebat; mansuetum id malum et per aliorum quietem malorum semper exoriens tum quiesse peregrino terrore sopitum videbatur. (5) At id prope unum maxime inclinatis rebus incubuit. Tantus enim tribunos furor tenuit ut non bellum, sed vanam imaginem belli ad avertendos ab legis cura plebis animos Capitolium insedisse contenderent; patriciorum hospites clientesque si perlata lege frustra tumultuatos esse se sentiant, maiore quam venerint silentio abituros. (6) Concilium inde legi perferendae habere, avocato populo ab armis. Senatum interim consules habent, alio se maiore ab tribunis metu ostendente quam quem nocturnus hostis intulerat.

17 (1) Postquam arma poni et discedere homines ab stationibus nuntiatum est, P. Valerius, collega senatum retinente, se ex curia proripit, inde in templum ad tribunos venit. (2) 'Quid hoc rei est,' inquit, 'tribuni? Appi Herdoni ductu et auspicio rem publicam eversuri estis? Tam felix vobis corrumpendis fuit qui servitia non commovit auctor? Cum hostes supra caput sint, discedi ab armis legesque ferri placet?' (3) Inde ad multitudinem oratione versa: 'Si vos urbis, Quirites, si vestri nulla cura tangit, at vos veremini deos vestros ab hostibus

Römische Geschichte 3. Buch　　　51

das Treueverhältnis aufkündigte. Und auch trotz der inneren
Eintracht schien man sich kaum halten zu können. (4) Deswegen fürchtete angesichts der anderen Gefahren, die über-
bordeten und alles zu versenken drohten,[67] niemand mehr
Tribunen oder Bürgerstand; dies Übel schien harmlos und –
da es immer dann auftrat, wenn Ruhe vor sonstigen Fährnis-
sen herrschte – vom Schrecken wegen eines auswärtigen Feindes betäubt zu schlafen. (5) Aber gerade dies eine Unheil
stürzte sich auf den schwer ins Wanken geratenen Staat.[68]
Solch gewaltiges Rasen hielt nämlich die Tribunen gefangen,
daß sie eiferten, nicht ein Krieg, sondern das vorgetäuschte
Trugbild eines Krieges habe vom Kapitol Besitz ergriffen,
veranstaltet, um die Volksseele vom Einsatz für das Gesetz
abzulenken. Wenn die Freunde und Gefolgsleute der Adeligen aufgrund der Annahme des Gesetzes merkten, daß sie die
Unruhen vergeblich inszeniert hätten, würden sie weitaus
leiser abziehen, als sie gekommen seien. (6) Hierauf forderten
sie das Volk auf, keinen Dienst mit der Waffe zu tun und
beriefen dann eine Versammlung ein, um ihr Gesetz durchzu-
bringen. Die Konsuln hielten unterdessen eine Senatssitzung
ab, da die Bedrohung, die von den Tribunen ausging, verschieden und größer zu sein schien, als die vom Feind in der
Nacht verursachte.

17 (1) Nach der Meldung, daß die Leute ihre Waffen niederlegten und die Posten verließen, stürzte P. Valerius, während
sein Kollege die Senatssitzung weiterführte, aus dem Rathaus
und kam von dort auf die Versammlungsstätte zu den Tribunen.[69] (2) »Was soll denn das, Tribunen?« sagte er. »Macht
ihr euch daran, unter Führung und Leitung des Ap. Herdonius den Staat aus den Angeln zu heben? So erfolgreich war
einer, euch zu verderben, der nicht einmal Sklaven[70] beein-
druckte und doch ihr Rädelsführer war? Während euch die
Feinde schon im Nacken sitzen, haltet ihr es für richtig, Waffen im Stich zu lassen und Gesetze einzubringen?« (3) Hierauf wandte er sich mit seiner Rede an die Menge: »Wenn
euch, Römer, keine Sorge um eure Stadt und um euch selbst

52   *Ab urbe condita   liber III*

captos. Iuppiter optimus maximus, Iuno regina et Minerva,
alii di deaeque obsidentur; castra servorum publicos vestros
penates tenent; haec vobis forma sanae civitatis videtur?
(4) Tantum hostium non solum intra muros est sed in arce
supra forum curiamque; comitia interim in foro sunt, senatus in curia est; velut cum otium superat, senator sententiam dicit, alii Quirites suffragium ineunt. (5) Non quidquid
patrum plebisque est, consules, tribunos, deos hominesque
omnes armatos opem ferre, in Capitolium currere, liberare ac
pacare augustissimam illam domum Iovis optimi maximi
decuit? (6) Romule pater, tu mentem tuam, qua quondam
arcem ab his iisdem Sabinis auro captam recepisti, da stirpi
tuae; iube hanc ingredi viam, quam tu dux, quam tuus ingres-
sus exercitus est. Primus en ego consul, quantum mortalis
deum possum, te ac tua vestigia sequar.' (7) Ultimum oratio-
nis fuit, se arma capere, vocare omnes Quirites ad arma; si qui
impediat, iam se consularis imperii, iam tribuniciae potestatis
sacratarumque legum oblitum, quisquis ille sit, ubicumque
sit, in Capitolio, in foro, pro hoste habiturum. (8) iuberent
tribuni, quoniam in Appium Herdonium vetarent, in P. Valerium consulem sumi arma; ausurum se in tribunis, quod princeps familiae suae ausus in regibus esset. (9) Vim ultimam
apparebat futuram spectaculoque seditionem Romanam
hostibus fore. Nec lex tamen ferri nec ire in Capitolium con-

Römische Geschichte   3. Buch   53

berührt, so habt doch Scheu vor euren Göttern,[71] die von
Feinden gefangengehalten werden. Juppiter Optimus Maxi-
mus, Juno Regina, Minerva sowie die anderen Götter und
Göttinnen werden belagert; Sklavenbanden besetzen eure
Staatsheiligtümer – das steht euch als Bild eines gesunden
Staatswesens vor Augen? (4) So große Feindesmacht ist nicht
nur innerhalb der Stadtmauern, sondern auch auf der Burg,
über Forum und Rathaus – doch zur selben Zeit finden
Volksversammlungen auf dem Forum, Senatssitzungen im
Rathaus statt! So, wie wenn Zeit im Überfluß vorhanden ist,
gibt der Senator sein Votum ab, begeben sich die übrigen
Bürger zur Abstimmung. (5) Hätten nicht allesamt, Väter
und einfaches Volk, Konsuln und Tribunen, Götter und
Menschen,[72] bewaffnet Hilfe bringen, auf das Kapitol stür-
men und jene hochheilige Wohnstatt des Juppiter Optimus
Maximus befreien und befrieden müssen? (6) Romulus, Ahn-
vater, schenke du deine Gesinnung, mit der du einst die von
eben diesen Sabinern mit Gold bezwungene Burg[73] wiedererobert hast, deinem Geschlecht! Laß uns den Weg beschreiten,
den du, der Führer, den dein Heer beschritten hat! Wahrlich,
ich, der Konsul, werde dir und deinen Spuren als erster folgen, sofern ein Sterblicher einem Gott zu folgen vermag!«
(7) Am Ende seiner Rede sagte er, er greife zu den Waffen und
rufe alle Bürger dazu auf; sollte ihn jemand hindern, werde er
augenblicklich seine Verantwortung als Konsul, die tribunizische Amtsgewalt und geheiligte Gesetze vergessen, und
ihn, wer es auch sei, wo er auch sei, auf dem Kapitol oder auf
dem Forum, als Staatsfeind betrachten. (8) Die Tribunen sollten nur befehlen, gegen den Konsul Valerius die Waffen zu
erheben, weil sie das gegen Ap. Herdonius untersagten: er
würde gegenüber Tribunen das wagen, was der Ahnherr[74]
seines Geschlechtes gegen Könige gewagt habe. (9) Das
Äußerste an Gewalt und römischer Zwist als Schauspiel für
die Feinde schien sich abzuzeichnen. Dabei konnte weder der
Gesetzantrag durchgebracht werden, noch vermochte der
Konsul auf das Kapitol zu gelangen; die Nacht erstickte den

54 *Ab urbe condita liber III*

sul potuit; nox certamina coepta oppressit; tribuni cessere
nocti, timentes consulum arma. (10) Amotis inde seditionis
auctoribus patres circumire plebem inserentesque se in circu-
los sermones tempori aptos serere; admonere ut viderent in
quod discrimen rem publicam adducerent. (11) non inter patres ac plebem certamen esse, sed simul patres plebemque,
arcem urbis, templa deorum, penates publicos privatosque
hostibus dedi. (12) Dum haec in foro sedandae discordiae
causa aguntur, consules interim, ne Sabini neve Veiens hostis
moveretur, circa portas murosque discesserant.
18 (1) Eadem nocte et Tusculum de arce capta Capitolioque
occupato et alio turbatae urbis statu nuntii veniunt. (2) L.
Mamilius Tusculi tum dictator erat. Is confestim convocato
senatu atque introductis nuntiis magnopere censet, (3) ne
exspectent dum ab Roma legati auxilium petentes veniant;
periculum ipsum discrimenque ac sociales deos fidemque foe-
derum id poscere; demerendi beneficio tam potentem, tam
propinquam civitatem nunquam parem occasionem daturos
deos. (4) Placet ferri auxilium; iuventus conscribitur, arma
dantur. Romam prima luce venientes procul speciem hostium
praebuere; Aequi aut Volsci venire visi sunt; deinde ubi vanus
terror abiit, accepti in urbem agmine in forum descendunt.
(5) Ibi iam P. Valerius relicto ad portarum praesidia collega
instruebat aciem. (6) Auctoritas viri moverat, adfirmantis

Römische Geschichte   3. Buch   55

begonnenen Streit; aus Angst vor den Waffen der Konsuln
wichen die Tribunen vor der Dunkelheit zurück. (10) Als
man dann die Unruhestifter losgeworden war, gingen die
Väter unter den einfachen Leuten herum, gesellten sich zu
ihren Gruppen und knüpften Gespräche an, die zur Lage
paßten: sie sollten doch bedenken, warnten sie, in welche
Gefahr sie den Staat brächten. (11) Nicht zwischen Vätern
und Volk gebe es einen Kampf, vielmehr würden zugleich
Väter und Volk, Stadtburg, Göttertempel, Staats-[75] und
Hausgötter den Feinden preisgegeben. (12) Während man so
auf dem Forum auf eine Besänftigung der Zwietracht hinar-
beitete, hatten sich in der Zwischenzeit die Konsuln auf ihren
Kontrollgang zu den Toren und Stadtmauern begeben, weil
sie fürchteten, die Sabiner oder der Feind aus Veji könnten
sich rühren.
18 (1) In derselben Nacht kamen die Nachrichten von der
Einnahme der Burg, der Besetzung des Kapitols und dem
sonstigen Zustand der ins Chaos gestürzten Stadt auch nach
Tusculum. (2) L. Mamilius war damals Diktator in Tusculum.[76] Er rief unverzüglich den Senat zusammen, führte
die Boten vor und sprach sich entschieden dafür aus, (3) nicht
zu warten, bis aus Rom Gesandte kämen, um Beistand zu
erbitten. Die gefährliche und vor der endgültigen Entscheidung stehende Situation, die Bundesgötter und ihre Vertrags-
treue verlangten dies; niemals würden ihnen die Götter eine
gleiche Gelegenheit bieten, sich durch einen Freundschafts-
dienst um eine so mächtige und ihnen engverbundene Bürgerschaft verdient zu machen. (4) Man beschloß, Hilfe zu bringen; die Jungmannschaft wurde ausgehoben, Waffen ausgegeben. Als sie bei Sonnenaufgang nach Rom kamen, boten sie
von ferne den Anblick von Feinden – Aequer und Volsker
schienen zu kommen; später, als die unbegründete Angst
gewichen war, wurden sie in die Stadt eingelassen und marschierten in Reih und Glied zum Forum. (5) Dort stellte nun
gerade P. Valerius, der seinen Kollegen bei den Torposten
gelassen hatte, die Schlachtreihe auf. (6) Das Ansehen dieses

56 *Ab urbe condita liber III*

Capitolio reciperato et urbe pacata si se edoceri sissent quae
fraus ab tribunis occulta in lege ferretur, memorem se
maiorum suorum, memorem cognominis quo populi colendi
velut hereditaria cura sibi a maioribus tradita esset, concilium
plebis non impediturum.
(7) Hunc ducem secuti nequiquam reclamantibus tribunis in
clivum Capitolinum erigunt aciem. Adiungitur et Tusculana
legio. Certare socii civesque utri reciperatae arcis suum decus
facerent; dux uterque suos adhortatur. (8) Trepidare tum
hostes nec ulli satis rei praeterquam loco fidere; trepidantibus
inferunt signa Romani sociique. Iam in vestibulum perrupe-
rant templi cum P. Valerius inter primores pugnam ciens
interficitur. (9) P. Volumnius consularis vidit cadentem. Is
dato negotio suis ut corpus obtegerent, ipse in locum vicem-
que consulis provolat. Prae ardore impetuque tantae rei sen-
sus non pervenit ad militem; prius vicit quam se pugnare sine
duce sentiret. (10) Multi exsulum caede sua foedavere templum, multi vivi capti, Herdonius interfectus. Ita Capitolium
reciperatum. De captivis, ut quisque liber aut servus esset,
suae fortunae a quoque sumptum supplicium est. Tusculanis
gratiae actae, Capitolium purgatum atque lustratum. (11) In
consulis domum plebes quadrantes ut funere ampliore effer-
retur iactasse fertur.
19 (1) Pace parta, instare tum tribuni patribus, ut P. Valeri

Römische Geschichte 3. Buch 57

Mannes hatte Wirkung gezeigt. Er hatte nämlich versichert, falls sie ihm nach Wiedereroberung des Kapitols und Befriedung der Stadt gestatteten, aufzuzeigen, welche von den Tribunen verborgene Tücke im Gesetzentwurf stecke, werde er in Erinnerung an seine Vorfahren und im Bewußtsein seines Zunamens, durch den ihm von seinen Ahnen gleichsam die erbliche Verpflichtung übertragen worden sei, das Volk zu fördern, einer Wahlversammlung des Bürgerstandes nicht im Wege stehen.

(7) Ihm folgten sie als ihrem Führer und rückten, während die Tribunen vergeblich dagegen protestierten, in Schlachtreihe den Weg zum kapitolinischen Hügel hinauf. Auch die Legion aus Tusculum schloß sich an. Bundesgenossen und Bürger wetteiferten miteinander, wem die Ehre zuteil würde, die Burg wiedererobert zu haben; beide Feldherren spornten die Ihren an. (8) Da erzitterten die Feinde und vertrauten nur noch auf ihre Stellung: gegen Angsthasen begannen Römer und Bundesgenossen die Schlacht. Schon waren sie in die Tempelvorhalle eingedrungen, als P. Valerius, der den Kampf in vorderster Linie in Schwung brachte, getötet wurde. (9) P. Volumnius, ein ehemaliger Konsul, sah ihn fallen. Nachdem er seinen Leuten den Befehl erteilt hatte, den Leichnam zu decken, eilte er selbst zum Ersatz für den Konsul an dessen Stelle. Vor Kampfesglut kam dem Soldaten die Bedeutung dieses Geschehnisses gar nicht zu Bewußtsein: er siegte, noch bevor er wahrnahm, daß er ohne Führer kämpfte. (10) Viele der Geächteten besudelten mit ihrem Blut den Tempel, viele wurden lebend gefangen, Herdonius getötet. So wurde das Kapitol zurückerobert. Über die Gefangenen verhängte man, je nachdem, ob einer ein freier Mann oder ein Sklave war, ihrem Stande gemäß die Todesstrafe[77]. Den Tuskulanern sprach man den Dank aus, das Kapitol wurde gereinigt und entsühnt. (11) Das einfache Volk soll Viertelasmünzen[78] in das Haus des Konsuls geworfen haben, damit er prächtiger zu Grabe getragen werden könne.

19 (1) Friede war geschaffen, da bedrängten die Tribunen die

58 *Ab urbe condita liber III*

fidem exsolverent, instare ⟨C.⟩ Claudio, ut collegae deos
manes fraude liberaret, agi de lege sineret. Consul antequam
collegam sibi subrogasset negare passurum agi de lege.
(2) Hae tenuere contentiones usque ad comitia consulis sub-
rogandi. Decembri mense summo patrum studio L. Quinctius Cincinnatus, pater Caesonis, consul creatur qui magistratum statim occiperet. (3) Perculsa erat plebes consulem
habitura iratum, potentem favore patrum, virtute sua, tribus
liberis, quorum nemo Caesoni cedebat magnitudine animi,
consilium et modum adhibendo ubi res posceret priores
erant. (4) Is ut magistratum iniit, adsiduis contionibus pro
tribunali non in plebe coercenda quam senatu castigando
vehementior fuit, cuius ordinis languore perpetui iam tribuni
plebis, non ut in re publica populi Romani sed ut in perdita
domo lingua criminibusque regnarent: (5) cum Caesone filio
suo virtutem, constantiam, omnia iuventutis belli domique
decora pulsa ex urbe Romana et fugata esse; loquaces, seditio-
sos, semina discordiarum, iterum ac tertium tribunos, pessi-
mis artibus, regia licentia vivere. (6) 'Aulus' inquit 'ille Verginius, quia in Capitolio non fuit, minus supplicii quam Appius
Herdonius meruit? Plus hercule aliquanto, qui vere rem aesti-
mare velit. Herdonius, si nihil aliud, hostem se fatendo prope
denuntiavit ut arma caperetis; hic negando bellum esse arma

Römische Geschichte 3. Buch 59

Väter, das Versprechen des P. Valerius einzulösen, bedrängten auch C. Claudius, die Seele[79] seines verstorbenen Kollegen von der Beschuldigung des Betrugs freizuhalten und Verhandlungen über den Gesetzentwurf zu gestatten. Der Konsul entgegnete, er werde es nicht dulden, daß man über das Gesetz abstimme, noch bevor er für die Nachwahl eines Kollegen gesorgt habe. (2) Diese Auseinandersetzungen hielten bis zur Volksversammlung über den neu zu wählenden Konsul an. Im Monat Dezember wurde dank des außergewöhnlichen Einsatzes der Väter L. Quinctius Cincinnatus, der Vater des Caeso, zum Konsul gewählt, der das Amt sofort antreten sollte. (3) Der Bürgerstand war tief erschüttert, weil ihm ein zornerfüllter Konsul bevorstand, der mächtig war durch die Huld der Väter, durch eigene Tauglichkeit und durch seine drei Söhne, von denen dem Caeso an Wesensgröße keiner nachstand, die aber, wenn es galt, Einsicht und Maß zu üben, sogar noch trefflicher waren. (4) Unmittelbar nach seinem Amtsantritt hielt Quinctius in unablässigen Ansprachen von der Rednerbühne herab mit der gleichen Leidenschaft die Menge im Zaum, mit der er den Senat rügte: durch dessen Schlaffheit regierten die Volkstribunen nunmehr ohne Unterbrechung – aber nicht wie im Staat des Römervolks, sondern wie in einem verkommenen Hauswesen durch Gerede und Anschuldigungen. (5) Mit seinem Sohn Caeso seien Anstand, Stetigkeit und alles, was die Jugend in Krieg und Frieden auszeichne, aus der Stadt Rom vertrieben und verjagt worden; Quatschmäuler, Unruhestifter, die Keime der Zwietracht, die mit übelsten Machenschaften zum zweiten- und drittenmal gewählten Tribunen[80] lebten zügellos wie Könige. (6) »Hat jener Aulus Verginius«, sprach er, »die Todesstrafe etwa weniger verdient als Ap. Herdonius, nur weil er nicht auf dem Kapitol war? Beim Herkules, sogar noch viel eher, will man die Sache recht besehen. Herdonius hat euch – wenn schon nicht anders – doch offen zu verstehen gegeben, daß ihr zu den Waffen greifen müßt, indem er sich als Staatsfeind zu erkennen gab; dieser aber leugnete den Krieg, entriß euch die

60   *Ab urbe condita   liber III*

vobis ademit nudosque servis vestris et exsulibus obiecit.
(7) Et vos – C. Claudi pace et P. Valeri mortui loquar – prius
in clivum Capitolinum signa intulistis quam hos hostes de
foro tolleretis? Pudet deorum hominumque. Cum hostes in
arce, in Capitolio essent, exsulum et servorum dux profanatis
omnibus in cella Iovis optimi maximi habitaret, Tusculi ante
quam Romae sumpta sunt arma. (8) In dubio fuit utrum L.
Mamilius, Tusculanus dux, an P. Valerius et C. Claudius
consules Romanam arcem liberarent; et qui ante Latinos ne
pro se quidem ipsis, cum in finibus hostem haberent, attin-
gere arma passi sumus, nunc, nisi Latini sua sponte arma
sumpsissent, capti et deleti eramus. (9) Hoc est, tribuni, auxilium plebi ferre, inermem eam hosti trucidandam obicere?
Scilicet si quis vobis humillimus homo de vestra plebe, quam
partem velut abruptam a cetero populo vestram patriam pecu-
liaremque rem publicam fecistis, si quis ex his domum suam
obsessam a familia armata nuntiaret, ferendum auxilium
putaretis: (10) Iuppiter optimus maximus exsulum atque servorum saeptus armis nulla humana ope dignus erat? Et hi
postulant, ut sacrosancti habeantur, quibus ipsi di neque sancti
neque sancti sunt? (11) At enim, divinis humanisque obruti
sceleribus, legem vos hoc anno perlaturos dictatis. Tum hercule illo die quo ego consul sum creatus, male gesta res
publica est, peius multo quam cum P. Valerius consul periit –
si tuleritis. (12) Iam primum omnium,' inquit, 'Quirites, in
Volscos et Aequos mihi atque collegae legiones ducere in

Römische Geschichte 3. Buch 61

Waffen und gab euch wehrlos euren Sklaven und Verbannten preis. (7) Und ihr – C. Claudius und der tote P. Valerius mögen es mir nicht übelnehmen – habt ihr etwa diese Feinde vom Forum entfernt, bevor ihr den Weg zum Kapitol emporgestürmt seid? Eine Schande ist's vor Göttern und Menschen.[81] Obwohl Feinde auf Burg und Kapitol waren, der Anführer von Geächteten und Sklaven alles entweiht hatte und im Tempel des Juppiter Optimus Maximus hauste, griff man in Tusculum früher zu den Waffen als in Rom. (8) Es blieb ungewiß, ob L. Mamilius, der tusculanische Heerführer, oder die Konsuln P. Valerius und C. Claudius die römische Burg befreien würden. Und wir, die wir vordem den Latinern nicht einmal erlaubten, zu ihrer Verteidigung Waffen anzurühren, wenn sie den Feind in ihrem Gebiet hatten, waren nun schon so gut wie gefangen und vernichtet, hätten die Latiner nicht aus freien Stücken zu den Waffen gegriffen. (9) Ist das, Tribunen, Hilfeleistung für das Volk, wenn man es unbewaffnet dem Feind zum Gemetzel vorwirft? Aber selbstverständlich – wenn irgend jemand, auch der geringste Kerl aus eurem Volksanhang, den ihr zu einem vom restlichen Staatsvolk gleichsam abgetrennten Teil, zu eurem Vaterland und Sonderstaat gemacht habt, wenn einer von diesen euch meldete, die eigenen Sklaven belagerten bewaffnet sein Haus, würdet ihr es für notwendig erachten, Hilfe zu bringen: (10) Juppiter Optimus Maximus aber, umzingelt von einer Streitmacht Geächteter und Sklaven, war keiner menschlichen Hilfe würdig? Und jene fordern, für hochheilig gehalten zu werden, denen sogar die Götter weder hoch noch heilig sind?[82] (11) In Freveltaten gegen Götter und Menschen verstrickt, behauptet ihr aber dennoch, ihr würdet den Gesetzentwurf noch in diesem Jahr durchbringen. Dann, beim Herkules, geschah es an jenem Tag, an dem ich zum Konsul gewählt wurde, schlecht um den Staat, weitaus übler noch, als beim Tod des Konsuls P. Valerius – wenn ihr das überhaupt durchsetzt. (12) Vor allem anderen nun, Römer«, sagte er weiter, »haben ich und mein Kollege im Sinn, die

animo est. Nescio quo fato magis bellantes quam pacati propitios habemus deos. Quantum periculum ab illis populis fuerit si Capitolium ab exsulibus obsessum scissent, suspicari de praeterito quam re ipsa experiri est melius.'

20 (1) Moverat plebem oratio consulis; erecti patres restitutam credebant rem publicam. Consul alter, comes animosior quam auctor, suscepisse collegam priorem actiones tam graves facile passus, in peragendis consularis officii partem ad se vindicabat. (2) Tum tribuni, eludentes velut vana dicta, persequi quaerendo quonam modo exercitum educturi consules essent quos dilectum habere nemo passurus esset. (3) 'Nobis vero' inquit Quinctius 'nihil dilectu opus est, cum, quo tempore P. Valerius ad recipiundum Capitolium arma plebi dedit, omnes in verba iuraverint conventuros se iussu consulis nec iniussu abituros. (4) Edicimus itaque, omnes qui in verba iurastis crastina die armati ad lacum Regillum adsitis.' Cavillari tum tribuni et populum exsolvere religione velle: privatum eo tempore Quinctium fuisse cum sacramento adacti sint. (5) Sed nondum haec quae nunc tenet saeculum neglegentia deum venerat, nec interpretando sibi quisque ius iurandum et leges aptas faciebat, sed suos potius mores ad ea accommodabat. (6) Igitur tribuni, ut impediendae rei nulla spes erat, de proferendo exercitus exitu agere, eo magis quod

Römische Geschichte   3. Buch   63

Legionen gegen Volsker und Aequer zu führen. Ich weiß
nicht, durch welche Schicksalsbestimmung wir eher als Krieger
denn als friedfertige Menschen die Götter gewogen finden.
Wie groß aber die Gefahr von seiten jener Völkerschaften
gewesen wäre, wenn sie gewußt hätten, daß das Kapitol
von Verbannten besetzt war, das erschließt wohl besser jeder
aus den vergangenen Ereignissen, als daß er es tatsächlich am
eigenen Leib verspürt.«
20 (1) Die Rede des Konsuls hatte die Bürger betroffen
gemacht, und die Väter hielten neuen Mutes die Staatsordnung
für wiederhergestellt. Der zweite Konsul, eher wackerer
Gefährte als treibende Kraft, litt es zwar gerne, daß sein
Mitkonsul vor ihm derart folgenschwere Maßnahmen durchgesetzt
hatte, beanspruchte aber bei deren Verwirklichung
seinen Anteil am konsularischen Amte.[83] (2) Da setzten ihnen
die Tribunen, höhnend, als ob das leere Worte gewesen
wären, mit der Frage zu, wie sie denn als Konsuln ein Heer
ins Feld führen könnten, wenn ihnen niemand eine Truppenaushebung
erlaube. (3) »Wir brauchen«, sagte Quinctius,
»keine Aushebung, weil zur Zeit, als P. Valerius an das Bürgervolk
Waffen austeilte, um das Kapitol wiederzuerobern,
alle auf die Formel geschworen haben, auf Befehl des Konsuls
zusammenzutreten und sich ohne seinen Befehl nicht zu entfernen.[84]
(4) Hiemit sagen wir an, daß ihr alle, die ihr den
Treueid geleistet habt, am morgigen Tag bewaffnet am Regillussee
zugegen sein sollt!« Da machten die Tribunen Ausflüchte
und wollten das Volk von seiner heiligen Pflicht
entbinden: zu besagter Zeit, als sie sich durch den Fahneneid
verpflichtet hätten, sei Quinctius Privatmann gewesen.
(5) Aber jene Mißachtung der Götter, die unsere Epoche
bestimmt, war noch nicht zum Vorschein gekommen, auch
bog sich niemand durch Auslegung Schwur und Gesetze
zurecht, sondern versuchte vielmehr, sein Wesen an jene
anzupassen.[85] (6) Sobald also keine Hoffnung mehr bestand,
die Sache zu verhindern, bemühten sich die Tribunen, den
Abmarsch des Heeres hinauszuschieben – nicht zuletzt des-

Ab urbe condita   liber III

et augures iussos adesse ad Regillum lacum fama exierat,
locumque inaugurari ubi auspicato cum populo agi posset, ut
quidquid Romae vi tribunicia rogatum esset id comitiis ibi
abrogaretur: (7) omnes id iussuros quod consules velint;
neque enim provocationem esse longius ab urbe mille passuum, et tribunos, si eo veniant, in alia turba Quiritium sub-
iectos fore consulari imperio. (8) Terrebant haec; sed ille
maximus terror animos agitabat, quod saepius Quinctius
dictitabat se consulum comitia non habiturum; non ita civitatem aegram esse ut consuetis remediis sisti possit; dictatore
opus esse rei publicae, ut, qui se moverit ad sollicitandum
statum civitatis, sentiat sine provocatione dictaturam esse.
21 (1) Senatus in Capitolio erat; eo tribuni cum perturbata
plebe veniunt. Multitudo clamore ingenti nunc consulum,
nunc patrum fidem implorant; nec ante moverunt de sententia consulem quam tribuni se in auctoritate patrum futuros
esse polliciti sunt. (2) Tunc referente consule de tribunorum
et plebis postulatis senatus consulta fiunt ut neque tribuni
legem eo anno ferrent neque consules ab urbe exercitum edu-
cerent; in reliquum magistratus continuari et eosdem tribunos refici iudicare senatum contra rem publicam esse.
(3) Consules fuere in patrum potestate: tribuni reclamantibus
consulibus refecti. Patres quoque, ne quid cederent plebi, et
ipsi L. Quinctium consulem reficiebant. Nulla toto anno

Römische Geschichte 3. Buch 65

wegen, weil das Gerücht entstanden war, auch die Vogel-
schauer seien zum Regillussee hinbeordert worden, um einen
Ort zu weihen, wo man nach Abhaltung der Auspizien dem
Volk Anträge zur Abstimmung vorlegen könne,[86] so daß
dort alles, was durch der Tribunen Gewalt in Rom eingeführt
worden sei, in den dortigen Volksversammlungen abgeschafft werden dürfe: (7) alle würden das beschließen, was die
Konsuln wollten; auch gelte weiter als eine Meile von der
Stadt[87] kein Berufungsrecht, und die Tribunen wären, falls
sie dorthin kämen, inmitten der übrigen Bürgerschar konsularischer Befehlsgewalt unterworfen. (8) Das machte ihnen
Angst; was ihre Gemüter aber am meisten erschreckte, war,
daß Quinctius wiederholt sagte, er werde keine Konsulwahlen abhalten; das Gemeinwesen sei dermaßen krank, daß es
mit den gewohnten Heilmitteln[88] nicht mehr wiederhergestellt werden könne – der Staat habe einen Diktator notwendig, damit, wer sich erhebe, um die Staatsordnung zu
erschüttern, spüre, daß eine Diktatur[89] ohne Berufungsrecht
auskomme.

21 (1) Der Senat war auf dem Kapitol versammelt; dorthin
kamen die Tribunen und mit ihnen das empörte Volk. Mit
gewaltigem Geschrei rief die Menge bald die Konsuln, bald
die Väter um Schutz an, doch brachten sie den Konsul nicht
eher von seiner Ansicht ab, bis die Tribunen versprachen,
sich künftig dem Willen der Väter zu unterwerfen. (2) Nach
dem Bericht des Konsuls über die Forderungen der Tribunen
und des Bürgerstandes beschloß der Senat, daß in diesem Jahr
weder die Tribunen den Gesetzentwurf einbringen, noch die
Konsuln das Heer vor die Stadt führen sollten; für die
Zukunft beurteile der Senat eine Verlängerung von Amtsperioden und eine Wiederwahl derselben Tribunen als staats-
feindliche Handlung.[90] (3) Die Konsuln ergaben sich der
Gewalt der Väter, doch ließen sich die Tribunen trotz des
Einspruches der Konsuln abermals wählen. Auch die Väter
versuchten ihrerseits, L. Quinctius wieder zum Konsul zu
bestimmen, um den Bürgerlichen in keiner Weise nachzuge-

Ab urbe condita liber III

vehementior actio consulis fuit. (4) 'Mirer,' inquit, 'si vana vestra, patres conscripti, auctoritas ad plebem est? Vos elevatis eam quippe qui, quia plebs senatus consultum in continuandis magistratibus solvit, ipsi quoque solutum voltis, ne temeritati multitudinis cedatis, (5) tamquam id sit plus posse in civitate, plus levitatis ac licentiae habere. Levius enim vaniusque profecto est sua decreta et consulta tollere quam aliorum. (6) Imitamini, patres conscripti, turbam inconsultam, et qui exemplo aliis esse debetis, aliorum exemplo peccate potius quam alii vestro recte faciant, dum ego ne imiter tribunos nec me contra senatus consultum consulem renuntiari patiar. (7) Te vero, C. Claudi, adhortor ut et ipse populum Romanum hac licentia arceas, et de me hoc tibi persuadeas me ita accepturum ut non honorem meum a te impeditum, sed gloriam spreti honoris auctam, invidiam quae ex continuato eo impenderet levatam putem.' (8) Communiter inde edicunt ne quis L. Quinctium consulem faceret; si quis fecisset, se id suffragium non observaturos.

22 (1) Consules creati Q. Fabius Vibulanus tertium et L. Cornelius Maluginensis. Census actus eo anno; lustrum propter Capitolium captum, consulem occisum condi religiosum fuit.

(2) Q. Fabio L. Cornelio consulibus principio anni statim res turbulentae. Instigabant plebem tribuni: bellum ingens a Volscis et Aequis Latini atque Hernici nuntiabant: iam Antii

Römische Geschichte 3. Buch 67

ben. Im ganzen Jahr hielt der Konsul keine leidenschaftlichere Rede als diese: (4) »Soll ich mich wundern, versammelte Väter«, sprach er, »wenn euer Einfluß auf das einfache Volk geschwunden ist? Ihr selbst schwächt ihn ja, denn weil das Volk den Senatsentscheid über die Verlängerung von Amtsperioden aufgehoben hat, wollt ihr selbst ihn ebenso aufgehoben wissen, um der Blindheit der Masse nicht nachzustehen, (5) gleichsam als ob mehr Macht im Gemeinwesen einem Mehr an Unzuverlässigkeit und Willkür gleichkäme. Leichtfertiger nämlich und wahrlich unüberlegter ist es, eigene Erlässe und Entscheidungen aufzuheben als fremde. (6) Äfft nur die unbelehrbare Menge nach, versammelte Väter, und ihr, die ihr anderen ein Vorbild sein müßtet, verfehlt euch eher nach dem Beispiel der anderen, als daß andere nach dem euren recht handelten. Ich indessen will mich hüten, es den Tribunen gleichzutun und gegen einen Senatsbeschluß meine Ernennung zum Konsul zuzulassen.[91] (7) Dich aber, C. Claudius, fordere ich auf, daß auch du das römische Volk von dieser falschen Freiheit fernhältst. Ebenfalls sollst du, was mich betrifft, zur Überzeugung gelangen, daß ich das nicht so verstehen werde, als sei meiner Ansicht nach das Ehrenamt von dir verhindert, sondern als sei mein Ruhm wegen einer zurückgewiesenen Ehre vermehrt, und die Mißgunst, die aufgrund einer Amtsverlängerung drohte, beseitigt worden.« (8) Gemeinsam verfügten sie hierauf, daß niemand den L. Quinctius zum Konsul machen dürfe; sollte dies jemand tun, würden sie diese Stimme nicht anerkennen.

22 (1) Zu Konsuln wurden Q. Fabius Vibulanus zum dritten Mal und L. Cornelius Maluginensis gewählt. In diesem Jahr nahm man eine Volkszählung vor; wegen der Besetzung des Kapitols und der Ermordung des Konsuls galt es aber als unheilvoll, die Zählung mit einem Opfer zu beschließen.[92] (2) Unter dem Konsulat des Q. Fabius und des L. Cornelius gerieten die Dinge gleich zu Jahresbeginn in Bewegung. Die Tribunen versuchten, die Menge aufzuwiegeln; Latiner und

Ab urbe condita liber III

Volscorum legiones esse. Et ipsam coloniam ingens metus erat defecturam; aegreque impetratum a tribunis ut bellum praeverti sinerent. (3) Consules inde partiti provincias: Fabio ut legiones Antium duceret datum, Cornelius ut Romae praesidio esset, ne qua pars hostium, qui Aequis mos erat, ad populandum veniret. (4) Hernici et Latini iussi milites dare ex foedere, duaeque partes sociorum in exercitu, tertia civium fuit. Postquam ad diem praestitutum venerunt socii, consul extra portam Capenam castra locat. Inde lustrato exercitu Antium profectus haud procul oppido stativisque hostium consedit. (5) Ubi cum Volsci, quia nondum ab Aequis venisset exercitus, dimicare non ausi, quemadmodum quieti vallo se tutarentur, pararent, postero die Fabius non permixtam unam sociorum civiumque sed trium populorum tres separatim acies circa vallum hostium instruxit; ipse erat medius cum legionibus Romanis. (6) Inde signum observare iussit, ut pariter et socii rem inciperent referrentque pedem, si receptui cecinisset. Equites item suae cuique parti post principia conlocat. (7) Ita trifariam adortus castra circumvenit et cum undique instaret non sustinentes impetum Volscos vallo deturbat. Transgressus inde munitiones pavidam turbam inclinatamque in partem unam castris expellit. (8) Inde effuse fugientes eques, cui superare vallum haud facile fuerat, cum ad id spec-

Römische Geschichte   3. Buch   69

Herniker meldeten, von seiten der Volsker und Aequer drohe
ein gewaltiger Krieg: die Legionen der Volsker stünden schon
in Antium. Überdies hatte man eine Heidenangst, die Kolonie selbst würde abtrünnig werden; und doch bekam man von
den Tribunen nur mit Mühe die Zustimmung, den Krieg vorrangig zu behandeln. (3) Dann grenzten die Konsuln ihre
Einsatzgebiete ab: Aufgabe des Fabius war es, die Legionen
nach Antium zu führen, Cornelius sollte Rom decken, damit
nicht ein Teil der Feinde, wie es bei den Aequern Sitte war, zu
Plünderungen anrücke. (4) Den Hernikern und Latinern
wurde befohlen, vertragsgemäß Soldaten zu stellen, womit
das Heer zu zwei Dritteln aus Bundesgenossen, zu einem
Drittel aus Bürgern bestand. Nachdem die Verbündeten am
vereinbarten Tag eingetroffen waren, schlug der Konsul
außerhalb der Porta Capena das Lager auf. Dort musterte er
das Heer, marschierte nach Antium ab und bezog nicht weit
von Stadt und Feldlager der Feinde Stellung. (5) Weil die
Volsker dort nicht zu kämpfen wagten – von den Aequern
war nämlich noch kein Heer gekommen – und sie Vorkehrungen trafen, sich auf jedwede Weise ruhig in der Verschanzung zu bergen, stellte Fabius am nächsten Tag rings um den
feindlichen Lagerwall die Bundesgenossen und Bürger auf,
aber nicht in einheitlicher Schlachtordnung, sondern in drei
Reihen nach den drei Völkern getrennt. Er selbst stand mit
den römischen Legionen in der Mitte. (6) Dann befahl er, auf
das Signal zu achten, damit auch die Verbündeten gleichzeitig
den Kampf beginnen oder sich absetzen konnten, wenn er
zum Rückzug blasen ließe. Desgleichen verteilte er die Reiter
auf die entsprechenden Abschnitte hinter dem ersten Treffen.
(7) So griff er von drei Seiten an, umzingelte das Lager, und da
er ihnen überall hart zusetzte, warf er die Volsker, die diesem
Sturmlauf nicht standhielten, vom Wall. Danach überstieg er
die Schanzen und trieb die verstörte, nach einer Seite zurück-
weichende Menge aus dem Lager. (8) Als sie dann in Unordnung flohen, holte sie die Reiterei, für die es schwierig gewesen wäre, den Lagerwall zu überwinden, auf offenem Feld ein

70   *Ab urbe condita   liber III*

tator pugnae adstitisset, libero campo adeptus parte victoriae
fruitur territos caedendo. (9) Magna et in castris et extra
munimenta caedes fugientium fuit sed praeda maior, quia vix
arma secum efferre hostis potuit; deletusque exercitus foret ni
fugientes silvae texissent.
23 (1) Dum ad Antium haec geruntur, interim Aequi robore
iuventutis praemisso arcem Tusculanam improviso nocte
capiunt, reliquo exercitu haud procul moenibus Tusculi con-
sidunt ut distenderent hostium copias. (2) Haec celeriter
Romam, ab Roma in castra Antium perlata movent Romanos
haud secus quam si Capitolium captum nuntiaretur; adeo et
recens erat Tusculanorum meritum et similitudo ipsa periculi
reposcere latum auxilium videbatur. (3) Fabius omissis omnibus praedam ex castris raptim Antium convehit; ibi modico
praesidio relicto, citatum agmen Tusculum rapit. Nihil praeter arma et quod cocti ad manum fuit cibi ferre militi licuit;
commeatum ab Roma consul Cornelius subvehit. (4) Aliquot
menses Tusculi bellatum. Parte exercitus consul castra
Aequorum oppugnabat; partem Tusculanis dederat ad arcem
reciperandam. Vi nunquam eo subire potuit: fames postremo
inde detraxit hostem.
(5) Quo postquam ventum ad extremum est, inermes nudique
omnes sub iugum ab Tusculanis missi. Hos ignominiosa fuga
domum se recipientes Romanus consul in Algido consecutus

Römische Geschichte 3. Buch   71

und erwarb sich, während sie der Schlacht bis jetzt nur als
Beobachter beigewohnt hatte, ihren Anteil am Sieg, indem sie
die von Entsetzen gepackten Feinde niedermachte. (9) Groß
war das Morden unter den Flüchtlingen im Lager aber auch
außerhalb der Befestigungen, aber größer noch die Beute,
konnte der Feind ja kaum die Waffen mitnehmen; und vernichtet wäre sein Heer worden, wenn nicht Wälder die Flie-
henden verborgen hätten.

23 (1) Während dieser Ereignisse vor Antium eroberten nun
die Aequer, die den Kern ihrer Jungmannschaft vorausge-
schickt hatten, unerwartet des Nachts die Festung von Tusculum; mit dem übrigen Heer bezogen sie unweit der Stadtmauern von Tusculum Stellung, um die Truppen der Feinde
voneinander zu trennen. (2) Dies drang rasch nach Rom, von
Rom ins Lager nach Antium und erschütterte die Römer
nicht anders, als wenn die Besetzung des Kapitols gemeldet
worden wäre; so kurz lag erst die verdienstvolle Tat der Tuskulaner zurück, und auch die Ähnlichkeit der Gefahr selbst
schien eine Wiedergutmachung der geleisteten Hilfe zu erfor-
dern. (3) Fabius ließ alles liegen und stehen und brachte die
Beute eilends aus dem Lager nach Antium; dort ließ er eine
gerade ausreichende Besatzung zurück und hetzte mit dem
Heereszug in Eilmärschen nach Tusculum. Außer seinen
Waffen und dem, was an fertigem Proviant[93] zur Hand war,
durfte der Soldat nichts mitnehmen: den Nachschub schaffte
aus Rom der Konsul Cornelius heran. (4) Etliche Monate
bekriegte man sich in Tusculum. Mit einem Teil des Heeres
stürmte der Konsul gegen das Lager der Aequer, den anderen
hatte er den Tuskulanern zur Wiedereroberung ihrer Stadt-
festung überlassen. Mit Gewalt hätte man dort niemals ein-
dringen können: es war der Hunger, der letztlich den Feind
von dort wegzog.
(5) Nachdem so das Ende gekommen war, wurden sie allesamt unbewaffnet und nackt von den Tuskulanern unter das
Joch geschickt.[94] Auf ihrer schmachbeladenen Flucht nach
Hause holte sie der römische Konsul am Algidus ein und hieb

72   *Ab urbe condita   liber III*

ad unum omnes occidit. (6) Victor ad Columen – id loco
nomen est – exercitu reducto castra locat. Et alter consul,
postquam moenibus iam Romanis pulso hoste periculum esse
desierat, et ipse ab Roma profectus. (7) Ita bifariam consules
ingressi hostium fines ingenti certamine hinc Volscos, hinc
Aequos populantur. Eodem anno descisse Antiates apud plerosque auctores invenio; L. Cornelium consulem id bellum
gessisse oppidumque cepisse. Certum adfirmare, quia nulla
apud vetustiores scriptores eius rei mentio est, non ausim.
24 (1) Hoc bello perfecto tribunicium domi bellum patres
territat. Clamant fraude fieri quod foris teneatur exercitus;
frustrationem eam legis tollendae esse; se nihilo minus rem
susceptam peracturos. (2) Obtinuit tamen L. Lucretius prae-
fectus urbis ut actiones tribuniciae in adventum consulum
differrentur. (3) Erat et nova exorta causa motus. A. Cornelius et Q. Servilius quaestores M. Volscio, quod falsus haud
dubie testis in Caesonem exstitisset, diem dixerant. (4) Multis
enim emanabat indiciis neque fratrem Volsci ex quo semel
fuerit aeger unquam non modo in publico visum, sed ne
adsurrexisse quidem ex morbo, multorumque tabe mensum
mortuum; (5) nec iis temporibus in quae testis crimen con-
iecisset Caesonem Romae visum, adfirmantibus qui una
meruerant secum eum tum frequentem ad signa sine ullo
commeatu fuisse. Nisi ita esset multi privatim ferebant Vols-

Römische Geschichte 3. Buch 73

sie bis auf den letzten Mann nieder.[95] (6) Als Sieger zog er das
Heer bis Columen – so heißt der Ort – zurück und schlug
dort das Lager auf. Nachdem die Vertreibung des Feindes
nun die Gefahr von den Mauern Roms gebannt hatte, setzte
sich auch der zweite Konsul von Rom aus in Marsch. (7) So
rückten denn die Konsuln von zwei Seiten ins Feindesland
vor und verheerten in gewaltigem Ringen hier Volsker-, dort
Aequerland. Bei den meisten meiner Quellenautoren finde
ich, daß die Antiaten im selben Jahr abtrünnig geworden
seien; der Konsul L. Cornelius soll den Krieg geführt und die
Stadt eingenommen haben. Sichere Bestätigung will ich nicht
wagen, da es ja bei den älteren Schriftstellern[96] keinerlei
Erwähnung dieses Sachverhaltes gibt.
24 (1) Dieser Feldzug war zu Ende, doch setzte ein innerer
und von den Tribunen geführter Krieg die Väter in Schrek-
ken: lauthals verkündeten jene, das Heer werde aus Hinterlist
vor der Stadt festgehalten; das stelle eine bewußte Hintertrei-
bung des Gesetzentwurfes dar; dessenungeachtet würden sie
eine begonnene Sache zu ihrem Abschluß bringen. (2) Dennoch hielt der Stadtpräfekt L. Lucretius daran fest, daß die
Unternehmungen der Tribunen bis zum Eintreffen der Konsuln verschoben wurden. (3) Es hatte sich da auch noch ein
neuer Grund zum Aufruhr ergeben: die Quaestoren[97] A.
Cornelius und Q. Servilius hatten M. Volscius mit der
Anschuldigung vor Gericht geladen, er sei unzweifelhaft als
falscher Zeuge gegen Caeso aufgetreten. (4) Aus vielen Aussagen ging nämlich hervor, daß der Bruder des Volscius seit
seiner Erkrankung niemals in der Öffentlichkeit gesehen
worden war, sondern sich nicht einmal vom Krankenbett
erhoben hatte und nach vielmonatigem Siechtum gestorben
war; (5) auch war Caeso zum Zeitpunkt, auf den der Zeuge
das Verbrechen veranschlagt hatte, nicht in Rom gesehen
worden, wobei diejenigen, die mit ihm zusammen gedient
hatten, beipflichteten, er habe damals ohne jeden Urlaub fast
immer im Feld gestanden. Viele schlugen Volscius auf eigene
Verantwortung Schiedsrichter vor, um die Richtigkeit ihrer

74   *Ab urbe condita   liber III*

cio iudicem. (6) Cum ad iudicium ire non auderet, omnes eae
res in unum congruentes haud magis dubiam damnationem
Volsci quam Caesonis Volscio teste fuerat faciebant. (7) In
mora tribuni erant, qui comitia quaestores habere de reo, nisi
prius habita de lege essent, passuros negabant. Ita extracta
utraque res in consulum adventum est. (8) Qui ubi triumphantes victore cum exercitu urbem inierunt, quia silentium
de lege erat, perculsos magna pars credebant tribunos; (9) at
illi – etenim extremum anni iam erat – quartum adfectantes
tribunatum, in comitiorum disceptationem ab lege certamen
averterant. Et cum consules nihilo minus adversus continua-
tionem tribunatus quam si lex minuendae suae maiestatis
causa promulgata ferretur tetendissent victoria certaminis
penes tribunos fuit.
(10) Eodem anno Aequis pax est petentibus data. Census, res
priore anno incohata, perficitur, idque lustrum ab origine
urbis decimum conditum ferunt. Censa civium capita centum
septendecim milia trecenta undeviginti. (11) Consulum
magna domi bellique eo anno gloria fuit, quod et foris pacem
peperere, et domi, etsi non concors, minus tamen quam alias
infesta civitas fuit.
25 (1) L. Minucius inde et C. Nautius consules facti duas
residuas anni prioris causas exceperunt. Eodem modo consules legem, tribuni iudicium de Volscio impediebant; sed in

Römische Geschichte   3. Buch   75

Behauptung zu beweisen.[98] (6) Weil er den Gang zu dem
Richter nicht wagte, machten all diese Tatsachen, die auf den
Punkt übereinstimmten, die Verurteilung des Volscius
genauso gewiß, wie es die des Caeso aufgrund der Zeugenaussage des Volscius gewesen war. (7) Die Tribunen verhinderten den Prozeß mit der Begründung, sie würden es nicht
dulden, daß die Quaestoren wegen des Angeklagten eine
Volksversammlung abhielten, wenn es nicht vorher eine über
ihren Gesetzesantrag gegeben habe. Folglich vertagte man
beide Fälle bis zur Ankunft der Konsuln. (8) Als diese mit
siegreichem Heer triumphierend die Stadt betreten hatten,
hielt die Mehrheit die Tribunen für geschlagen, weil über das
Gesetz Stillschweigen herrschte. (9) Die Tribunen jedoch
bewarben sich zum vierten Mal um das Tribunat – das Ende
ihrer Amtszeit stand ja schon bevor – und hatten deshalb die
Auseinandersetzung vom Gesetzesantrag auf die Debatte um
die Wahl verlagert. Und obwohl sich die Konsuln nicht weniger gegen die Fortdauer dieses Tribunats stemmten, als wenn
der angekündigte Gesetzesantrag zur Schmälerung ihrer
Hoheit durchgesetzt worden wäre, so fiel der Sieg in diesem
Streit doch den Tribunen zu.
(10) Im selben Jahr gewährte man den Aequern auf deren
Ansuchen hin Frieden. Die Volkszählung, ein im vorange-
gangenen Jahr begonnenes Unternehmen, wurde zu Ende
geführt; und dies soll seit der Gründung der Stadt die zehnte
mit einem Opfer beschlossene Zählung gewesen sein. An
Bürgern zählte man deren 117319 Häupter. (11) Groß war in
dem Jahr der Konsuln Ruhm in Krieg und Frieden, weil sie
einerseits in der Fremde Frieden schufen, andererseits in der
Heimat die Bürgerschaft wenn schon nicht einträchtig, so
doch weniger zerstritten war als sonst.
25 (1) L. Minucius und C. Nautius, die hierauf Konsuln wurden, übernahmen die zwei noch anstehenden Fälle des Vorjahres. Auf dieselbe Art und Weise hintertrieben die Konsuln
das Gesetz, die Tribunen ein Gerichtsurteil über Volscius;
aber die neuen Quaestoren verfügten über größere Durch-

76 *Ab urbe condita liber III*

quaestoribus novis maior vis, maior auctoritas erat. (2) Cum
M. Valerio Mani filio Volesi nepote quaestor erat T. Quinctius Capitolinus qui ter consul fuerat. (3) Is, quoniam neque
Quinctiae familiae Caeso neque rei publicae maximus
iuvenum restitui posset, falsum testem qui dicendae causae
innoxio potestatem ademisset, iusto ac pio bello persequeba-
tur. (4) Cum Verginius maxime ex tribunis de lege ageret,
duum mensum spatium consulibus datum est ad inspicien-
dam legem ut cum edocuissent populum quid fraudis occultae
ferretur, sinerent deinde suffragium inire. Hoc intervalli
datum res tranquillas in urbe fecit. (5) Nec diuturnam quietem Aequi dederunt, qui rupto foedere quod ictum erat
priore anno cum Romanis, imperium ad Gracchum Cloelium
deferunt; is tum longe princeps in Aequis erat.
(6) Graccho duce in Lanuvinum agrum, inde in Tusculanum
hostili populatione veniunt, plenique praedae in Algido castra
locant. In ea castra Q. Fabius, P. Volumnius, A. Postumius
legati ab Roma venerunt questum iniurias et ex foedere res
repetitum. (7) Eos Aequorum imperator, quae mandata habeant ab senatu Romano, ad quercum iubet dicere; se alia interim acturum. Quercus ingens arbor praetorio imminebat,
cuius umbra opaca sedes erat. (8) Tum ex legatis unus abiens
'Et haec' inquit 'sacrata quercus et quidquid deorum est
audiant foedus a vobis ruptum, nostrisque et nunc querellis
adsint et mox armis, cum deorum hominumque simul violata
iura exsequemur.' (9) Romam ut rediere legati, senatus iussit

Römische Geschichte 3. Buch 77

schlagskraft und größeres Ansehen. (2) Mit M. Valerius, dem Sohn des Manius und Enkel des Volesus, war der dreifache Exkonsul T. Quinctius Capitolinus Quaestor. (3) Weil weder der Sippe der Quinctier ihr Caeso, noch dem Staat der trefflichste seiner Jünglinge wiedergegeben werden könne, verfolgte er den falschen Zeugen, der einem Unschuldigen die Möglichkeit gestohlen habe, seine Sache zu vertreten in rechtem und billigem Kriege. (4) Da sich die Tribunen, besonders aber Verginius, um den Gesetzentwurf annahmen, gewährte man den Konsuln noch eine Frist von zwei Monaten für die Begutachtung des Gesetzes, damit sie das Volk davon unterrichteten, was es an verborgener Schliche mit sich bringe, und dann den Gang zur Abstimmung erlaubten. Diese Unterbrechung bewirkte eine Beruhigung der Lage in der Stadt. (5) Nicht lange aber verhielten sich die Aequer ruhig. Denn nach dem Bruch des Vertrages, den sie im Vorjahr mit den Römern geschlossen hatten, übertrugen sie den Oberbefehl dem Gracchus Cloelius; das war damals der weitaus bedeutendste Mann bei den Aequern.

(6) Mit Gracchus als ihrem Führer rückten sie unter feindseliger Plünderung ins Gebiet von Lanuvium, von dort in das von Tusculum und schlugen beutebeladen am Algidus ihr Lager auf. In dieses Lager begaben sich die Gesandten Roms, Q. Fabius, P. Volumnius und A. Postumius, um Klage über den Rechtsbruch zu führen und aufgrund des Vertrages die Besitztümer zurückzufordern.[99] (7) Ihnen befahl der Feldherr der Aequer, die Aufträge, die sie vom römischen Senat besäßen, einer Eiche zu bestellen; er selbst habe inzwischen etwas anderes zu erledigen. Über das Feldherrenzelt wölbte sich ein riesiger Eichenbaum, in dessen Schatten ein kühler Rastplatz lag. (8) Darauf sagte einer der Gesandten im Weggehen: »Diese heilige Eiche[100] und alle Götter sollen vernehmen, daß der Vertrag von euch gebrochen ward, sollen jetzt unseren Klagen, bald auch unseren Waffen gewogen sein, wenn wir für die zugleich geschändeten Rechte der Götter und Menschen Rache nehmen.« (9) Sowie die Gesandten

78   *Ab urbe condita   liber III*

alterum consulem contra Gracchum in Algidum exercitum
ducere, alteri populationem finium Aequorum provinciam
dedit. Tribuni suo more impedire dilectum, et forsitan ad
ultimum impedissent; sed novus subito additus terror est.
26 (1) Vis Sabinorum ingens prope ad moenia urbis infesta
populatione venit; foedati agri, terror iniectus urbi est. Tum
plebs benigne arma cepit; reclamantibus frustra tribunis
magni duo exercitus scripti. (2) Alterum Nautius contra Sabinos duxit, castrisque ad Eretum positis, per expeditiones parvas, plerumque nocturnis incursionibus, tantam vastitatem in
Sabino agro reddidit ut comparati ad eam prope intacti bello
fines Romani viderentur. (3) Minucio neque fortuna nec vis
animi eadem in gerendo negotio fuit; nam cum haud procul ab
hoste castra posuisset, nulla magnopere clade accepta castris
se pavidus tenebat. (4) Quod ubi senserant hostes, crevit ex
metu alieno, ut fit, audacia, et nocte adorti castra postquam
parum vis aperta profecerat, munitiones postero die circum-
dant. Quae priusquam undique vallo obiectae clauderent
exitus quinque equites inter stationes hostium emissi Romam
pertulere consulem exercitumque obsideri. (5) Nihil tam
necopinatum nec tam insperatum accidere potuit. Itaque tantus pavor, tanta trepidatio fuit quanta si urbem, non castra
hostes obsiderent. (6) Nautium consulem arcessunt. In quo
cum parum praesidii videretur dictatoremque dici placeret

Römische Geschichte   3. Buch　　　　79

nach Rom zurückgekehrt waren, beauftragte der Senat den
einen Konsul, ein Heer gegen Gracchus auf den Algidus zu
führen, und betraute den zweiten mit der Verwüstung des
Aequerlandes. Die Tribunen hintertrieben ihrer Art nach die
Truppenaushebung und hätten sie vielleicht bis zuletzt verhindert – aber plötzlich trat ein noch nie dagewesenes
Schrecknis auf.

26 (1) Der Sabiner gewaltige Streitmacht rückte unter gefähr-
lichen Plünderungen bis in die Nähe der Mauern Roms:
geschändet lag das freie Land; Entsetzen breitete sich über die
Stadt. Da griff das einfache Volk willig zu den Waffen, und
trotz des jetzt vergeblichen Widerstandes der Tribunen wurden zwei große Heere ausgehoben.[101] (2) Eines davon führte
Nautius gegen die Sabiner, schlug bei Eretum sein Lager auf
und zahlte dem Sabinerland mit Hilfe kleiner Stoßtrupps –
meist waren es nächtliche Raubzüge – die Plünderungen derart zurück, daß im Vergleich damit das Land der Römer vom
Krieg beinahe unberührt schien. (3) Minucius besaß bei der
Durchführung seines Unternehmens weder eine glückliche
Hand noch denselben Scharfsinn: nachdem er nämlich
unmittelbar in der Nähe des Feindes ein Lager errichtet hatte,
hielt er sich ängstlich darin verborgen, ohne eine nennens-
werte Niederlage erlitten zu haben. (4) Sobald die Feinde
dessen gewahr wurden, hob sich – so geschieht das eben –
angesichts der Angst der anderen ihr Kampfesmut. Sie griffen
das Lager bei Nacht an und umgaben es, nachdem ein offener
Handstreich nicht so recht geglückt war, am Tag darauf
ringsum mit Verschanzungen. Noch bevor diese den Lager-
graben von allen Seiten umfingen und jeden Fluchtweg abrie-
gelten, wurden fünf Reiter mitten durch die Posten der
Feinde nach Rom gesandt, die dort die Kunde verbreiteten,
Konsul und Heer würden belagert. (5) So unvermutet, so
unerwartet hätte wohl nichts eintreffen können. Angst und
Ratlosigkeit nahmen daher Ausmaße an, als ob die Feinde
Rom und nicht ein Feldlager bedrängten. (6) Da riefen sie
nach dem Konsul Nautius. Doch weil er nicht genug Schutz

80 *Ab urbe condita liber III*

qui rem perculsam restitueret, L. Quinctius Cincinnatus consensu omnium dicitur.

(7) Operae pretium est audire qui omnia prae divitiis humana spernunt neque honori magno locum neque virtuti putant esse, nisi ubi effuse affluant opes. (8) Spes unica imperii populi Romani, L. Quinctius trans Tiberim, contra eum ipsum locum ubi nunc navalia sunt, quattuor iugerum colebat agrum, quae prata Quinctia vocantur. (9) Ibi ab legatis – seu fossam fodiens palae innixus, seu cum araret, operi certe, id quod constat, agresti intentus – salute data in vicem redditaque rogatus ut, quod bene verteret ipsi reique publicae, togatus mandata senatus audiret, admiratus rogitansque 'Satin salve?' togam propere e tugurio proferre uxorem Raciliam iubet. (10) Qua simul absterso pulvere ac sudore velatus processit, dictatorem eum legati gratulantes consalutant, in urbem vocant; qui terror sit in exercitu exponunt. (11) Navis Quinctio publice parata fuit, transvectumque tres obviam egressi filii excipiunt, inde alii propinqui atque amici, tum patrum maior pars. Ea frequentia stipatus antecedentibus lictoribus deductus est domum. (12) Et plebis concursus ingens fuit; sed ea nequaquam tam laeta Quinctium vidit, et imperium nimium et virum in ipso imperio vehementiorem rata.

Römische Geschichte 3. Buch 81

zu verkörpern schien und man übereinkam, zur Wiederherstellung des tief getroffenen Staatswesens einen Diktator zu ernennen, wurde in einmütigem Beschluß L. Quinctius Cincinnatus dazu bestimmt.[102]

(7) Für jene nun, die dem Reichtum gegenüber alle Menschenpflichten hintansetzen und hoher Geltung sowie Anständigkeit nur dort einen Platz einräumen, wo der Strom des Profites reichlich fließt, lohnt es sich, dem Bericht zu folgen.[103] (8) Die letzte Hoffnung für das Reich des Römervolks, L. Quinctius, pflügte gerade am anderen Tiberufer, genau der Stelle der heutigen Schiffswerften[104] gegenüber, ein Feld von vier Morgen, das man jetzt die Wiesen des Quinctius nennt. (9) Ob er einen Graben zog und sich dabei gegen den Spaten stemmte oder ob er pflügte, er war jedenfalls, das ist gesichert, mit Bauernarbeit angestrengt beschäftigt, als er dort von den Abgesandten nach beidseitigem Gruß gebeten wurde, er solle sich doch mit der Toga bekleiden und die Weisungen des Senats vernehmen, was sich ihm und dem Staat zum Guten kehren möge. Da stutzte er, fragte noch ein paarmal: »Hat das seine Richtigkeit?«[105], und befahl seiner Frau Racilia, hurtig die Toga aus der Hütte zu holen. (10) Sowie er Staub und Schweiß abgewischt hatte und in die Toga gehüllt hervortrat, sprachen die Gesandten ihre Glückwünsche aus, begrüßten ihn einstimmig als Diktator, baten ihn nach Rom und erklärten, welche Verzagtheit im Heer anzutreffen sei. (11) Ein Staatsschiff war für Quinctius bereitgestellt; nach der Überfahrt nahmen ihn seine drei Söhne, die ihm entgegengekommen waren, schließlich seine Verwandten und Freunde, zuletzt aber der größere Teil der Väter in Empfang. Von solchem Menschengewühl rings umdrängt, wurde er im Gefolge seiner Liktoren nach Hause geleitet. (12) Auch das gemeine Volk lief in großer Zahl zusammen, freute sich aber doch nicht in diesem Maß über den Anblick des Quinctius, weil es die Macht des Amtes für allzugroß, besonders aber den Mann in eben diesem Amt für zu hart

Ab urbe condita   liber III

Et illa quidem nocte nihil praeterquam vigilatum est in urbe.

27 (1) Postero die dictator cum ante lucem in forum venisset, magistrum equitum dicit L. Tarquinium, patriciae gentis, qui, cum stipendia pedibus propter paupertatem fecisset, bello tamen primus longe Romanae iuventutis habitus esset. (2) Cum magistro equitum in contionem venit, iustitium edicit, claudi tabernas tota urbe iubet, vetat quemquam privatae quicquam rei agere; (3) tum quicumque aetate militari essent armati cum cibariis in dies quinque coctis vallisque duodenis ante solis occasum in campo Martio adessent; (4) quibus aetas ad militandum gravior esset, vicino militi, dum is arma pararet vallumque peteret, cibaria coquere iussit. (5) Sic iuventus discurrit ad vallum petendum. Sumpsere unde cuique proximum fuit; prohibitus nemo est; impigreque omnes ad edictum dictatoris praesto fuere. (6) Inde composito agmine non itineri magis apti quam proelio si res ita tulisset, legiones ipse dictator, magister equitum suos equites ducit. In utroque agmine quas tempus ipsum poscebat adhortationes erant: (7) adderent gradum; maturato opus esse, ut nocte ad hostem pervenire posset; consulem exercitumque Romanum obsideri, tertium diem iam clausos esse; quid quaeque nox aut dies ferat incertum esse; puncto saepe temporis maximarum rerum momenta verti. (8) 'Adcelera, signifer' 'sequere, miles' inter se quoque, gratificantes ducibus, clamabant. Media

Römische Geschichte 3. Buch 83

hielt. In jener Nacht freilich verrichtete man vom Wachdienst abgesehen nichts mehr in der Stadt.

27 (1) Nachdem der Diktator am nächsten Tag noch vor Sonnenaufgang aufs Forum gekommen war, ernannte er L. Tarquinius, der aus einer patrizischen Familie stammte, zum Reiterobersten[106]. Dieser hatte zwar aufgrund seiner Armut bei den Fußtruppen gedient, war im Krieg aber doch als der bei weitem Hervorragendste der römischen Jungmannschaft angesehen worden. (2) Der Diktator kam mit dem Reiterobersten in die Versammlung, verkündete den Stillstand der Gerichte, ordnete für die ganze Stadt die Schließung der Läden an und untersagte jedermann private Geschäfte jedweder Art. (3) Ferner sollten alle, die im wehrfähigen Alter standen, bewaffnet sowie mit zubereitetem Proviant für fünf Tage und je zwölf Schanzpfählen versehen, vor Sonnenuntergang auf dem Marsfeld anwesend sein. (4) Denen das Alter den Kriegsdienst versagte, trug er auf, für einen Nachbarn, der gerade Soldat war, die Verpflegung zu bereiten, damit dieser inzwischen seine Rüstung bereitmachen und Palisaden holen könne. (5) So strömte die Jungmannschaft auseinander, um Schanzpfähle herbeizuschaffen. Diese nahm jeder am jeweils nächstgelegenen Platz auf. Niemand wurde behindert, und alle waren auf das Wort des Diktators eifrig zur Stelle. (6) Als man die Heereskolonne so eingerichtet hatte, daß sie für den Marsch ebenso wie – sollte es die Lage mit sich bringen – für den Kampf gerüstet war, führte der Diktator selbst die Legionen, der Reiteroberst seine Reiter. In beiden Heeresabteilungen hörte man Worte der Ermahnung, wie sie jene Stunde verlangte: (7) sie sollten einen Schritt zulegen: es sei Eile geboten, um noch in der Nacht zum Feind vorstoßen zu können. Ein Konsul und ein römisches Heer würden belagert, den dritten Tag schon seien sie eingeschlossen; was jede Nacht oder jeder Tag noch bringen werde, sei ungewiß; gar oft falle in einem winzigen Augenblick die Entscheidung über die bedeutendsten Dinge.[107] (8) »Vorwärts, Adlerträger!«, »Rück nach, Kamerad!«, riefen sie sich auch gegenseitig zu,

Ab urbe condita liber III

nocte in Algidum perveniunt et ut sensere se iam prope hostes
esse, signa constituunt.

28 (1) Ibi dictator quantum nocte prospici poterat equo cir-
cumvectus contemplatusque qui tractus castrorum quaeque
forma esset, tribunis militum imperavit ut sarcinas in unum
conici iubeant, militem cum armis valloque redire in ordines
suos. Facta quae imperavit. (2) Tum quo fuerant ordine in via,
exercitum omnem longo agmine circumdat hostium castris et
ubi signum datum sit clamorem omnes tollere iubet; clamore
sublato ante se quemque ducere fossam et iacere vallum.
(3) Edito imperio, signum secutum est. Iussa miles exsequi-
tur; clamor hostes circumsonat. Superat inde castra hostium
et in castra consulis venit; alibi pavorem, alibi gaudium ingens
facit. (4) Romani civilem esse clamorem atque auxilium
adesse inter se gratulantes, ultro ex stationibus ac vigiliis terri-
tant hostem. (5) Consul differendum negat; illo clamore non
adventum modo significari sed rem ab suis coeptam, mirum-
que esse ni iam exteriore parte castra hostium oppugnen-
tur. Itaque arma suos capere et se subsequi iubet. (6) Nocte
initum proelium est; legionibus dictatoris clamore significant
ab ea quoque parte rem in discrimine esse. (7) Iam se ad prohi-
benda circumdari opera Aequi parabant cum ab interiore
hoste proelio coepto, ne per media sua castra fieret eruptio, a
munientibus ad pugnantes introrsum versi vacuam noc-

Römische Geschichte 3. Buch 85

den Feldherren zur Freude. Um Mitternacht erreichten sie den Algidus und machten halt, sobald sie bemerkten, daß sie dem Feind schon nahe waren.

28 (1) Dort befahl der Diktator, der zu Pferd die Runde gemacht und – soweit man in der Nacht Ausschau halten konnte – Position und Art des Lagers ausgekundschaftet hatte, die Militärtribunen sollten das Gepäck an einem Ort sammeln und die Soldaten mit Waffen und Pfählen in ihre Einheiten treten lassen. Man tat, was er befohlen. (2) Hierauf führte er das gesamte Heer unter Beibehaltung der Marschordnung in langer Kolonne um das feindliche Lager und befahl allen, auf ein bestimmtes Signal hin lautes Geschrei zu erheben; sobald dies verklungen wäre, sollte jeder vor sich den Graben ausheben und die Verschanzung errichten. (3) Der Befehl war ergangen, das Signal folgte. Der Soldat führte aus, was befohlen war. Kriegsgebrüll umtoste die Feinde, durchdrang dann das Feindeslager und setzte sich bis zum Lager des Konsuls fort; hier verursachte es Bestürzung, dort ungeheuren Jubel. (4) Die Römer priesen einander glücklich, daß es sich um das Gebrüll ihrer Landsleute handle, ja sogar Rettung gegenwärtig sei, und verbreiteten nun selbst von ihren Verschanzungen und Wachposten aus Schrecken unter dem Feind. (5) Der Konsul lehnte jede Verzögerung ab; jenes Geschrei bezeichne nicht nur das Anrükken der eigenen Leute, sondern auch den Beginn ihres Kampfes; und überhaupt wäre es verwunderlich, wenn der äußere Lagerring der Feinde nicht schon angegriffen werde. Somit befahl er seinen Leuten, die Waffen aufzunehmen und ihm nachzufolgen. (6) Nacht wars, als die Schlacht begann; den Legionen des Diktators gaben sie mit lautem Geschrei zu verstehen, daß auch in ihrem Abschnitt die Entscheidung bevorstehe. (7) Die Aequer versuchten gerade, ihre Umzingelung zu durchbrechen, als der eingekreiste Feind den Kampf aufnahm. Um es zu keinem Ausfall mitten durch ihr Lager kommen zu lassen, wandten sie sich von den Belagerern wieder nach innen, den Angreifern zu und ermöglichten

86 *Ab urbe condita liber III*

tem operi dedere, pugnatumque cum consule ad lucem
est. (8) Luce prima iam circumvallati ab dictatore erant et
vix adversus unum exercitum pugnam sustinebant. Tum a
Quinctiano exercitu, qui confestim a perfecto opere ad arma
rediit, invaditur vallum. Hic instabat nova pugna: illa nihil
remiserat prior. (9) Tum ancipiti malo urgente, a proelio ad
preces versi hinc dictatorem, hinc consulem orare, ne in occidione victoriam ponerent, ut inermes se inde abire sinerent.
Ab consule ad dictatorem ire iussi; is ignominiam infensus
addidit; (10) Gracchum Cloelium ducem principesque alios
vinctos ad se adduci iubet, oppido Corbione decedi. Sangui-
nis se Aequorum non egere; licere abire, sed ut exprimatur
tandem confessio subactam domitamque esse gentem, sub
iugum abituros. (11) Tribus hastis iugum fit, humi fixis
duabus superque eas transversa una deligata. Sub hoc iugum
dictator Aequos misit.
29 (1) Castris hostium receptis plenis omnium rerum – nudos
enim emiserat – praedam omnem suo tantum militi dedit;
(2) consularem exercitum ipsumque consulem increpans
'Carebis' inquit 'praedae parte, miles, ex eo hoste cui prope
praedae fuisti. Et tu, L. Minuci, donec consularem animum
incipias habere, legatus his legionibus praeeris.' (3) Ita se
Minucius abdicat consulatu iussusque ad exercitum manet.
Sed adeo tum imperio meliori animus mansuete oboediens

Römische Geschichte   3. Buch   87

während der noch verbleibenden Nacht die Arbeit am Wall.
Und so kämpften sie, bis es Tag wurde, gegen den Konsul.
(8) Bei Tagesanbruch waren sie vom Diktator schon völlig
eingekesselt und kaum noch dem Kampf gegen ein Heer
gewachsen. Hierauf brach das Heer des Quinctius, das von
der fertiggestellten Schanze wieder unverzüglich zu den Waffen geschritten war, in ihren Wallring ein. Hier setzte ihnen
ein neues Gefecht zu, und das andere hatte noch keineswegs
nachgelassen. (9) Jetzt verlegten sie sich aber, als das Unheil
von beiden Seiten zupackte, vom Kämpfen aufs Bitten und
flehten hier den Diktator, dort den Konsul an, sie sollten Sieg
nicht mit Mord verbinden, sondern ihnen erlauben, unbewaffnet von dort abzuziehen. Vom Konsul wurden sie zum
Diktator geschickt;[108] der tat ihnen in seiner Erbitterung
große Schmach an: (10) er gebot, daß sie ihm den Feldherren
Gracchus Cloelius mit anderen Fürsten gefesselt vorführen
und die Stadt Corbio räumen sollten. An Aequerblut leide er
keinen Mangel; sie könnten abziehen; damit aber zu guter
Letzt das Eingeständnis der Unterwerfung und Bändigung
ihres Volkes offen ausgedrückt werde, müßten sie unter dem
Joch abziehen. (11) Das Joch bildete man aus drei Lanzen;
zwei davon steckte man in die Erde, legte eine quer darüber
und band sie fest. Unter dieses Joch schickte der Diktator die
Aequer.
29 (1) Als er das mit Gütern aller Art reich versehene Lager
der Feinde in Besitz genommen hatte – mit dem nackten
Leben hatte er sie nämlich entlassen –, gab er die gesamte
Beute lediglich seinen Soldaten; (2) das konsularische Heer, ja
den Konsul selbst fuhr er hart an und sagte: »Ihr werdet,
Soldaten, keinen Anteil am Gut jenes Feindes bekommen,
dem ihr beinahe selbst zur Beute wurdet. Und du, L. Minucius, wirst diese Legionen als Unterfeldherr befehligen, bis
du beginnst, die Gesinnung eines Konsuls zu zeigen!« (3) So
legte Minucius sein Konsulat nieder und blieb beim Heer,
wie ihm geheißen. Dermaßen willig aber fügte man sich damals dem fähigeren Befehlshaber, daß dieses Heer mehr im

88 *Ab urbe condita liber III*

erat, ut beneficii magis quam ignominiae hic exercitus memor
et coronam auream dictatori, libram pondo, decreverit et
proficiscentem eum patronum salutaverit. (4) Romae a Q.
Fabio praefecto urbis senatus habitus triumphantem Quinctium quo veniebat agmine urbem ingredi iussit. Ducti ante
currum hostium duces; militaria signa praelata; secutus exercitus praeda onustus. (5) Epulae instructae dicuntur fuisse
ante omnium domos, epulantesque cum carmine triumphali
et sollemnibus iocis comisantium modo currum secuti sunt.
(6) Eo die L. Mamilio Tusculano adprobantibus cunctis civitas data est. Confestim se dictator magistratu abdicasset ni
comitia M. Volsci, falsi testis, tenuissent. Ea ne impedirent
tribuni dictatoris obstitit metus; Volscius damnatus Lanuvium in exsilium abiit. (7) Quinctius sexto decimo die dic-
tatura in sex menses accepta se abdicavit. Per eos dies consul
Nautius ad Eretum cum Sabinis egregie pugnat; ad vastatos
agros ea quoque clades accessit Sabinis. Minucio Fabius suc-
cessor in Algidum missus. (8) Extremo anno agitatum de lege
ab tribunis est; sed quia duo exercitus aberant, ne quid ferretur ad populum patres tenuere; plebes vicit ut quintum eosdem tribunos crearet. (9) Lupos visos in Capitolio ferunt a
canibus fugatos; ob id prodigium lustratum Capitolium esse.
Haec eo anno gesta.

30 (1) Sequuntur consules Q. Minucius M. Horatius Pulvillus. Cuius initio anni cum foris otium esset, (2) domi seditio-

Römische Geschichte 3. Buch 89

Bewußtsein der empfangenen Wohltat als einer Zurückset-
zung dem Diktator einen goldenen Kranz von einem Pfund
Gewicht zuerkannte und ihn bei seinem Aufbruch als
Schirmherr titulierte. (4) In Rom verfügte der vom Stadtpräfekten Q. Fabius einberufene Senat, daß Quinctius bei seinem Triumphzug so, wie er marschierte,[109] in die Stadt ein-
ziehen sollte. Vor dem Wagen führte man die Feldherren der
Feinde, die Feldzeichen wurden vorangetragen, es folgte das
beutebeladene Heer. (5) Festliche Mahlzeiten sollen vor
jedermanns Haus bereitet gewesen sein, und die Speisenden
folgten mit Triumphgesang[110] und den gewohnten Possen in
der Art fröhlicher Zecher dem Wagen. (6) An jenem Tag
wurde unter einhelliger Zustimmung dem L. Mamilius aus
Tusculum das Bürgerrecht verliehen. Der Diktator hätte
unverzüglich sein Amt niedergelegt, wenn ihn nicht die
Gerichtsversammlung wegen des falschen Zeugen M. Volscius aufgehalten hätte: der Respekt vor dem Diktator verbot
den Tribunen, dieser im Wege zu stehen. Volscius wurde
verurteilt und ging nach Lanuvium in die Verbannung.
(7) Quinctius trat am sechzehnten Tag von der Diktatur
zurück, die er für sechs Monate übernommen hatte. In diesen
Tagen schlug sich der Konsul Nautius bei Eretum erfolgreich
mit den Sabinern, für die zur Verwüstung ihrer Äcker auch
noch diese Niederlage hinzukam. Als Nachfolger für Minucius entsandte man Fabius auf den Algidus. (8) Am Ende des
Jahres wurde der Gesetzesantrag von den Tribunen vorange-
trieben, aber da zwei Heere in der Fremde standen, hielten
die Väter daran fest, daß kein Antrag der Volksversammlung
vorgelegt werden könne; die Bürgerpartei setzte es durch,
daß sie zum fünften Mal dieselben Tribunen wählte. (9) Auf
dem Kapitol sichtete man angeblich Wölfe,[111] die von Hun-
den verjagt wurden; wegen dieses Vorzeichens soll das Kapitol entsühnt worden sein. Soweit die Ereignisse dieses
Jahres.
30 (1) Es folgten die Konsuln Q. Minucius und M. Horatius
Pulvillus. Während am Beginn dieses Jahres von auswärts

90   *Ab urbe condita   liber III*

nes iidem tribuni, eadem lex faciebat; ulteriusque ventum
foret – adeo exarserant animis – ni, velut dedita opera, noc-
turno impetu Aequorum Corbione amissum praesidium nuntiatum esset. (3) Senatum consules vocant; iubentur subita-
rium scribere exercitum atque in Algidum ducere. Inde posito
legis certamine nova de dilectu contentio orta; (4) vincebatur-
que consulare imperium tribunicio auxilio cum alius additus
terror, Sabinum exercitum praedatum descendisse in agros
Romanos, inde ad venire. (5) Is metus perculit ut scribi
militem tribuni sinerent, non sine pactione tamen ut quoniam
ipsi quinquennium elusi essent parvumque id plebi praesidium foret, decem deinde tribuni plebis crearentur. (6) Ex-
pressit hoc necessitas patribus: id modo excepere ne postea
eosdem tribunos viderent. Tribunicia comitia, ne id quoque
post bellum ut cetera vanum esset, extemplo habita. (7) Trice-
simo sexto anno a primis tribuni plebis decem creati sunt, bini
ex singulis classibus; itaque cautum est ut postea crearentur.
(8) Dilectu deinde habito Minucius contra Sabinos profectus
non invenit hostem. Horatius, cum iam Aequi Corbione
interfecto praesidio Ortonam etiam cepissent, in Algido
pugnat; multos mortales occidit; fugat hostem non ex Algido
modo sed a Corbione Ortonaque. Corbionem etiam diruit
propter proditum praesidium.

Römische Geschichte 3. Buch 91

Ruhe herrschte, (2) sorgten zu Hause dieselben Tribunen und dasselbe Gesetz für Parteienstreit; ja man wäre sogar noch weiter gegangen – so sehr standen ihre Gemüter in Flammen –, wäre nicht, fast wie auf Bestellung, die Meldung eingetroffen, nach einem nächtlichen Überfall der Aequer habe man die Garnison in Corbio eingebüßt. (3) Die Konsuln beriefen den Senat ein und bekamen den Auftrag, im Schnellverfahren ein Heer auszuheben und es auf den Algidus zu führen. Daraufhin ließ man zwar den Streit um das Gesetz ruhen, doch kam es wegen der Rekrutierung zu neuen Spannungen; (4) und schon drohte das Recht der Konsuln zu befehlen, dem Recht der Tribunen Beistand[112] zu leisten, zu unterliegen, als eine andere Schreckensbotschaft einlangte: ein Sabinerheer sei zur Plünderung in römisches Gebiet hinabgezogen und rücke von dort gegen die Stadt vor. (5) Dieser Schock bewirkte, daß die Tribunen der Aushebung von Soldaten zustimmten, allerdings nicht ohne die Bedingung, daß in Zukunft, weil man mit ihnen selbst fünf Jahre sein Spiel getrieben hätte und sie dem einfachen Volk zu wenig Schutz böten, zehn Volkstribunen gewählt werden sollten.[113] (6) Die Notlage erpreßte das von den Vätern: sie bedingten sich lediglich aus, danach nicht wieder dieselben Tribunen vor sich zu haben. Unverzüglich wurden Versammlungen zur Wahl von Tribunen abgehalten, damit nicht auch das, wie manch andere Dinge, nach dem Krieg leeres Versprechen bliebe. (7) Im 36. Jahr nach den ersten Volkstribunen wurden deren zehn gewählt, je zwei aus jeder Steuerklasse; und man bestimmte, daß auch die späteren Wahlen so vor sich gehen sollten. (8) Nach dem Abschluß der Truppenaushebung setzte sich Minucius gegen die Sabiner in Marsch, verfehlte aber den Feind; Horatius kämpfte am Algidus, als die Aequer nach Vernichtung des Stützpunktes in Corbio sogar schon Ortona eingenommen hatten; er tötete viele Menschen und verjagte den Feind nicht bloß vom Algidus, sondern ebenso aus Corbio und Ortona. Corbio ließ er wegen des Verrates an der Besatzung sogar niederreißen.

31 (1) Deinde M. Valerius Sp. Verginius consules facti. Domi forisque otium fuit; annona propter aquarum intemperiem laboratum est. De Aventino publicando lata lex est. Tribuni plebis iidem refecti. (2) Insequente anno, T. Romilio C. Veturio consulibus, legem omnibus contionibus suis celebrant: pudere se numeri sui nequiquam aucti, si ea res aeque suo biennio iaceret ac toto superiore lustro iacuisset. (3) Cum maxime haec agerent, trepidi nuntii ab Tusculo veniunt Aequos in agro Tusculano esse. Fecit pudorem recens eius populi meritum morandi auxilii. Ambo consules cum exercitu missi hostem in sua sede, in Algido inveniunt. (4) Ibi pugnatum. Supra septem milia hostium caesa, alii fugati; praeda parta ingens. Eam propter inopiam aerarii consules vendiderunt. Invidiae tamen res ad exercitum fuit, eademque tribunis materiam criminandi ad plebem consules praebuit.
(5) Itaque ergo, ut magistratu abiere, Sp. Tarpeio A. Aternio consulibus dies dicta est Romilio ab C. Calvio Cicerone tribuno plebis, Veturio ab L. Alieno aedile plebis. (6) Uterque magna patrum indignatione damnatus, Romilius decem milibus aeris, Veturius quindecim. Nec haec priorum calamitas consulum segniores novos fecerat consules. Et se damnari posse aiebant, et plebem et tribunos legem ferre non posse. (7) Tum abiecta lege quae promulgata consenuerat, tribuni le-

Römische Geschichte 3. Buch 93

31 (1) Daraufhin wurden M. Valerius und Sp. Verginius Konsuln. Friede wars zu Hause und von außen; aufgrund ungewöhnlich starker Regenfälle hatte man mit der Getreideversorgung seine Not. Ein Gesetzesantrag auf Freigabe des Aventin[114] für die Öffentlichkeit wurde eingebracht. Abermals wählte man dieselben Volkstribunen, (2) die im folgenden Jahr unter den Konsuln T. Romilius und C. Veturius auf all ihren Versammlungen für den Gesetzentwurf warben: sie schämten sich ihrer Zahl, die vergeblich vergrößert worden wäre, wenn dies Anliegen während ihrer zweijährigen Amtszeit ebenso unerfüllt bliebe wie in den ganzen fünf Jahren zuvor. (3) Mitten in ihren leidenschaftlichen Bemühungen kamen völlig verschreckte Boten aus Tusculum: die Aequer stünden auf tusculanischem Gebiet. Das noch gegenwärtige Verdienst der Tuskulaner ließ es als schändlich erscheinen, Hilfsmaßnahmen hinauszuschieben. Beide Konsuln wurden mit einem Heer entsandt und stießen am Algidus, seinem Stützpunkt, auf den Feind. (4) Dort kam es zur Schlacht. Mehr als 7000 Feinde wurden niedergemacht, die anderen vertrieben, gewaltige Beute gewonnen. Diese ließen die Konsuln wegen der Leere in der Staatskasse verkaufen. Dennoch rief diese Maßnahme beim Heer Unwillen hervor und bot den Tribunen Stoff, die Konsuln beim einfachen Volk anzuschwärzen.

(5) Als sie von ihrem Amt zurückgetreten waren, wurden demnach Romilius vom Volkstribunen C. Calvius Cicero und Veturius vom plebejischen Ädil L. Alienus unter dem Konsulat des Sp. Tarpeius und des A. Aternius vor Gericht gebracht. (6) Beide wurden unter größter Empörung der Väter verurteilt, Romilius zu 10000, Veturius zu 15000 Assen. Doch hatte diese Schlappe ihrer Vorgänger die neuen Konsuln keineswegs untätiger gemacht. Auch ihre Verurteilung, sagten sie, sei durchaus möglich, genauso unmöglich aber sei, daß Bürgerstand und Tribunen das Gesetz durchbrächten. (7) Da gaben die Tribunen das Gesetz auf, das sich im Stadium der Bekanntmachung überlebt hatte, und ver-

nius agere cum patribus: finem tandem certaminum facerent. si plebeiae leges displicerent, at illi communiter legum latores et ex plebe et ex patribus, qui utrisque utilia ferrent quaeque aequandae libertatis essent, sinerent creari. (8) Rem non aspernabantur patres; daturum leges neminem nisi ex patribus aiebant. Cum de legibus conveniret, de latore tantum discreparet, missi legati Athenas Sp. Postumius Albus, A. Manlius, P. Sulpicius Camerinus, iussique inclitas leges Solonis describere et aliarum Graeciae civitatium instituta mores iuraque noscere.

32 (1) Ab externis bellis quietus annus fuit, quietior insequens P. Curiatio et Sex. Quinctilio consulibus, perpetuo silentio tribunorum, quod primo legatorum qui Athenas ierant legumque peregrinarum exspectatio praebuit, (2) dein duo simul mala ingentia exorta, fames pestilentiaque, foeda homini, foeda pecori. Vastati agri sunt, urbs adsiduis exhausta funeribus; multae et clarae lugubres domus. (3) Flamen Quirinalis Ser. Cornelius mortuus, augur C. Horatius Pulvillus, in cuius locum C. Veturium, eo cupidius quia damnatus a plebe erat, augures legere. (4) Mortuus consul Quinctilius, quattuor tribuni plebi. Multiplici clade foedatus annus; ab hoste otium fuit. (5) Inde consules C. Menenius P. Sestius Capitolinus. Neque eo anno quicquam belli externi fuit: domi motus orti. (6) Iam redierant legati cum Atticis legibus. Eo intentius instabant tribuni ut tandem scribendarum legum

Römische Geschichte 3. Buch 95

handelten mit den Konsuln umgänglicher: sie sollten endlich ein Ende der Auseinandersetzungen herbeiführen. Wenn Gesetzentwürfe der Volkspartei Mißfallen erregten, sollten sie doch die gemeinsame Wahl von Antragstellern aus Bürger- und Adelspartei gestatten, die vorschlagen müßten, was für beide nützlich sei und der gerechten Verteilung der Freiheit[115] diene. (8) Die Väter verwarfen den Vorschlag nicht, betonten aber, daß außer den Vätern niemand Gesetze entwerfen könne. Da man in bezug auf die Gesetze übereinstimmte, sich lediglich über die Antragsteller uneins war, sandte man Sp. Postumius Albus, A. Manlius sowie P. Sulpicius Camerinus als Beauftragte nach Athen und wies sie an, die weithin bekannten Gesetze Solons abzuschreiben und Einrichtungen, Sitten und Rechtswesen der anderen Stadtstaaten Griechenlands in Erfahrung zu bringen.[116]

32 (1) Von auswärtigen Kriegen hatte man in dem Jahr Ruhe; friedlicher noch verlief das folgende unter den Konsuln P. Curiatius und Sex. Quinctilius dank der andauernden Untätigkeit der Tribunen, die zuerst vom Warten auf die nach Athen abgegangenen Gesandten und auf die fremden Gesetze, (2) dann aber von zwei gewaltigen Übeln herrührte, die zur gleichen Zeit hereingebrochen waren – Hunger und Seuche, verderblich für Mensch, verderblich fürs Tier. Verödet war das Ackerland, die Stadt erschöpft vom ständigen Sterben; auch zahlreiche edle Häuser trauerten. (3) Tot war der Flamen[117] Quirinalis Ser. Cornelius und der Augur C. Horatius Pulvillus; an seine Stelle wählten die Auguren um so lieber den C. Veturius nach, weil er von der Bürgerpartei verurteilt worden war. (4) Tot waren der Konsul Quinctilius und vier Volkstribunen. Durch vielgestaltiges Verderben war das Jahr verheert; vom Feind hatte man Ruhe. (5) Hierauf waren C. Menenius und P. Sestius Capitolinus Konsuln. Auch in diesem Jahr gab es keinen Krieg in der Fremde: im Inneren aber kam es zu Unruhen. (6) Die Gesandten waren nunmehr mit den attischen Gesetzen zurückgekehrt. Desto heftiger bestanden die Tribunen darauf, daß endlich mit der

96 *Ab urbe condita liber III*

initium fieret. Placet creari decemviros sine provocatione, et
ne quis eo anno alius magistratus esset. (7) Admiscerenturne
plebeii controversia aliquamdiu fuit; postremo concessum
patribus, modo ne lex Icilia de Aventino aliaeque sacratae
leges abrogarentur.

33 (1) Anno trecentesimo altero quam condita Roma erat
iterum mutatur forma civitatis, ab consulibus ad decemviros,
quemadmodum ab regibus ante ad consules venerat, translato
imperio. (2) Minus insignis, quia non diuturna, mutatio fuit.
Laeta enim principia magistratus eius nimis luxuriavere; eo
citius lapsa res est repetitumque duobus uti mandaretur consulum nomen imperiumque. (3) Decemviri creati Ap. Claudius, T. Genucius, P. Sestius, T. Veturius, C. Iulius, A. Manlius, P. Sulpicius, P. Curiatius, T. Romilius, Sp. Postumius.
(4) Claudio et Genucio, quia designati consules in eum
annum fuerant, pro honore honos redditus, et Sestio, alteri
consulum prioris anni, quod eam rem collega invito ad patres
rettulerat. (5) His proximi habiti legati tres qui Athenas
ierant, simul ut pro legatione tam longinqua praemio esset
honos, simul peritos legum peregrinarum ad condenda nova
iura usui fore credebant. (6) Supplevere ceteri numerum.
Graves quoque aetate electos novissimis suffragiis ferunt, quo
minus ferociter aliorum scitis adversarentur. (7) Regimen
totius magistratus penes Appium erat favore plebis, adeoque
novum sibi ingenium induerat ut plebicola repente omnisque
aurae popularis captator evaderet pro truci saevoque insec-

Römische Geschichte   3. Buch   97

Aufzeichnung der Gesetze begonnen werde. Man kam überein, ein vom Berufungsrecht entbundenes Zehnmännerkollegium (Decemvirn) zu wählen und jedes andere Amt in diesem Jahr auszusetzen. (7) Eine Zeitlang gab es die Streitfrage, ob Bürgerliche zugezogen werden sollten; schließlich ließ man den Vätern Vorrang unter der Bedingung, daß die Lex Icilia über den Aventin und andere beschworene Gesetze[118] nicht aufgehoben würden.

33 (1) Im 302. Jahre nach der Gründung Roms änderte sich zum zweiten Mal das Bild des Gemeinwesens, da die Macht wie zuvor von Königen auf Konsuln, nun von Konsuln auf Decemvirn[119] überging. (2) Der Wandel war, weil nicht auf Dauer, nicht so bezeichnend. Denn nach erfolgverheißenden Anfängen entartete dieses Amt gar sehr; desto rascher verfiel es, und man kam wieder darauf zurück, zwei Männern Titel und Befugnis von Konsuln zu verleihen.[120] (3) Zu Decemvirn wurden Ap. Claudius, T. Genucius, P. Sestius, T. Veturius, C. Iulius, A. Manlius, P. Sulpicius, P. Curiatius, T. Romilius und Sp. Postumius gewählt. (4) Weil Claudius und Genucius als Konsuln für dieses Jahr bestimmt waren, gab man ihnen dies Amt als Ersatz für das alte, dem Sestius, weil er als einer der Konsuln des Vorjahres diesen Vorschlag gegen den Willen seines Kollegen den Vätern vorgelegt hatte. (5) Unmittelbar nach ihnen reihte man die drei Gesandten, die nach Athen gegangen waren, teils, um ihnen für eine derart weite Gesandtschaftsreise ein Ehrenamt zum Lohn zu geben, teils glaubte man, in fremden Gesetzen erfahrene Männer würden für die Abfassung neuer Rechtsnormen nützlich sein. (6) Die übrigen ergänzten die Zahl. Bei den letzten Abstimmungen sollen auch hochbejahrte Männer gewählt worden sein, damit sie sich den Maßnahmen der anderen weniger entschlossen widersetzen. (7) Die Leitung der ganzen Körperschaft lag dank der Gunst der Menge bei Appius, der einen so völlig anderen Charakter angenommen hatte, daß er sich unversehens vom grimmigen und wilden Peiniger der einfachen Leute zum Volksfreund und Buhler um das wetterwendische

98 *Ab urbe condita liber III*

tatore plebis. (8) Decimo die ius populo singuli reddebant. Eo
die penes praefectum iuris fasces duodecim erant: collegis
novem singuli accensi apparebant. Et in unica concordia inter
ipsos, qui consensus privatis interdum inutilis esset, summa
adversus alios aequitas erat. (9) Moderationis eorum argumentum exemplo unius rei notasse satis erit. Cum sine provocatione creati essent, defosso cadavere domi apud L. Sestium,
patriciae gentis virum, (10) invento prolatoque in contionem,
in re iuxta manifesta atque atroci C. Iulius decemvir diem
Sestio dixit et accusator ad populum exstitit, cuius rei iudex
legitimus erat, decessitque iure suo, ut demptum de vi magistratus populi libertati adiceret.

34 (1) Cum promptum hoc ius velut ex oraculo incorruptum
pariter ab iis summi infimique ferrent, tum legibus condendis
opera dabatur; ingentique hominum exspectatione propositis
decem tabulis, (2) populum ad contionem advocaverunt et,
quod bonum faustum felixque rei publicae ipsis liberisque
eorum esset, (3) ire et legere leges propositas iussere: se,
quantum decem hominum ingeniis provideri potuerit, omnibus, summis infimisque, iura aequasse: plus pollere multorum ingenia consiliaque. (4) versarent in animis secum
unamquamque rem, agitarent deinde sermonibus, atque in
medium quid in quaque re plus minusve esset conferrent.

Römische Geschichte 3. Buch 99

Volk entwickelte. (8) Jeder sprach an einem von zehn Tagen[121] unter dem Volk Recht. An dem Tag standen ihm als Gerichtsvorsteher zwölf Rutenbündel zu: jeden der neun anderen Kollegen geleitete ein Amtsdiener.[122] In ihrer ungewöhnlichen Eintracht untereinander – eine Übereinstimmung, die für den Privatmann verderblich hätte sein können – lag die außerordentliche Gerechtigkeit anderen gegenüber begründet. (9) Es dürfte genügen, als Beweis für ihr maßvolles Vorgehen einen beispielhaften Vorfall anzuführen. Obwohl sie gewählt worden waren, ohne an das Berufungsrecht gebunden zu sein, beraumte der Decemvir C. Iulius, als man im Haus des aus patrizischem Geschlechte stammenden L. Sestius (10) eine verscharrte Leiche gefunden und sie vor die Volksversammlung gebracht hatte, für Sestius trotz dieses ebenso offenkundigen wie grausamen Tatbestandes einen Gerichtstermin an, trat als Ankläger in einem Fall vor das Volk, in dem er der rechtmäßige Richter gewesen wäre, und nahm schließlich von seinem Recht Abstand, um das, was er seiner Gewalt als Amtsträger genommen hatte, der freien Entscheidung des Volkes zu überlassen.[123]

34 (1) Wie ohne Unterschied Menschen hoher und niedriger Herkunft diese Rechtsbescheide derart rasch und unverfälscht empfingen, als ob sie von einem Orakelspruch stammten, so machte man sich auch ans Werk, Gesetze zu verfassen; und nachdem sie die von der Öffentlichkeit mit großer Spannung erwarteten zehn Tafeln ausgestellt hatten, (2) beriefen sie das Volk zur Versammlung und hielten es an – was dem Staat, ihnen selbst und ihren Kindern gut, gedeihlich und glücklich ausgehen möge – (3) hinzugehen und die angeschlagenen Gesetze zu lesen: sie hätten, soweit der Verstand von zehn Männern die Zukunft vorplanen könne, auf alle, hoch und niedrig, die Rechte gleichmäßig verteilt; mehr vermöge aber die planvolle Einsicht vieler Menschen. (4) Sie sollten jeden einzelnen Sachverhalt bei sich erwägen, dann im Gespräch erörtern und schließlich der Allgemeinheit vorlegen, was bei jedem Artikel zu viel oder zu wenig sei.[124]

100   *Ab urbe condita   liber III*

(5) eas leges habiturum populum Romanum quas consensus omnium non iussisse latas magis quam tulisse videri posset.

(6) Cum ad rumores hominum de unoquoque legum capite editos satis correctae viderentur, centuriatis comitiis decem tabularum leges perlatae sunt, qui nunc quoque, in hoc immenso aliarum super alias acervatarum legum cumulo, fons omnis publici privatique est iuris.

(7) Volgatur deinde rumor duas deesse tabulas quibus adiectis absolvi posse velut corpus omnis Romani iuris. Ea exspectatio, cum dies comitiorum adpropinquaret, desiderium decemviros iterum creandi fecit. (8) Iam plebs, praeterquam quod consulum nomen haud secus quam regum perosa erat, ne tribunicium quidem auxilium, cedentibus in vicem appellationi decemviris, quaerebat.

35 (1) Postquam vero comitia decemviris creandis in trinum nundinum indicta sunt, (2) tanta exarsit ambitio, ut primores quoque civitatis – metu, credo, ne tanti possessio imperii, vacuo ab se relicto loco, haud satis dignis pateret – prensarent homines, honorem summa ope a se impugnatum ab ea plebe, cum qua contenderant, suppliciter petentes. (3) Demissa iam in discrimen dignitas ea aetate iisque honoribus actis stimulabat Ap. Claudium. Nescires utrum inter decemviros an inter candidatos numerares; (4) propior interdum petendo quam gerendo magistratui erat. Criminari optimates, extol-

Römische Geschichte 3. Buch 101

(5) Das römische Volk werde nur solche Gesetze besitzen, von denen man die Ansicht vertreten könne, die Mehrheit habe sie nicht nur einmütig genehmigt, sondern selbst vorgeschlagen.

(6) Als die Anträge entsprechend den Stimmen, die öffentlich über die jeweiligen Gesetzesartikel geäußert worden waren, hinreichend verbessert schienen, wurde in den Zenturiatskomitien das Zehntafelgesetz bestätigt, das auch noch heute, trotz dieses ungeheuren Wustes verschiedener übereinandergehäufter Gesetze die Quelle des ganzen öffentlichen und privaten Rechtes darstellt.

(7) Daraufhin verbreitete sich die Meinung, es fehlten noch zwei Tafeln, durch deren Einbeziehung gleichsam ein vollendeter Körper des ganzen römischen Rechtes geschaffen werden könne. Diese Aussicht ließ, während der Wahltag näherrückte, das Verlangen entstehen, neuerlich Decemvirn zu bestellen. (8) Schon vermißte das einfache Volk – abgesehen davon, daß der Begriff Konsul nicht weniger verhaßt war wie der des Königs – nicht einmal mehr den Beistand der Tribunen, da die Decemvirn ihrem Amtsturnus nach das Berufungsrecht anerkannten.

35 (1) Nachdem aber die Volksversammlung für die Wahl der Decemvirn auf den dritten Markttag angesagt worden war, (2) wurde das Verlangen nach Ämtern derart brennend, daß auch die ersten Männer des Gemeinwesens die Leute um ihre Stimme baten und kniefällig eben das Volk, mit dem sie gekämpft hatten, um eine Würde anflehten, gegen die sie sich mit aller Macht gestemmt hatten –, ich glaube aus Furcht, der Besitz einer derart starken Machtposition könne unwürdigen Personen offenstehen, wenn sie selbst ihren Platz geräumt hätten. (3) Seine Stellung, die sich bereits dem Zenit zuneigte, spornte in Anbetracht seines Alters und all der Ehrenämter, die er bekleidet hatte, den Ap. Claudius an. Man wußte nicht, ob man ihn den Decemvirn oder den Kandidaten zurechnen sollte; (4) zuweilen war er näher daran, sich um ein Amt zu bewerben, als es auszuüben. Er verleumdete die Aristokra-

102   *Ab urbe condita   liber III*

lere candidatorum levissimum quemque humillimumque,
ipse medius inter tribunicios, Duilios Iciliosque, (5) in foro
volitare, per illos se plebi venditare, donec collegae quoque,
qui unice illi dediti fuerant ad id tempus, coniecere in eum
oculos, mirantes quid sibi vellet: (6) apparere nihil sinceri
esse; profecto haud gratuitam in tanta superbia comitatem
fore; nimium in ordinem se ipsum cogere et volgari cum privatis non tam properantis abire magistratu quam viam ad
continuandum magistratum quaerentis esse. (7) Propalam
obviam ire cupiditati parum ausi, obsecundando mollire
impetum adgrediuntur. Comitiorum illi habendorum,
quando minimus natu sit, munus consensu iniungunt. (8) Ars
haec erat, ne semet ipse creare posset, quod praeter tribunos
plebi – et id ipsum pessimo exemplo – nemo unquam fecisset.
Ille enimvero, quod bene vertat, habiturum se comitia profes-
sus, impedimentum pro occasione arripuit; (9) deiectisque
honore per coitionem duobus Quinctiis, Capitolino et Cincinnato, et patruo suo C. Claudio, constantissimo viro in
optimatium causa, et aliis eiusdem fastigii civibus, nequaquam splendore vitae pares decemviros creat, (10) se in primis, quod haud secus factum improbabant boni quam nemo
facere ausurum crediderat. (11) Creati cum eo M. Cornelius
Maluginensis, M. Sergius, L. Minucius, Q. Fabius Vibulanus, Q. Poetelius, T. Antonius Merenda, K. Duilius, Sp.
Oppius Cornicen, M'. Rabuleius.
36 (1) Ille finis Appio alienae personae ferendae fuit. Suo iam

Römische Geschichte 3. Buch 103

ten, hob bewußt die unwichtigsten und niedrigsten Bewerber hervor, (5) trieb sich selbst im Kreis ehemaliger Tribunen wie Duilius und Icilius auf dem Forum herum und biederte sich mit ihrer Hilfe bei dem einfachen Volk an, bis auch seine Kollegen, die ihm bis zu dem Zeitpunkt außerordentlich gewogen waren, ihre Blicke auf ihn richteten und sich wunderten, was er eigentlich wolle: (6) offenkundig sei nichts Wahres daran; bei so viel Hochmut werde die Volkstümlichkeit sicherlich nicht uneigennützig bleiben; allzusehr erniedrige er sich selbst, und mit Privatleuten gemein zu werden, kennzeichne weniger den Mann, der sich beeile, aus einem Amt zu scheiden, als einen, der einen Weg zu dessen Verlängerung suche. (7) Sie wagten nicht, diesem Ehrgeiz ganz offen entgegenzutreten und gingen daher daran, seine Energie durch Nachgiebigkeit einzulullen. Einstimmig bürdeten sie ihm, da er der jüngste sei, das Amt auf, die Wahlversammlung abzuhalten. (8) Der Hintergedanke dabei war, daß er sich selbst nicht wählen lassen konnte, denn außer Volkstribunen – und selbst das galt als übelstes Beispiel – habe das noch niemand getan. Jener versprach freilich, er werde die Versammlung leiten – was gut ausgehen möge –, machte aber aus dem Hindernis schnell eine günstige Gelegenheit; (9) durch ein Bündnis mit anderen Kandidaten erreichte er, daß die zwei Quinctier, Capitolinus und Cincinnatus, sein eigener Onkel C. Claudius, ein äußerst standhafter Mann in Belangen der Aristokraten, sowie andere Bürger desselben Ranges von ihrem Ehrenamte verstoßen wurden; dann ließ er Decemvirn wählen, deren Leben weit weniger glanzvoll verlaufen war, (10) sich selbst aber an erster Stelle[125] – eine Tat, welche die Patrioten um so mehr mißbilligten, weil niemand daran gedacht hatte, daß er sie wagen würde. (11) Mit ihm wurden gewählt: M. Cornelius Maluginensis, M. Sergius, L. Minucius, Q. Fabius Vibulanus, Q. Poetelius, T. Antonius Merenda, K. Duilius, Sp. Oppius Cornicen und M'. Rabuleius.

36 (1) Jetzt war es für Appius mit dem Tragen einer fremden

inde vivere ingenio coepit novosque collegas, iam priusquam
inirent magistratum, in suos mores formare. (2) Cottidie
coibant remotis arbitris; inde impotentibus instructi consiliis,
quae secreto ab aliis coquebant, iam haud dissimulando
superbiam, rari aditus, conloquentibus difficiles, ad idus
Maias rem perduxere. Idus tum Maiae sollemnes ineundis
magistratibus erant. (3) Initio igitur magistratus primum
honoris diem denuntiatione ingentis terroris insignem fecere.
Nam cum ita priores decemviri servassent ut unus fasces
haberet et hoc insigne regium in orbem, suam cuiusque
vicem, per omnes iret, subito omnes cum duodenis fascibus prodiere. (4) Centum viginti lictores forum impleverant
et cum fascibus secures inligatas praeferebant; nec attinuis-
se demi securem, cum sine provocatione creati essent,
interpretabantur. (5) Decem regum species erat, multiplica-
tusque terror non infimis solum sed primoribus patrum, ratis
caedis causam ac principium quaeri, ut si quis memorem
libertatis vocem aut in senatu aut apud populum misisset statim virgae securesque etiam ad ceterorum metum expedi-
rentur. (6) Nam praeterquam quod in populo nihil erat praesidii sublata provocatione, intercessionem quoque consensu
sustulerant, cum priores decemviri appellatione collegae cor-
rigi reddita ab se iura tulissent et quaedam, quae sui iudicii
videri possent, ad populum reiecissent. (7) Aliquamdiu
aequatus inter omnes terror fuit; paulatim totus vertere in

Römische Geschichte 3. Buch   105

Maske vorbei. Von nun an begann er, seinem eigenen Naturell gemäß zu leben und seine neuen Kollegen, noch bevor sie
ihr Amt antraten, nach seinem Charakter zu formen. (2) Täglich trafen sie sich unter Ausschluß von Zeugen; in seinen
vermessenen Vorsätzen unterwiesen, die sie abseits von anderen auskochten, verhehlten sie jetzt ihren Hochmut nicht
mehr, waren schwer zugänglich, im Gespräch unfreundlich
und setzten dieses Verhalten bis zum 15. Mai fort. Das war
damals das herkömmliche Datum zur Übernahme eines
Amtes.[126] (3) Zu Beginn ihrer Tätigkeit machten sie nun den
ersten Tag ihrer Regierung durch die Ankündigung einer
ungeheuren Gewaltherrschaft denkwürdig. Denn während
die früheren Decemvirn darauf geachtet hatten, daß einer
allein die Rutenbündel besitzen, und dies Abzeichen von
Königen im Kreise abwechselnd auf alle anderen übergehen
solle, traten plötzlich alle einzeln mit zwölf Rutenbündeln
auf. (4) Hundertzwanzig Liktoren füllten das Forum und
trugen die an die Ruten gebundenen Beile voran; die Decemvirn erklärten dazu, es habe keinen Grund gegeben, das Beil
herauszunehmen,[127] da sie ohne Berufungsrecht gewählt
worden seien. (5) Es bot sich ein Bild von zehn Königen, und
das Entsetzen vervielfachte sich nicht bloß unter den einfachen Menschen, sondern auch bei den Vornehmsten unter
den Vätern, die meinten, man suche nach Vorwand und
Anlaß für eine Bluttat, um Ruten und Beile unverzüglich
auch zur Einschüchterung der übrigen einzusetzen, wenn
jemand ein an die Freiheit gemahnendes Wort vor Senat oder
Volk fallenlasse. (6) Denn abgesehen davon, daß es von der
Seite des Volkes nach Abschaffung der Berufung keinen
Schutz mehr gab, hatten sie auch einstimmig das Einspruchs-
recht[128] aufgehoben, wogegen die früheren Decemvirn die
Abänderung der von ihnen erlassenen Rechtsvorschriften
nach Berufung an einen Kollegen gestattet und gewisse Fälle,
die in ihre Kompetenz zu gehören schienen, wieder dem Volk
übertragen hatten. (7) Eine Zeitlang herrschte unter allen
gleich große Angst; nach und nach begann sie, sich aus-

106 *Ab urbe condita liber III*

plebem coepit; abstinebatur a patribus; in humiliores libidinose crudeliterque consulebatur. Hominum, non causarum toti erant, ut apud quos gratia vim aequi haberet. (8) Iudicia domi conflabant, pronuntiabant in foro. Si quis collegam appellasset, ab eo ad quem venerat ita discedebat ut paeniteret non prioris decreto stetisse. (9) Opinio etiam sine auctore exierat non in praesentis modo temporis eos iniuriam conspirasse, sed foedus clandestinum inter ipsos iure iurando ictum, ne comitia haberent perpetuoque decemviratu possessum semel obtinerent imperium.

37 (1) Circumspectare tum patriciorum voltus plebeii et inde libertatis captare auram, unde servitutem timendo in eum statum rem publicam adduxerant. (2) Primores patrum odisse decemviros, odisse plebem; nec probare quae fierent, et credere haud indignis accidere; avide ruendo ad libertatem in servitutem elapsos iuvare nolle; (3) cumulare quoque iniurias, ut taedio praesentium consules duo tandem et status pristinus rerum in desiderium veniant. (4) Iam et processerat pars maior anni et duae tabulae legum ad prioris anni decem tabulas erant adiectae, nec quicquam iam supererat, si eae quoque leges centuriatis comitiis perlatae essent, cur eo magistratu rei publicae opus esset. (5) Exspectabant quam mox consulibus creandis comitia edicerentur; id modo plebes agitabat quonam modo tribuniciam potestatem, munimentum libertati,

Römische Geschichte   3. Buch   107

schließlich gegen das gemeine Volk zu wenden – die Väter blieben unangetastet: gegen die kleinen Leute aber verfuhr man willkürlich und grausam. Die Decemvirn richteten sich ganz nach der Person, nicht nach dem Fall, was ja nur natürlich war, da bei ihnen Ansehen so viel vermochte wie Gerechtigkeit. (8) Ihre Urteile schmiedeten sie zu Hause und gaben sie auf dem Forum lediglich bekannt. Falls jemand bei einem Kollegen Einspruch erhob, schied er in einer Weise von dem, den er aufgesucht hatte, daß er es bereute, sich nicht dem Urteil des ersten gebeugt zu haben. (9) Es war sogar das freilich unverbürgte Gerücht entstanden, sie hätten sich nicht nur für den Augenblick zur Rechtlosigkeit verschworen, sondern untereinander mit Eidschwur einen geheimen Bund besiegelt, keine Wahlversammlung abzuhalten und durch ein unbefristetes Decemvirat die einmal erworbene Herrschaft zu behaupten.

37 (1) Da begannen die Bürger, auf den Ausdruck in den Gesichtern der Väter zu achten und witterten von einer Seite den Odem der Freiheit, von der sie Knechtschaft gefürchtet und dadurch den Staat in diese Lage gebracht hatten. (2) Die Führenden unter den Vätern haßten die Decemvirn, haßten das einfache Volk; sie billigten zwar nicht, was geschah, glaubten aber, es treffe keine Unschuldigen; sie wollten Leuten, die in gieriger Jagd nach Freiheit in Knechtschaft gesunken waren, keinesfalls helfen (3) und das Unrecht sogar noch steigern, damit man sich schließlich aus Verdruß über die Gegenwart wieder nach zwei Konsuln und dem früheren Zustand des Staates sehne. (4) Schon war der größere Teil des Jahres vergangen, zwei Gesetzestafeln waren den zehn Tafeln des Vorjahres angefügt worden, und wenn auch diese Gesetze von den Zenturiatskomitien genehmigt wären, bestand keine Veranlassung mehr, warum der Staat dieses Amt nötig haben sollte. (5) Man war gespannt, ob nicht bald eine Volksversammlung für die Wahl von Konsuln angesagt würde; das einfache Volk dachte lediglich daran, auf welche Weise es das Bollwerk der Freiheit, die zwischendurch abgeschaffte tri-

108 *Ab urbe condita liber III*

rem intermissam, repararent; cum interim mentio comitiorum nulla fieri. (6) Et decemviri, qui primo tribunicios homines, quia id populare habebatur, circum se ostentaverant plebi, patriciis iuvenibus saepserant latera. (7) Eorum catervae tribunalia obsederant; hi ferre agere plebem plebisque ⟨cum⟩ res tum fortunas, quasi quidquid cupitum foret, potentioris esset. Et iam ne tergo quidem abstinebatur; (8) virgis caedi, alii securi subici; et, ne gratuita crudelitas esset, bonorum donatio sequi domini supplicium. Hac mercede iuventus nobilis corrupta non modo non ire obviam iniuriae, sed propalam licentiam suam malle quam omnium libertatem.
38 (1) Idus Maiae venere. Nullis subrogatis magistratibus, privati pro decemviris, neque animis ad imperium inhibendum imminutis neque ad speciem honoris insignibus prodeunt. (2) Id vero regnum haud dubie videri. Deploratur in perpetuum libertas, nec vindex quisquam exsistit aut futurus videtur. Nec ipsi solum desponderant animos, sed contemni coepti erant a finitimis populis qui imperium ibi esse ubi non esset libertas indignabantur. (3) Sabini magna manu incursionem in agrum Romanum fecere; lateque populati cum hominum atque pecudum inulti praedas egissent, recepto ad Eretum quod passim vagatum erat agmine castra locant, spem in discordia Romana ponentes: eam impedimentum dilectui fore. (4) Non nuntii solum sed per urbem agrestium fuga trepidationem iniecit. Decemviri consultant quid opus facto

Römische Geschichte   3. Buch   109

bunizische Amtsgewalt wieder einführen könne; allein – eine
Wahlversammlung wurde erst gar nicht erwähnt. (6) Dazu
hatten sich die Decemvirn, die sich anfangs inmitten von ehemaligen Tribunen der Menge zur Schau gestellt hatten, weil
das als volkstümlich galt, mit Jünglingen aus dem Adel umgeben.[129] (7) Deren Banden belagerten die Podien der Richter;
sie plünderten das Volk, sein Hab und Gut, als ob dem Stärkeren gehöre, was auch immer begehrenswert sei. Und schon
verschonten sie nicht einmal mehr den Menschen; (8) es
hagelte Stockschläge, andere ließen sie das Beil spüren, und
damit die Grausamkeit nicht ohne Profit bleibe, folgte auf die
Hinrichtung des Besitzers die Vergabe seiner Güter. Die von
diesem Henkersgeld verdorbene adelige Jugend trat dem
Unrecht nicht nur nicht entgegen, sondern zog ganz offen die
eigenen Privilegien der Freiheit aller vor.
38 (1) Es kam der 15. Mai. Ohne für die Nachwahl von Beamten gesorgt zu haben,[130] traten sie als Privatmänner und nicht
mehr als Decemvirn auf, wobei sie aber weder vom Streben,
ihre Macht auszuüben, noch von den Ehrenzeichen als dem
Symbol für ihre Machtposition Abstand genommen hatten.
(2) Das freilich sah unzweifelhaft nach Königsherrschaft aus.
Der Freiheit weinte man auf ewig nach, auch stand kein Retter auf noch zeigte sich einer für die Zukunft. Aber nicht nur
die Menschen selbst hatten ihrem Mute abgeschworen, sondern nach und nach wurden sie auch von den Nachbarvölkern
verachtet, die sich darüber empörten, daß von dort Macht
ausgehe, wo Freiheit nicht existiere. (3) Die Sabiner unternahmen mit starker Truppe einen Einfall ins Römerland, und
als sie nach ausgedehnten Plünderungen ungestraft Mensch
und Tier als Beute verschleppt hatten, zogen sie sich mit
ihrem Heerbann, der weit ausgeschwärmt war, in die Gegend
von Eretum zurück, wo sie ein Lager errichteten und auf die
Uneinigkeit der Römer hofften: sie würde ein Hemmnis für
die Truppenaushebung darstellen. (4) Nicht Boten allein,
sondern die Flucht der Landbewohner durch die Stadt stifte-
ten Verwirrung. Allein gelassen zwischen dem Haß der Väter

110   *Ab urbe condita   liber III*

sit, destituti inter patrum et plebis odia. Addidit terrorem
insuper alium fortuna. (5) Aequi alia ex parte castra in Algido
locant depopulanturque inde excursionibus Tusculanum
agrum; legati ea ab Tusculo, praesidium orantes, nuntiant.
(6) Is pavor perculit decemviros ut senatum, simul duobus
circumstantibus urbem bellis, consulerent. Citari iubent in
curiam patres, haud ignari quanta invidiae immineret tempe-
stas: (7) omnes vastati agri periculorumque imminentium
causas in se congesturos; temptationemque eam fore abolendi
sibi magistratus, ni consensu resisterent imperioque inhi-
bendo acriter in paucos praeferocis animi conatus aliorum
comprimerent. (8) Postquam audita vox in foro est praeconis
patres in curiam ad decemviros vocantis, velut nova res, quia
intermiserant iam diu morem consulendi senatus, mirabun-
dam plebem convertit quidnam incidisset cur ex tanto intervallo rem desuetam usurparent; (9) hostibus belloque gratiam
habendam quod solitum quicquam liberae civitati fieret. Circumspectare omnibus fori partibus senatorem, raroque
usquam noscitare; curiam inde ac solitudinem circa decemviros intueri, (10) cum et ipsi consensu invisum imperium, et
plebs, quia privatis ius non esset vocandi senatum, non con-
venire patres interpretarentur; iam caput fieri libertatem
repetentium, si se plebs comitem senatui det et quemadmodum patres vocati non coeant in senatum, sic plebs abnuat

Römische Geschichte   3. Buch   111

und dem des gemeinen Volkes berieten die Decemvirn, was
zu geschehen habe. Obendrein fügte ihnen das Schicksal
einen weiteren Schlag zu. (5) Die Aequer auf der anderen
Seite errichteten auf dem Algidus ein Lager und verheerten
von dort auf Streifzügen das Land um Tusculum; das meldeten Gesandte aus Tusculum, die um Hilfe baten. (6) Die
gespannte Lage veranlaßte die Decemvirn, angesichts zweier
Kriege, welche die Stadt gleichzeitig bedrohten, den Senat zu
Rate zu ziehen. Sie gaben Befehl, die Väter in die Kurie zu
laden, obschon sie sehr wohl wußten, daß ihnen die große
Zeit der Anfeindung noch bevorstand: (7) alle würden die
Schuld für die Verwüstung des Landes und die drohenden
Gefahren auf sie schieben; und das werde zum Versuch füh-
ren, ihnen ihr Amt zu nehmen, wenn sie nicht einträchtig
Widerstand leisteten und durch scharfe Anwendung ihrer
Befehlsgewalt gegenüber wenigen ungestümen Geistern die
Pläne der anderen im Keim erstickten. (8) Als man auf dem
Forum die Stimme des Herolds vernahm, der die Väter zu den
Decemvirn in die Kurie rief, ließ gleichsam die Unerhörtheit
des Vorfalls – schon lange hatte man ja die Gewohnheit aufgegeben, den Senat zu Rate zu ziehen – eine staunende Menge
fragen, was sich denn ereignet hätte, daß man sich nach so
langer Unterbrechung einer abgekommenen Gepflogenheit
bediene; (9) den Feinden und dem Krieg sei es zu verdanken,
daß überhaupt irgend etwas geschehe, was in einem freien
Gemeinwesen üblich sei. In allen Ecken des Forums hielt man
nach einem Senator Ausschau, erblickte aber nur selten
irgendwo einen;[131] dann fielen die Blicke auf die Kurie und
auf die Leere um die Decemvirn; (10) während einerseits diese
selbst zum Schluß kamen, daß ihre Herrschaft verhaßt sei,
erklärte sich andererseits das gemeine Volk das Ausbleiben
der Väter damit, daß Privatleute nicht das Recht hätten, den
Senat einzuberufen. Schon erstehe den Freiheitskämpfern ein
Haupt, wenn sich erst die Masse dem Senat als Gefährte
anschließe und die Väter trotz Ladung ebensowenig im Senat
zusammenkämen, wie die Bürgerpartei eine Rekrutierung

112 *Ab urbe condita liber III*

dilectum. Haec fremunt. (11) Patrum haud fere quisquam in
foro, in urbe rari erant. Indignitate rerum cesserant in agros,
suarumque rerum erant amissa publica, tantum ab iniuria se
abesse rati quantum a coetu congressuque impotentium
dominorum se amovissent. (12) Postquam citati non conve-
niebant, dimissi circa domos apparitores simul ad pignera
capienda sciscitandumque num consulto detractarent refe-
runt senatum in agris esse. Laetius id decemviris accidit quam
si praesentes detractare imperium referrent. (13) Iubent acciri
omnes, senatumque in diem posterum edicunt; qui aliquanto
spe ipsorum frequentior convenit. Quo facto proditam a
patribus plebs libertatem rata, quod iis qui iam magistratu
abissent privatisque si vis abesset, tamquam iure cogentibus,
senatus paruisset.

39 (1) Sed magis oboedienter ventum in curiam esse quam
obnoxie dictas sententias accepimus. (2) L. Valerium Potitum
proditum memoriae est post relationem Ap. Claudi, priusquam ordine sententiae rogarentur, postulando ut de re
publica liceret dicere, prohibentibus minaciter decemviris
proditurum se ad plebem denuntiantem, tumultum excivisse.
(3) Nec minus ferociter M. Horatium Barbatum isse in certamen, decem Tarquinios appellantem admonentemque Vale-
riis et Horatiis ducibus pulsos reges. (4) nec nominis homines

Römische Geschichte 3. Buch 113

ablehne. So wurde gemurrt. (11) Kaum einer der Väter war
auf dem Forum, überhaupt wenige in der Stadt. Aus Empörung über die Zustände hatten sie sich auf ihre Güter zurückgezogen, gaben für die eigenen Interessen die allgemeinen auf
und glaubten sich vom Rechtsmißbrauch gerade so weit entfernt, wie weit sie sich von Umgang und Verbindung mit
maßlosen Gewaltherren abgesondert hätten. (12) Als sie sich
trotz Vorladung noch immer nicht versammelten, meldeten
die Amtsdiener, die zu deren Häusern geschickt worden
waren, um die Pfandgelder[132] zu kassieren und gleichzeitig in
Erfahrung zu bringen, ob sie planmäßig Obstruktion betrie-
ben, der Senat weile auf dem Lande. Das war für die Decemvirn erfreulicher, als wenn man berichtet hätte, sie seien
anwesend, widersetzten sich aber der Order. (13) Sie gaben
Befehl, alle herbeikommen zu lassen und beriefen den Senat
für den nächsten Tag ein. Diese Sitzung war dann auch
bedeutend besser besucht, als sie es erwartet hatten. Dadurch
glaubte das einfache Volk, die Freiheit sei von den Vätern
verraten worden, weil der Senat Männern, die ihr Amt schon
wieder abgegeben hatten, Privatleuten also, wenn sie ihre
Macht entbehrten, so gehorcht habe, wie wenn sie die Versammlung rechtmäßig einberufen hätten.

39 (1) Wir hörten zwar von Gehorsam beim Gang in die
Kurie, wenig jedoch von knechtischem Sinn bei der Äuße-
rung der Standpunkte. (2) L. Valerius Potitus soll der Überlieferung zufolge nach der Berichterstattung des Ap. Claudius, noch bevor man der Reihe nach zur Abstimmung rief,
gefordert haben, es müßte doch erlaubt sein, offen über die
Lage des Staates zu sprechen; und als die Decemvirn das dro-
hend abschlugen, habe er mit der Ankündigung, er werde vor
das Volk treten, gehörige Empörung entfacht. (3) Nicht
weniger ungestüm soll sich M. Horatius Barbatus dem
Kampfe gestellt haben, indem er die Decemvirn als zehn Tarquinier bezeichnete und daran erinnerte, daß die Könige
unter der Führung der Valerier und Horatier vertrieben worden wären. (4) Aber nicht eines Titels seien die Menschen

Ab urbe condita   liber III

tum pertaesum esse, quippe quo Iovem appellari fas sit, quo
Romulum, conditorem urbis, deincepsque reges, quod sacris
etiam ut sollemne retentum sit: superbiam violentiamque tum
perosos regis. (5) quae si in rege uno tandem aut in filio regis
ferenda non fuerint, quem laturum in tot privatis? (6) viderent
ne vetando in curia libere homines loqui extra curiam etiam
moverent vocem; neque se videre qui sibi minus privato ad
contionem populum vocare quam illis senatum cogere liceat.
(7) ubi vellent experirentur quanto fortior dolor libertate sua
vindicanda quam cupiditas in iniusta dominatione esset.
(8) de bello Sabino eos referre, tamquam maius ullum populo
Romano bellum sit quam cum iis qui legum ferendarum causa
creati nihil iuris in civitate reliquerint; qui comitia, qui
annuos magistratus, qui vicissitudinem imperitandi, quod
unum exaequandae sit libertatis, sustulerint; qui privati fasces
et regium imperium habeant. (9) fuisse regibus exactis patricios magistratus; creatos postea post secessionem plebis ple-
beios; cuius illi partis essent, rogitare. populares? quid enim
eos per populum egisse? optimates? qui anno iam prope senatum non habuerint, tunc ita habeant ut de re publica loqui
prohibeant? (10) ne nimium in metu alieno spei ponerent;
graviora quae patiantur videri iam hominibus quam quae metuant.

40 (1) Haec vociferante Horatio cum decemviri nec irae nec

Römische Geschichte 3. Buch 115

damals überdrüssig gewesen, mit dem man rechtens ja auch
Iuppiter[133], mit dem man Romulus, den Gründer der Stadt,
sowie die späteren Könige benenne, und der sogar in den
heiligen Riten feierlich bewahrt werde: Hochmut und
Gewalttat des Königs habe man gehaßt. (5) Wenn diese Dinge
zuletzt bei einem einzelnen König oder Königssohn nicht zu
ertragen gewesen seien, wer würde sie bei so vielen Privatleuten erdulden? (6) Sie sollten nur zusehen, daß man nicht
durch das Verbot der Redefreiheit in der Kurie außerhalb der
Kurie seine Stimme erhebe; auch sehe er nicht ein, warum es
ihm, dem Privatmann, nicht ebenso erlaubt sei, das Volk zur
Versammlung zu rufen, wie ihnen, den Senat zu versammeln.
(7) Wenn sie wollten, sollten sie es doch auf die Probe ankom-
men lassen, wieviel energischer die Entschlossenheit sei, die
eigene Freiheit zu retten, als der Ehrgeiz, in ungerechter
Tyrannei zu verharren. (8) Diese hielten Vorträge über den
Sabinerkrieg, als ob es für das römische Volk überhaupt einen
bedeutenderen Krieg gebe als den gegen jene, die zur Schaf-
fung von Gesetzen gewählt, vom Recht auch gar nichts im
Gemeinwesen zurückgelassen, welche die Wahlversammlun-
gen, welche die auf ein Jahr begrenzten Ämter, welche den
Wechsel in der Regierung – das einzige Mittel, Freiheit gerecht zu verteilen – aufgehoben hätten und die als Privatleute Rutenbündel und die Macht von Königen besäßen.
(9) Nach Vertreibung der Könige seien die Amtsträger Patrizier gewesen, nach dem Auszug der Bürger Plebejer dazu
bestimmt worden: er frage, welcher Gruppe sie angehörten.
Der Volkspartei? Was hätten sie denn für das Volk getan?
Den Aristokraten?[134] Und das, obwohl sie schon fast ein Jahr
keine Senatssitzung abgehalten hätten, sie jetzt aber in einer
Weise leiteten, daß sie eine Debatte über die Lage des Staates
verhinderten? (10) Sie sollten ihre Hoffnungen nur nicht allzusehr auf die Angst der anderen setzen, weil den Menschen
das gegenwärtige Leid schon drückender scheine als das, was
sie befürchten müßten.

40 (1) Während die Decemvirn angesichts dieses Appelles des

116 *Ab urbe condita liber III*

ignoscendi modum reperirent nec quo evasura res esset cerne-
rent, (2) C. Claudi, qui patruus Appi decemviri erat, oratio
fuit precibus quam iurgio similior, orantis per sui fratris pa-
rentisque (3) eius manes ut civilis potius societatis in qua natus
esset, quam foederis nefarie icti cum collegis meminisset.
multo id magis se illius causa orare quam rei publicae;
(4) quippe rem publicam, si a volentibus nequeat, ab invitis
ius expetituram; sed ex magno certamine magnas excitari
ferme iras; earum eventum se horrere. (5) Cum aliud praeterquam de quo rettulissent decemviri dicere prohiberent, Claudium interpellandi verecundia fuit. Sententiam igitur peregit
nullum placere senatus consultum fieri. (6) Omnesque ita
accipiebant privatos eos a Claudio iudicatos; multique ex
consularibus verbo adsensi sunt. (7) Alia sententia, asperior
in speciem, vim minorem aliquanto habuit, quae patricios
coire ad prodendum interregem iubebat. Censendo enim
quodcumque, magistratus esse qui senatum haberent iudica-
bant, quos privatos fecerat auctor nullius senatus consulti
faciendi. (8) Ita labente iam causa decemvirorum, L. Cornelius Maluginensis, M. Corneli decemviri frater, cum ex consularibus ad ultimum dicendi locum consulto servatus esset,
simulando curam belli fratrem collegasque eius tuebatur,
(9) quonam fato incidisset mirari se dictitans ut decemviros
qui decemviratum petissent – aut soli aut ii maxime – oppu-

Römische Geschichte 3. Buch 117

Horatius zwischen Empörung und Nachsicht kein rechtes
Maß fanden und auch nicht erkannten, wie die Affäre ausgehen werde, (2) hielt C. Claudius, ein Onkel des Decemvirn
Appius, eine Rede, die einem Bittgesuch ähnlicher war als
einer Anklage. Er bat ihn nämlich im Namen seines verstorbenen Bruders, des Vaters des Appius, (3) sich eher auf die
Gemeinschaft der Bürger, in der er geboren sei, zu besinnen,
als auf einen Bund, den er frevlerisch mit seinen Kollegen
geschlossen habe. (4) Darum bitte er ihn vielmehr seinetwil-
len als wegen des Staates, weil ja der Staat sein Recht trotz
Widerstand einfordern werde, wenn er keinen Gehorsam finden könne; doch aus einer großen Auseinandersetzung heraus entstünden fast stets große Gefühle der Erbitterung, vor
deren Folgen es ihm graue. (5) Obwohl die Decemvirn Wort-
meldungen verboten, wenn sie sich nicht auf ihren Bericht
bezogen, scheute man sich, Claudius ins Wort zu fallen. Er
beendete deshalb seine Rede mit dem Vorschlag, keinen
Senatsbeschluß zu fassen. (6) Das legten nun alle so aus, daß
Claudius die Decemvirn zu Männern ohne Amt erklärt habe;
auch viele ehemalige Konsuln stimmten seinem Worte zu.
(7) Ein anderer, dem Anschein nach härterer Antrag wollte
die Patrizier bewegen, sich zusammenzuschließen, um einen
Zwischenkönig zu ernennen.[135] Das zeigte aber weit weniger
Wirkung, weil sie durch jeden beliebigen Antrag diejenigen,
die den Senat zusammenriefen, als Amtsträger anerkannten,
während der ursprüngliche Gegner jedes Senatsbeschlusses
sie zu Männern ohne Amt erklärt hatte. (8) Als es so mit der
Sache der Decemvirn schon bergab ging, versuchte L. Cornelius Maluginensis, ein Bruder des Decemvirn M. Cornelius,
den man absichtlich als letzten Redner der ehemaligen Konsuln aufgespart hatte, seinen Bruder und dessen Kollegen in
Schutz zu nehmen, indem er Sorge über den Krieg heuchelte.
Er betonte nämlich seine Verwunderung darüber, (9) unter
welchem Unglücksstern denn diejenigen, die sich selbst um
das Decemvirat beworben hätten, darauf verfallen seien, entweder allein oder doch vorwiegend die Decemvirn zu

118   *Ab urbe condita   liber III*

gnarent, (10) aut quid ita, cum per tot menses vacua civitate
nemo iustine magistratus summae rerum praeessent contro-
versiam fecerit, nunc demum cum hostes prope ad portas sint,
civiles discordias serant, nisi quod in turbido minus perspi-
cuum fore putent quid agatur. (11) ceterum †neminem maiore
cura occupatis animis verum esse praeiudicium rei tantae†
auferri. sibi placere de eo quod Valerius Horatiusque ante
idus Maias decemviros abisse magistratu insimulent, bellis
quae immineant perfectis, re publica in tranquillum redacta,
senatu disceptante agi, (12) et iam nunc ita se parare Ap.
Claudium ut comitiorum quae decemviris creandis decemvir
ipse habuerit sciat sibi rationem reddendam esse utrum in
unum annum creati sint, an donec leges quae deessent perfer-
rentur. (13) in praesentia omnia praeter bellum omitti placere;
cuius si falso famam volgatam, vanaque non nuntios solum
sed Tusculanorum etiam legatos attulisse putent, speculatores
mittendos censere qui certius explorata referant: (14) sin fides
et nuntiis et legatis habeatur, dilectum primo quoque tempore
haberi et decemviros quo cuique eorum videatur exercitus
ducere, nec rem aliam praeverti.

41 (1) In hanc sententiam ut discederetur iuniores patrum
evincebant. Ferocioresque iterum coorti Valerius Horatiusque vociferari ut de re publica liceret dicere; dicturos ad
populum, si in senatu per factionem non liceat; neque enim

Römische Geschichte 3. Buch 119

bekämpfen, (10) oder warum sie denn, obgleich während so vieler Monate des Friedens im Staate niemand eine Diskussion darüber in Gang gebracht habe, ob die Amtsträger die letzte Verantwortung gerecht ausübten, gerade jetzt, da die Feinde beinahe vor den Toren seien, Zwietracht unter den Bürgern säten – es sei denn, sie meinten, in bewegten Zeiten wären ihre Absichten weniger durchschaubar. (11) Des weiteren könne es wohl niemand für richtig halten, über ein so umfassendes Problem eine Vorentscheidung[136] zu treffen, solange man mit größeren Schwierigkeiten befaßt sei. Seiner Meinung nach solle man also über die Anschuldigungen des Valerius und Horatius, die Decemvirn seien vor dem 15. Mai aus ihrem Amte geschieden, dann verhandeln, wenn die bevorstehenden Kriege beendet und die Stadt beruhigt sei, und dann den Senat als Richter beiziehen; (12) auch habe sich Ap. Claudius schon jetzt darauf einzustellen, daß er über die Versammlung, die er, selbst ein Decemvir, zur Wahl von Decemvirn abgehalten habe, Rechenschaft werde geben müssen: ob sie für ein Jahr, oder bis zur Einbringung fehlender Gesetze gewählt seien. (13) Für den Augenblick müsse man alles dem Krieg unterordnen; wenn über ihn eine falsche Nachricht verbreitet worden sei, man ferner glaube, nicht nur die Boten, sondern auch die Gesandten der Tuskulaner hätten Hirngespinste erzählt, stimme er für die Aussendung von Kundschaftern, die zuverlässigere Erkundigungen übermitteln sollten: (14) vertraue man aber sowohl Boten wie Gesandten, sei zum frühestmöglichen Zeitpunkt eine Truppenaushebung vorzunehmen, die Decemvirn müßten die Heere dorthin führen, wo es ihnen richtig scheine, und nichts anderes dürfe Vorrang haben.

41 (1) Die Jüngeren unter den Vätern waren nahe daran, eine Mehrheit für diesen Antrag durchzusetzen. Da erhoben sich abermals und noch unbeugsamer Valerius und Horatius und riefen laut, es müßte erlaubt sein, über die Lage des Staates reden zu dürfen: sie würden zum Volk sprechen, wenn es ihnen im Senat durch eine Partei verwehrt sei; denn weder

120 *Ab urbe condita liber III*

sibi privatos aut in curia aut in contione posse obstare, neque
se imaginariis fascibus eorum cessuros esse. (2) Tum Appius
iam prope esse ratus ut ni violentiae eorum pari resisteretur
audacia, victum imperium esset, (3) 'Non erit melius,' inquit,
'nisi de quo consulimus, vocem misisse', et ad Valerium,
negantem se privato reticere, lictorem accedere iussit. (4) Iam
Quiritium fidem implorante Valerio a curiae limine, L. Cornelius complexus Appium, non cui simulabat consulendo,
diremit certamen; factaque per Cornelium Valerio dicendi
gratia quae vellet, cum libertas non ultra vocem excessisset,
decemviri propositum tenuere. (5) Consulares quoque ac
seniores ab residuo tribuniciae potestatis odio, cuius desiderium plebi multo acrius quam consularis imperii rebantur
esse, prope malebant postmodo ipsos decemviros voluntate
abire magistratu quam invidia eorum exsurgere rursus plebem: (6) si leniter ducta res sine populari strepitu ad consules
redisset, aut bellis interpositis aut moderatione consulum in
imperiis exercendis posse in oblivionem tribunorum plebem
adduci.
(7) Silentio patrum edicitur dilectus. Iuniores cum sine provocatione imperium esset ad nomina respondent. Legionibus
scriptis, inter se decemviri comparabant quos ire ad bellum,
quos praeesse exercitibus oporteret. (8) Principes inter
decemviros erant Q. Fabius et Ap. Claudius. Bellum domi

Römische Geschichte   3. Buch   121

könnten sich ihnen Privatleute, sei es in der Kurie, sei es in der
Volksversammlung, entgegenstellen, noch würden sie selbst
vor deren Rutenbündeln, den Ausgeburten ihrer Phantasie,
weichen. (2) Da glaubte Appius, das Ende seiner Macht sei
nahe, wenn er sich ihrem Ungestüm nicht mit gleicher Verwegenheit widersetze. (3) »Es wird besser sein«, sagte er
daher, »nur über Dinge Worte zu verlieren, die wir zur
Debatte stellen«, und als Valerius entgegnete, er werde einem
Privatmann gegenüber seinen Mund nicht halten, befahl er
einem Liktor, gegen ihn vorzugehen. (4) Schon erhat Valerius
an der Schwelle der Kurie den Schutz der Bürger, als L. Cornelius den Appius bittflehend umarmte und die Auseinandersetzung beendete, indem er diesen tatsächlich, Valerius nur
dem Scheine nach unterstützte. Durch Cornelius erwirkte
nun Valerius die Erlaubnis, sagen zu dürfen, was er wollte,
womit die Decemvirn letztlich ihr Ziel erreichten, da die Freiheit nicht über das Wort hinausgegangen war. (5) Auch die
ehemaligen Konsuln sowie die älteren Senatoren sahen es
infolge ihres schwelenden Hasses gegen die tribunizische
Amtsgewalt, nach der sich ihrer Ansicht nach das einfache
Volk weitaus leidenschaftlicher als nach der Regierung von
Konsuln sehnte, beinahe lieber, wenn die Decemvirn in nähe-
rer Zukunft freiwillig ihr Amt niederlegten, als daß sich aufgrund ihrer Unpopularität wiederum die Masse erhebe:
(6) packe man die Sache behutsam an, und gehe die Regierung
ohne Lärm in der breiten Öffentlichkeit auf die Konsuln
über, könnten entweder durch den Einschub von Kriegen
oder durch maßvolle Ausübung konsularischer Macht die
Tribunen beim Volk in Vergessenheit gebracht werden.
(7) Mit dem stillen Einverständnis der Väter wurde die Truppenaushebung erlassen. Die jüngeren Altersklassen stellten
sich dem Aufruf, weil es gegenüber der Regierung keine
Berufung gab. Nach der Aufstellung der Legionen vereinbarten die Decemvirn untereinander, wer in den Krieg zu ziehen
und die Heere zu kommandieren habe. (8) Die wichtigsten
Männer unter den Decemvirn waren Q. Fabius und Ap.

maius quam foris apparebat. Appi violentiam aptiorem rati ad
comprimendos urbanos motus: in Fabio minus in bono con-
stans quam navum in malitia ingenium esse. (9) Hunc enim
virum, egregium olim domi militiaeque, decemviratus colle-
gaeque ita mutaverant ut Appi quam sui similis mallet esse.
Huic bellum in Sabinis, M'. Rabuleio et Q. Poetelio additis
collegis, mandatum. (10) M. Cornelius in Algidum missus
cum L. Minucio et T. Antonio et K. Duilio et M. Sergio. Sp.
Oppium Ap. Claudio adiutorem ad urbem tuendam, aequo
omnium decemvirorum imperio, decernunt.
42 (1) Nihilo militiae quam domi melius res publica admini-
strata est. (2) Illa modo in ducibus culpa quod ut odio essent
civibus fecerant: alia omnis penes milites noxia erat, qui ne
quid ductu atque auspicio decemvirorum prospere usquam
gereretur vinci se per suum atque illorum dedecus patieban-
tur. (3) Fusi et ab Sabinis ad Eretum et in Algido ab Aequis
exercitus erant. Ab Ereto per silentium noctis profugi propius
urbem, inter Fidenas Crustumeriamque, loco edito castra
communierant; (4) persecutis hostibus nusquam se aequo certamini committentes, natura loci ac vallo, non virtute aut
armis tutabantur. (5) Maius flagitium in Algido, maior etiam
clades accepta; castra quoque amissa erant, exutusque omnibus utensilibus miles Tusculum se, fide misericordiaque
victurus hospitum, quae tamen non fefellerunt, contulerat.
(6) Romam tanti erant terrores allati, ut posito iam decemvi-

Römische Geschichte 3. Buch 123

Claudius. Der Krieg im Inneren schien wichtiger als der von außen. Jedenfalls hielten sie die Brutalität des Appius für geeigneter, innerstädtische Revolten zu unterdrücken; Fabius hingegen sei seinem Naturell nach eher unbeständig im Guten als gewandt in der Arglist. (9) Diesen vormals in Krieg und Frieden ausgezeichneten Mann hatten nämlich das Decemvirat und seine Kollegen so verwandelt, daß er lieber Appius als sich selbst gleichen wollte. Ihm wurde der Feldzug gegen die Sabiner übertragen, als Kollegen standen ihm M'. Rabuleius und Q. Poetelius zur Seite. (10) M. Cornelius sandte man mit L. Minucius, T. Antonius, K. Duilius und M. Sergius auf den Algidus. Sp. Oppius stellten sie dem Ap. Claudius als Gehilfen für die Sicherung der Stadt zur Verfügung; die Befehlsgewalt aller Decemvirn war gleich.

42 (1) Der Staat wurde im Krieg um nichts besser geleitet als im Frieden. (2) Der Fehler der Führer bestand lediglich darin, sich bei den Bürgern verhaßt gemacht zu haben: die übrige Schuld lag zur Gänze bei den Soldaten, die sich zu ihrer eigenen und der Decemvirn Schande besiegen ließen, nur damit unter deren Führung und Auspizien[137] niemals etwas erfolgreich vonstatten gehe. (3) Die Heere waren sowohl von den Sabinern bei Eretum als auch auf dem Algidus von den Aequern in die Flucht geschlagen worden. In der Stille der Nacht in Richtung Rom geflohen, hatten sie sich zwischen Fidenae und Crustumeria auf hochgelegenem Platze in einem festen Lager verschanzt. (4) Als die Feinde nachsetzten, stellten sie sich ihnen nirgends zum offenen Kampf, sondern behaupteten sich durch die Beschaffenheit des Geländes und den Wall, nicht durch ihre Tapferkeit und Waffentaten. (5) Größer war die Schmach am Algidus, auch erlitt man eine größere Niederlage; sogar das Lager war verlorengegangen, und der Soldat hatte sich, der ganzen Ausrüstung beraubt, nach Tusculum geflüchtet, um vom Mitleid und der Loyalität seiner Gastfreunde zu leben, was ihnen trotz allem nicht verwehrt wurde. (6) Nach Rom waren so fürchterliche Nachrichten gedrungen, daß die Väter, jetzt von ihrem Haß auf die

124   *Ab urbe condita   liber III*

rali odio patres vigilias in urbe habendas censerent, omnes qui
per aetatem arma ferre possent custodire moenia ac pro portis
stationes agere iuberent, (7) arma Tusculum ac supplemen-
tum decernerent, decemvirosque ab arce Tusculi degressos in
castris militem habere, castra alia a Fidenis in Sabinum agrum
transferri, belloque ultro inferendo deterreri hostes a consilio
urbis oppugnandae.

43 (1) Ad clades ab hostibus acceptas duo nefanda facinora
decemviri belli domique adiciunt. (2) L. Siccium in Sabinis,
per invidiam decemviralem tribunorum creandorum seces-
sionisque mentiones ad volgus militum sermonibus occultis
serentem, prospeculatum ad locum castris capiendum mittunt. (3) Datur negotium militibus quos miserant expeditio-
nis eius comites, ut eum opportuno adorti loco interficerent.
(4) Haud inultum interfecere; nam circa repugnantem aliquot
insidiatores cecidere, cum ipse se praevalidus, pari viribus
animo, circumventus tutaretur. (5) Nuntiant in castra ceteri
praecipitatum in insidias esse; Siccium egregie pugnantem
militesque quosdam cum eo amissos. (6) Primo fides nuntiantibus fuit; profecta deinde cohors ad sepeliendos qui cecide-
rant decemvirorum permissu, postquam nullum spoliatum
ibi corpus Sicciumque in medio iacentem armatum omnibus
in eum versis corporibus videre, hostium neque corpus ullum
nec vestigia abeuntium, profecto ab suis interfectum memo-
rantes rettulere corpus. (7) Invidiaeque plena erant castra, et

Römische Geschichte 3. Buch 125

Decemvirn befreit, die Einrichtung eines Wachdienstes in der Stadt anordneten, allen, die dem Alter nach Waffen tragen konnten, die Überwachung der Mauern und Dienst auf den Posten vor den Stadttoren befahlen, (7) sowie Waffen und Unterstützung für Tusculum beschlossen. Ferner sollten die Decemvirn, sobald sie von der Burg in Tusculum abgezogen seien, die Truppe im Lager behalten, das andere Lager von Fidenae ins Sabinerland verlegen und die Feinde durch Ausweitung des Krieges auf das gegnerische Gebiet vom Plan eines Angriffes auf die Stadt abschrecken.

43 (1) Den Niederlagen, die sie von den Feinden eingesteckt hatten, fügten die Decemvirn im Feld und in der Stadt zwei ruchlose Verbrechen hinzu. (2) Weil L. Siccius[138] im Sabinerland aus Haß auf die Decemvirn in geheimen Unterredungen unter dem Kriegervolk Parolen über die Notwendigkeit einer Tribunenwahl und über eine Auswanderung ausstreute, sandten sie ihn aus, einen geeigneten Platz für ein Lager auszukundschaften. (3) Den Soldaten, die sie als Geleit für diesen Stoßtrupp mitschickten, gaben sie den Auftrag, ihn an geeigneter Stelle zu überfallen und zu töten. (4) Sie brachten ihn um, aber es sollte nicht ungerächt bleiben: denn um ihn herum fielen etliche Meuchelmörder, da er, stark wie ein Bär, Widerstand leistete und sich, obschon umzingelt, mit einem Mut verteidigte, der seiner Kraft gleichkam. (5) Die Überlebenden meldeten im Lager, sie seien in einen Hinterhalt geraten und hätten Siccius trotz seines tapferen Kampfes zusammen mit einigen anderen Soldaten verloren. (6) Zuerst glaubte man den Boten; als dann eine Kohorte mit der Erlaubnis der Decemvirn, die Gefallenen zu bestatten, abmarschiert war, und sie dort sahen, daß kein einziger Leichnam beraubt war, vielmehr alle mit ihrem Gesicht gegen Siccius gerichtet waren, der bewaffnet mitten unter ihnen lag, und weder ein feindlicher Gefallener, noch Spuren abziehender Feinde existierten, brachten sie seine Überreste zurück und verkündeten, Siccius sei unzweifelhaft von den eigenen Leuten getötet worden. (7) Das ganze Lager war von Haß erfüllt, und man

126 *Ab urbe condita liber III*

Romam ferri protinus Siccium placebat, ni decemviri funus militare ei publica impensa facere maturassent. Sepultus ingenti militum maestitia, pessima decemvirorum in volgus fama est.

44 (1) Sequitur aliud in urbe nefas, ab libidine ortum, haud minus foedo eventu quam quod per stuprum caedemque Lucretiae urbe regnoque Tarquinios expulerat, ut non finis solum idem decemviris qui regibus sed causa etiam eadem imperii amittendi esset. (2) Ap. Claudium virginis plebeiae stuprandae libido cepit. Pater virginis, L. Verginius, honestum ordinem in Algido ducebat, vir exempli recti domi militiaeque. (3) Perinde uxor instituta fuerat liberique instituebantur. Desponderat filiam L. Icilio tribunicio, viro acri et pro causa plebis expertae virtutis. (4) Hanc virginem adultam forma excellentem Appius amore amens pretio ac spe perlicere adortus, postquam omnia pudore saepta animadverterat, ad crudelem superbamque vim animum convertit.

(5) M. Claudio clienti negotium dedit, ut virginem in servitutem adsereret neque cederet secundum libertatem postulantibus vindicias, quod pater puellae abesset locum iniuriae esse ratus. (6) Virgini venienti in forum – ibi namque in tabernaculis litterarum ludi erant – minister decemviri libidinis manum iniecit, serva sua natam servamque appellans; se sequi iubebat: cunctantem vi abstracturum. (7) Pavida puella stupente,

Römische Geschichte 3. Buch 127

hätte beinahe beschlossen, Siccius unverzüglich nach Rom zu bringen, hätten die Decemvirn sich nicht beeilt, ihn auf Staatskosten mit militärischen Ehren beizusetzen. Er wurde unter innigster Anteilnahme der Soldaten begraben, das Ansehen der Decemvirn unter dem einfachen Volk war auf dem Tiefpunkt.

44 (1) Es begab sich hierauf in der Stadt eine andere Untat, die von triebhafter Leidenschaft herrührte und die ebenso schrecklich endete wie die Vergewaltigung und der Tod der Lucretia, der zur Vertreibung der Tarquinier von Stadt und Thron geführt hatte, so daß für Decemvirn wie für Könige nicht nur das Ende gleich, sondern auch der Grund für den Verlust der Herrschaft derselbe war.[139] (2) Den Ap. Claudius packte das Verlangen, ein Mädchen aus dem Volk zu schänden. Der Vater des Mädchens, L. Verginius, war auf dem Algidus ein Zenturio von hohem Rang, ein Mann von beispielhafter Rechtschaffenheit in Krieg und Frieden. (3) Ebenso war die Gattin erzogen, und so erzog man auch die Kinder. Die Tochter hatte er mit dem ehemaligen Volkstribunen L. Icilius verlobt, einem energischen Mann mit erprobtem Mut für die Sache des Volkes. (4) Appius machte sich nun, aus Begierde wie von Sinnen, daran, dies gereifte und strahlend schöne Mädchen mit Geld und Versprechungen zu verführen, doch nachdem er bemerkt hatte, wie wohlverwahrt in Anständigkeit alles bei ihr war, richtete er sein Sinnen auf eine rohe und frevelhafte Gewalttat.

(5) Er gab seinem Gefolgsmann M. Claudius den Auftrag, das Mädchen als Sklavin zu beanspruchen und jenen nicht nachzugeben, die seine vorläufige Freilassung forderten; er glaubte nämlich, die Abwesenheit des Vaters biete ihm Freiraum zum Unrecht.[140] (6) Als das Mädchen auf das Forum kam – in den dortigen Buden befanden sich nämlich die Elementarschulen –, legte ihr der Scherge des wollüstigen Decemvirn die Hand auf[141] und nannte sie Tochter seiner Sklavin, also selbst Sklavin, und befahl ihr, ihm zu folgen – sträube sie sich, würde er sie gewaltsam abführen. (7) Das

128 *Ab urbe condita liber III*

ad clamorem nutricis fidem Quiritium implorantis fit concursus; Vergini patris sponsique Icili populare nomen celebrabatur. Notos gratia eorum, turbam indignitas rei virgini conciliat. (8) Iam a vi tuta erat, cum adsertor nihil opus esse multitudine concitata ait; se iure grassari, non vi. (9) Vocat puellam in ius, auctoribus qui aderant ut sequeretur: ad tribunal Appi perventum est. Notam iudici fabulam petitor, quippe apud ipsum auctorem argumenti, peragit: puellam domi suae natam furtoque inde in domum Vergini translatam suppositam ei esse; (10) id se indicio compertum adferre probaturumque vel ipso Verginio iudice, ad quem maior pars iniuriae eius pertineat; interim dominum sequi ancillam aequum esse. (11) Advocati puellae, cum Verginium rei publicae causa dixissent abesse, biduo adfuturum si nuntiatum ei sit, iniquum esse absentem de liberis dimicare, (12) postulant ut rem integram in patris adventum differat, lege ab ipso lata vindicias det secundum libertatem, neu patiatur virginem adultam famae prius quam libertatis periculum adire.

45 (1) Appius decreto praefatus quam libertati faverit eam ipsam legem declarare quam Vergini amici postulationi suae praetendant; (2) ceterum ita in ea firmum libertati fore praesidium, si nec causis nec personis variet. in iis enim qui adseran-

Römische Geschichte 3. Buch 129

Mädchen erstarrte vor Entsetzen, doch führte das Geschrei ihrer Amme, welche die Bürger um Schutz anrief, zu einer großen Menschenansammlung; die dem Volk teuren Namen des Vaters Verginius und ihres Verlobten Icilius waren in aller Munde. Die Gunst, derer sie sich erfreuten, stimmte die Bekannten, die Empörung über den Vorfall die Masse dem Mädchen gewogen. (8) Schon war sie vor Gewalt sicher, als der Kläger sagte, die Aufregung der Menge sei vollkommen unangebracht, da er nach Recht, nicht nach Gewalt vorgehe. (9) Er lud das Mädchen vor Gericht, und da ihr selbst ihr Anhang riet, zu folgen, traten alle vor den Richterstuhl des Appius. Der Kläger spielte dem Richter ein bekanntes, weil von diesem selbst inszeniertes Stück vor: das Mädchen sei in seinem Haus geboren worden, doch habe man es gestohlen, ins Haus des Verginius gebracht und diesem unterschoben; (10) er habe das, was er vorbringe, aufgrund einer Anzeige erfahren und werde sogar dann, wenn Verginius selbst der Richter wäre, beweisen, wen dies Verbrechen mehr als andere treffe. Bis dahin sei es billig, daß die Magd ihrem Herren folge. (11) Nachdem die Verteidiger[142] des Mädchens vorgebracht hatten, daß sich Verginius im Dienste des Staates auswärts befinde, er nach einer Benachrichtigung in zwei Tagen zur Stelle sein könne, und es ungerecht sei, wenn jemand in seiner Abwesenheit um seine Kinder kämpfen müsse, (12) forderten sie, Appius solle die ganze Angelegenheit bis zur Ankunft des Vaters vertagen, gemäß dem von ihm erlassenen Gesetz vorläufig auf Freiheit entscheiden[143] und nicht zulassen, daß eine junge, aber doch schon erwachsene Frau eher ihren Ruf als ihre Freiheit einer Gefahr aussetze.

45 (1) Appius schickte seiner Entscheidung die Erklärung voraus, daß genau das Gesetz, welches die Freunde des Verginius zum Vorwand ihrer Forderungen nahmen, deutlich zeige, wie sehr er die Freiheit gefördert habe; (2) im übrigen werde es der Freiheit nur dann sicheren Schutz bieten, wenn es sich nicht nach Fall oder Person ändere. Dies Recht komme denen zugute, die für frei erklärt werden sollten, weil jeder-

130 *Ab urbe condita liber III*

tur in libertatem, quia quivis lege agere possit, id iuris esse: in
ea quae in patris manu sit, neminem esse alium cui dominus
possessione cedat. (3) placere itaque patrem arcessiri; interea
iuris sui iacturam adsertorem non facere quin ducat puellam
sistendamque in adventum eius qui pater dicatur promittat.
(4) Adversus iniuriam decreti cum multi magis fremerent
quam quisquam unus recusare auderet, P. Numitorius puellae avus et sponsus Icilius interveniunt; (5) dataque inter turbam via, cum multitudo Icili maxime interventu resisti posse
Appio crederet, lictor decresse ait vociferantemque Icilium
submovet. (6) Placidum quoque ingenium tam atrox iniuria
accendisset. 'Ferro hinc tibi submovendus sum, Appi,'
inquit, 'ut tacitum feras quod celari vis. Virginem ego hanc
sum ducturus nuptamque pudicam habiturus. Proinde omnes
collegarum quoque lictores convoca; (7) expediri virgas et
secures iube; non manebit extra domum patris sponsa Icili.
(8) Non si tribunicium auxilium et provocationem plebi
Romanae, duas arces libertatis tuendae, ademistis, ideo in
liberos quoque nostros coniugesque regnum vestrae libidini
datum est. (9) Saevite in tergum et in cervices nostras: pudicitia saltem in tuto sit. Huic si vis adferetur, ego praesentium
Quiritium pro sponsa, Verginius militum pro unica filia,
omnes deorum hominumque implorabimus fidem, neque tu
istud unquam decretum sine caede nostra referes. (10) Po-
stulo, Appi, etiam atque etiam consideres quo progrediare.

Römische Geschichte 3. Buch 131

mann einen Prozeß anstrengen könne: doch im Fall einer Person, die unter der Rechtsgewalt des Vaters stehe, gebe es außer diesem niemanden, demgegenüber der Eigentümer von seinem Besitzrecht zurücktreten müsse. (3) Daher beschließe er, daß der Vater vorgeladen werde; in der Zwischenzeit solle der Besitzkläger, um seinen Rechtsanspruch nicht zu verlieren, das Mädchen mit sich führen und versprechen, es bei der Ankunft dessen, den man Vater nenne, vor Gericht zu bringen.

(4) Da viele gegen die Ungerechtigkeit des Urteils murrten, aber auch nicht einer den offenen Protest wagte, schritten P. Numitorius, der Großvater des Mädchens, und ihr Verlobter Icilius ein; (5) die Menschen hatten ihnen Platz gemacht – die Menge glaubte ja, durch einen Einspruch des Icilius könne man sich Appius am ehesten widersetzen –, da verkündete ein Liktor, die Entscheidung sei gefallen, und drängte den protestierenden Icilius beiseite. (6) Eine derart bittere Kränkung hätte auch ein friedfertiges Gemüt in Flammen gesetzt. »Mit dem Schwerte mußt du mich von hier vertreiben, Appius«, sagte er, »damit du im stillen erreichst, was du verheimlicht haben willst! Ich werde diese junge Frau heiraten und will sie als keusche Braut besitzen! Rufe demnach alle Liktoren, auch die deiner Kollegen zusammen (7) und laß Ruten und Beile bereithalten: des Icilius Verlobte wird im Hause ihres Vaters bleiben! (8) Wenn ihr den Bürgern Roms auch den Beistand der Tribunen und das Berufungsrecht, die zwei Festen zum Schutze der Freiheit, genommen habt, so ist deswegen eurer Willkür keine Allmacht über unsere Frauen und Kinder gegeben. (9) Wütet gegen unsere Rücken und unsere Nacken: wenigstens die Keuschheit soll unangetastet bleiben! Falls ihr Gewalt angetan wird, so werde ich die hier versammelten Bürger für meine Braut, wird Verginius die Soldaten für seine einzige Tochter, werden alle die Götter und Menschen um Schutz anflehen, und du wirst jenes Urteil niemals durchsetzen können, ohne unser Blut zu vergießen. (10) Ich fordere, Appius, daß du deine weiteren Schritte gründlich

132   *Ab urbe condita   liber III*

(11) Verginius viderit de filia ubi venerit quid agat; hoc tantum sciat ⟨aliam⟩ sibi si huius vindiciis cesserit condicionem filiae quaerendam esse. Me vindicantem sponsam in libertatem vita citius deseret quam fides.'

46 (1) Concitata multitudo erat certamenque instare videbatur. Lictores Icilium circumsteterant; nec ultra minas tamen processum est, (2) cum Appius non Verginiam defendi ab Icilio, sed inquietum hominem et tribunatum etiam nunc spirantem locum seditioni quaerere diceret. (3) non praebiturum se illi eo die materiam, sed, ut iam sciret non id petulantiae suae sed Verginio absenti et patrio nomini et libertati datum, ius eo die se non dicturum neque decretum interpositurum: a M. Claudio petiturum ut decederet iure suo vindicarique puellam in posterum diem pateretur; (4) quod nisi pater postero die adfuisset, denuntiare se Icilio similibusque Icili neque legi suae latorem neque decemviro constantiam defore; nec se utique collegarum lictores convocaturum ad coercendos seditionis auctores: contentum se suis lictoribus fore.

(5) Cum dilatum tempus iniuriae esset secessissentque advocati puellae, placuit omnium primum fratrem Icili filiumque Numitori, impigros iuvenes, pergere inde recta ad portam, et quantum adcelerari posset Verginium acciri e castris; (6) in eo verti puellae salutem, si postero die vindex iniuriae ad tempus

Römische Geschichte 3. Buch   133

bedenkst.[144] (11) Verginius mag sich nach seiner Rückkehr überlegen, was er in der Sache seiner Tochter zu unternehmen hat; er soll nur das eine wissen, daß er eine andere Partie für seine Tochter suchen muß, wenn er den Ansprüchen dieses Mannes nachgibt. Solange ich die Freiheit meiner Braut fordere, wird mir eher mein Leben als meine Treue entschwinden.«

46 (1) Die Menge war erregt, und ein Kampf schien nahe. Liktoren hatten Icilius schon umstellt, doch ging man über Drohungen nicht hinaus, (2) da Appius behauptete, Verginia werde von Icilius gar nicht verteidigt, sondern der friedlose und sogar jetzt noch vom Geiste der Tribunen beseelte Mann suche nach einer Möglichkeit zum Parteienkampf. (3) Er werde ihm an diesem Tag keine Gelegenheit mehr dazu bieten; damit er aber jetzt einsehe, daß er das nicht seiner Unverschämtheit, sondern der Abwesenheit des Verginius, dem Namen »Vater« und der Freiheit zu verdanken habe, wolle er an dem Tag weder Recht sprechen noch eine Entscheidung treffen: er werde M. Claudius bitten, von seinem Recht abzustehen und dem Mädchen bis zum nächsten Tag die Freiheit zu lassen; (4) für den Fall, daß der Vater am Tag darauf nicht zur Stelle sein sollte, prophezeie er Icilius und ähnlichen Typen, daß er als Gesetzgeber weder von seinem Gesetz, noch als Decemvir von seiner Beharrlichkeit abrücken werde; auch habe er keineswegs vor, die Liktoren seiner Kollegen zusammenzurufen, um die Rädelsführer eines Aufstandes in die Schranken zu weisen: seine eigenen würden ihm genügen.

(5) Da die Stunde der Gewalt aufgeschoben war, zogen sich die Rechtsbeistände des Mädchens zurück; man beschloß hierauf, daß fürs erste der Bruder des Icilius und der Sohn des Numitorius, tatkräftige junge Männer, geradewegs von dort zum Stadttor aufbrechen und so schnell wie möglich Verginius aus dem Lager holen sollten: (6) die Rettung des Mädchens hänge davon ab, ob er als ihr Beschützer vor Unrecht am nächsten Tag rechtzeitig zur Stelle sei. Mit diesem Befehl

134 *Ab urbe condita   liber III*

praesto esset. Iussi pergunt citatisque equis nuntium ad patrem perferunt. (7) Cum instaret adsertor puellae ut vindicaret sponsoresque daret, atque id ipsum agi diceret Icilius,
sedulo tempus terens dum praeciperent iter nuntii missi in
castra, manus tollere undique multitudo et se quisque para-
tum ad spondendum Icilio ostendere. (8) Atque ille lacrima-
bundus 'Gratum est,' inquit; 'crastina die vestra opera utar;
sponsorum nunc satis est.' Ita vindicatur Verginia spondenti-
bus propinquis. (9) Appius paulisper moratus ne eius rei
causa sedisse videretur, postquam omissis rebus aliis prae
cura unius nemo adibat, domum se recepit collegisque in
castra scribit, ne Verginio commeatum dent atque etiam in
custodia habeant. (10) Improbum consilium serum, ut
debuit, fuit et iam commeatu sumpto profectus Verginius
prima vigilia erat, cum postero die mane de retinendo eo
nequiquam litterae redduntur.
47 (1) At in urbe prima luce cum civitas in foro exspectatione
erecta staret, Verginius sordidatus filiam secum obsoleta veste
comitantibus aliquot matronis cum ingenti advocatione in
forum deducit. (2) Circumire ibi et prensare homines coepit
et non orare solum precariam opem, sed pro debita petere: se
pro liberis eorum ac coniugibus cottidie in acie stare, nec
alium virum esse cuius strenue ac fortiter facta in bello plura
memorari possent: quid prodesse si, incolumi urbe, quae
capta ultima timeantur liberis suis sint patienda? Haec prope

Römische Geschichte   3. Buch   135

brachen sie auf, gaben ihren Pferden die Sporen und brachten die Nachricht dem Vater. (7) Als der Kläger, der den Besitz des Mädchens forderte, darauf bestand, daß Icilius seine Rechte geltend machen und Bürgen stellen solle, und dieser behauptete, eben das geschehe, dabei aber absichtlich Zeit verstreichen ließ, bis die ins Lager geschickten Boten einen Vorsprung gewinnen konnten, da hob die Menge überall die Hände empor und jeder einzelne zeigte sich bereit, für Icilius Bürgschaft zu leisten. (8) Und so entgegnete jener mit Tränen in den Augen: »Habt Dank, am morgigen Tag will ich eure Hilfe beanspruchen, jetzt ist es genug der Bürgen.« So wurde Verginia auf das Wort ihrer Verwandten vorläufig freigelassen. (9) Appius brach noch nicht sofort ab, um den Anschein zu vermeiden, er habe nur wegen dieser Angelegenheit Gericht gehalten; doch als niemand mehr vortrat – aus Interesse für den einen Fall hatte man alle anderen vergessen –, begab er sich nach Hause und schrieb seinen Kollegen im Lager, sie sollten Verginius keinen Ausgang geben und ihn darüber hinaus unter Bewachung stellen. (10) Wie es geschehen mußte, kam der schändliche Plan zu spät: Verginius hatte schon Ausgang genommen und war seit der ersten Nachtwache unterwegs, als am folgenden Morgen der Brief über seine Festnahme als gegenstandslos zugestellt wurde.

47 (1) In der Stadt dagegen stand die Bürgerschaft bei Anbruch des Tages gespannt vor Erwartung auf dem Forum; Verginius, im Gewande der Trauer, führte seine Tochter – auch sie im Büßerkleid – von etlichen ehrbaren Frauen und einer großen Zahl von Verteidigern geleitet aufs Forum hinab. (2) Dort begann er, von einem zum andern zu gehen, um die Hilfe der Menschen zu werben und Unterstützung nicht nur als Gnadenerweis zu erbitten, sondern sie als schuldig zu fordern: er stehe für ihre Kinder und Frauen täglich in der vordersten Front, und es gebe keinen anderen Mann, über dessen wackere und tapfere Kriegstaten man sich mehr erzählen könne – was nütze das, wenn seine Kinder in der gesicherten Stadt das erleiden müßten, was man in einer eroberten als

Ab urbe condita liber III

contionabundus circumibat homines. (3) Similia his ab Icilio iactabantur. Comitatus muliebris plus tacito fletu quam ulla vox movebat. (4) Adversus quae omnia obstinato animo Appius – tanta vis amentiae verius quam amoris mentem turbaverat – in tribunal escendit, et ultro querente pauca petitore quod ius sibi pridie per ambitionem dictum non esset, priusquam aut ille postulatum perageret aut Verginio respondendi daretur locus, Appius interfatur. (5) Quem decreto sermonem praetenderit, forsan aliquem verum auctores antiqui tradiderint: quia nusquam ullum in tanta foeditate decreti veri similem invenio, id quod constat nudum videtur proponendum, decresse vindicias secundum servitutem. (6) Primo stupor omnes admiratione rei tam atrocis defixit; silentium inde aliquamdiu tenuit. Dein cum M. Claudius, circumstantibus matronis, iret ad prehendendam virginem, lamentabilisque eum mulierum comploratio excepisset, Verginius intentans in Appium manus, (7) 'Icilio' inquit, 'Appi, non tibi filiam despondi et ad nuptias, non ad stuprum educavi. Placet pecudum ferarumque ritu promisce in concubitus ruere? Passurine haec isti sint nescio: non spero esse passuros illos qui arma habent.'

(8) Cum repelleretur adsertor virginis a globo mulierum circumstantiumque advocatorum, silentium factum per praeconem.

48 (1) Decemvir alienatus ad libidinem animo negat ex hesterno tantum convicio Icili violentiaque Vergini, cuius

Römische Geschichte 3. Buch 137

das Schlimmste befürchte. (3) So beinahe im Ton eines Volks-
redners[145] sprechend, trat er an die Menschen heran. Ähnli-
ches wurde auch von Icilius vorgebracht. Die Geleitschar der
Frauen rührte durch ihr lautloses Schluchzen mehr als jede
Rede. (4) All dem gegenüber hart im Herzen stieg Appius –
des Wahnsinns eher denn der Liebe übergroße Macht hatte
seinen Sinn verwirrt – auf die Richterbühne, und als sich der
Kläger sogar noch in wenigen Sätzen darüber beschwerte,
daß ihm am Vortag aus Parteilichkeit heraus nicht Recht
gesprochen worden sei, schnitt er ihm das Wort[146] ab, bevor
er seine Forderung beendete oder Verginius die Gelegenheit
zur Erwiderung gegeben wurde. (5) Vielleicht haben die alten
Geschichtsschreiber in irgendeiner Weise wahrheitsgemäß
überliefert, welche Erklärung er seinem Urteil voraus-
schickte: weil ich aber nirgendwo eine entdecke, die angesichts der abgrundtiefen Niedertracht des Urteils wahrscheinlich ist, halte ich es für notwendig, das, was feststeht,
ungeschminkt vorzulegen – seine vorläufige Entscheidung
auf Unfreiheit. (6) Anfänglich hielt die Verblüffung über die
Unbegreiflichkeit derartiger Grausamkeit alle in ihrem Bann;
eine Zeitlang herrschte hierauf noch Schweigen. Als dann
aber M. Claudius daranging, das Mädchen aus dem Kreise der
Frauen abzuführen, und ihm der Weiber klägliches Flehen
entgegenschlug, erhob Verginius seine Hand gegen Appius
und rief: (7) »Dem Icilius, nicht dir, Appius, habe ich meine
Tochter verlobt und sie zur Ehe, nicht zur Hurerei erzogen:
Soll man sich nach Art des Viehs und der wilden Tiere ohne
Unterschied lüstern aufs Beilager werfen? Ob die hier das
zulassen werden, weiß ich nicht; ich erwarte, daß es die es nicht
tun werden, die Waffen tragen.«
(8) Als der Kläger, der das Mädchen forderte, von der Schar
der Frauen und umstehenden Freunde zurückgedrängt
wurde, gebot der Herold Stillschweigen.
48 (1) Der Decemvir, von wilder Leidenschaft gänzlich ver-
blendet, erklärte, er habe nicht nur aus der gestrigen Schmäh-
rede des Icilius und dem Ungestüm des Verginius, wofür er

138   *Ab urbe condita   liber III*

testem populum Romanum habeat, sed certis quoque indiciis
compertum se habere nocte tota coetus in urbe factos esse ad
movendam seditionem. (2) itaque se haud inscium eius dimi-
cationis cum armatis descendisse, non ut quemquam quietum
violaret, sed ut turbantes civitatis otium pro maiestate imperii
coerceret. (3) 'Proinde quiesse erit melius. I,' inquit, 'lictor,
submove turbam et da viam domino ad prehendendum man-
cipium.' Cum haec intonuisset plenus irae, multitudo ipsa se
sua sponte dimovit desertaque praeda iniuriae puella stabat.
(4) Tum Verginius ubi nihil usquam auxilii vidit, 'Quaeso,'
inquit, 'Appi, primum ignosce patrio dolori, si quid incle-
mentius in te sum invectus; deinde sinas hic coram virgine
nutricem percontari quid hoc rei sit, ut si falso pater dictus
sum aequiore hinc animo discedam.' (5) Data venia seducit
filiam ac nutricem prope Cloacinae ad tabernas, quibus nunc
Novis est nomen, atque ibi ab lanio cultro arrepto, 'Hoc te
uno quo possum,' ait, 'modo, filia, in libertatem vindico.'
Pectus deinde puellae transfigit, respectansque ad tribunal
'Te,' inquit, 'Appi, tuumque caput sanguine hoc consecro.'
(6) Clamore ad tam atrox facinus orto excitus Appius com-
prehendi Verginium iubet. Ille ferro quacumque ibat viam
facere, donec multitudine etiam prosequentium tuente ad
portam perrexit. (7) Icilius Numitoriusque exsangue corpus
sublatum ostentant populo; scelus Appi, puellae infelicem
formam, necessitatem patris deplorant. (8) Sequentes clami-

Römische Geschichte   3. Buch   139

das römische Volk zu Zeugen habe, sondern auch durch
zuverlässige Aussagen in Erfahrung gebracht, daß es in der
Stadt die ganze Nacht hindurch zu Zusammenrottungen
gekommen sei, um einen Aufstand zu entfachen. (2) Daher
sei er auf diese Auseinandersetzung sehr wohl vorbereitet mit
Bewaffneten hergekommen, nicht um irgendeinem friedli-
chen Menschen Gewalt anzutun, sondern um gemäß der
Hoheit seines Amtes die öffentlichen Ruhestörer in Schranken zu halten. »Deshalb wird es besser sein, Ruhe bewahrt zu
haben. (3) Geh, Liktor«, sagte er, »dränge die Menge zurück
und schaffe Weg für den Herrn, damit er sein Eigentum in
Besitz nehmen kann!« Als er so voll Zorn losgedonnert hatte,
trat die Menge aus eigenen Stücken auseinander, und, dem
Unrecht als Beutestück ausgeliefert, stand da – das Mädchen.
(4) Jetzt, als er nirgendwo Hilfe sah, begann Verginius: »Ich
bitte dich, Appius, verzeihe zuerst dem Schmerz eines
Vaters, wenn ich je allzu schroff gegen dich vorgegangen bin;
erlaube dann, hier im Beisein des Mädchens die Amme zu
befragen, was es mit der Sache auf sich hat, damit ich gelasseneren Sinnes von hier gehe, sollte ich fälschlich Vater genannt
sein.« (5) Wie er die Erlaubnis dazu erhalten hatte, führte er
Tochter und Amme zu den Läden in der Nähe des Heiligtu-
mes der Cloacina[147], die jetzt die »Neuen« heißen, entriß
dort einem Fleischer das Messer und sprach: »Mit dem einzigen Mittel, dessen ich mächtig bin, rette ich dich, meine
Tochter, in die Freiheit.« Hierauf durchbohrte er die Brust
des Mädchens[148] und rief zur Richterbühne zurückblickend:
»Dich, Appius, und dein Haupt verfluche ich bei diesem
Blute!« (6) Beunruhigt vom Gebrüll, das sich auf die abscheu-
liche Tat hin erhoben hatte, befahl Appius, den Verginius zu
verhaften. Jener bahnte sich mit dem Messer den Weg, wo
immer er ging, bis er auch durch den Schutz der nachfolgen-
den Menge das Stadttor erreichte. (7) Icilius und Numitorius
hoben den leblosen Körper auf und zeigten ihn dem Volk; sie
beklagten das Verbrechen des Appius, des Mädchens unselige
Wohlgestalt und die Zwangslage des Vaters. (8) Es folgten die

140 *Ab urbe condita liber III*

tant matronae, eamne liberorum procreandorum condicionem, ea pudicitiae praemia esse? – cetera, quae in tali re muliebris dolor, quo est maestior imbecillo animo, eo miserabilia magis querentibus subicit. (9) Virorum et maxime Icili vox tota tribuniciae potestatis ac provocationis ad populum ereptae publicarumque indignationum erat.

49 (1) Concitatur multitudo partim atrocitate sceleris, partim spe per occasionem repetendae libertatis. (2) Appius nunc vocari Icilium,nunc retractantem arripi, postremo, cum locus adeundi apparitoribus non daretur, ipse cum agmine patriciorum iuvenum per turbam vadens, in vincula duci iubet. (3) Iam circa Icilium non solum multitudo sed duces quoque multitudinis erant, L. Valerius et M. Horatius, qui repulso lictore, si iure ageret, vindicare se a privato Icilium aiebant; si vim adferre conaretur, ibi quoque se haud impares fore. (4) Hinc atrox rixa oritur. Valerium Horatiumque lictor decemviri invadit: franguntur a multitudine fasces. In contionem Appius escendit: sequuntur Horatius Valeriusque. Eos contio audit: decemviro obstrepitur. (5) Iam pro imperio Valerius discedere a privato lictores iubebat, cum fractis animis Appius, vitae metuens, in domum se propinquam foro insciis adversariis capite obvoluto recipit. (6) Sp. Oppius, ut auxilio collegae esset, in forum ex altera parte inrumpit. Videt

Römische Geschichte   3. Buch   141

Klagen der Mütter: das seien die Verhältnisse, unter denen
man Kinder aufziehen müsse, das sei der Lohn für Anständigkeit. Dann all das andere, das der Schmerz den Klagen der
Frauen in solcher Lage eingibt, die um so rührender sind,
desto bitterer das Leid für ihren ungefestigten Charakter ist.
(9) Die Reden der Männer und vor allem die des Icilius gehörten ganz der tribunizischen Amtsgewalt, dem entrissenen
Recht auf Berufung an das Volk und überhaupt der Empörung über die politischen Zustände.
49 (1) Die Menge geriet teils wegen der Abscheulichkeit der
Untat, teils aus der Erwartung, durch diese Gelegenheit die
Freiheit wiederzugewinnen, in wilden Aufruhr. (2) Zuerst
befahl Appius, Icilius vorzuladen, dann, weil er sich sträubte,
ihn zu verhaften, und da es den Staatsdienern nicht möglich
war, an ihn heranzukommen, schritt er schließlich selbst mit
einer Schar junger Adeliger mitten durch das Menschengewühl und befahl, Icilius in Ketten zu legen. (3) Jetzt scharte
sich um Icilius nicht nur die Menge, sondern auch deren
Anführer L. Valerius und M. Horatius, die den Liktor
zurückstießen und erwiderten, daß sie, sollte Appius den
Rechtsweg beschreiten, die Freiheit des Icilius gegenüber
einem Privatmann wahren würden; sollte er versuchen,
Gewalt anzuwenden, würden sie ihm auch da nicht unterlegen sein. (4) Darauf kam es zu einer wilden Rauferei. Der
Liktor des Decemvirn drang auf Valerius und Horatius ein:
die Menge zertrümmerte die Rutenbündel. Appius kletterte
auf die Rednerbühne, um zum Volk zu sprechen, Horatius
und Valerius ihm nach. Ihnen schenkte die Versammlung
Gehör – der Decemvir wurde überschrien. (5) Schon wies
Valerius, als ob er die Befehlsgewalt dazu hätte, die Liktoren an, dem Privatmann den Gehorsam aufzukündigen, als
Appius, gebrochenen Herzens und um sein Leben bangend,
mit verhülltem Haupt in ein Haus nahe dem Forum entwich,
ohne daß seine Widersacher es merkten. (6) Um seinem Kollegen zu Hilfe zu kommen, stürmte Sp. Oppius von der anderen Seite auf das Forum. Dort mußte er erkennen, daß die

142 *Ab urbe condita liber III*

imperium vi victum. Agitatis deinde consiliis, postquam ex
omni parte adsentiendo multis auctoribus trepidaverat, senatum postremo vocari iussit. (7) Ea res, quod magnae parti
patrum displicere acta decemvirorum videbantur, spe per
senatum finiendae potestatis eius multitudinem sedavit.
(8) Senatus nec plebem inritandam censuit et multo magis
providendum ne quid Vergini adventus in exercitu motus faceret.
50 (1) Itaque missi iuniores patrum in castra, quae tum in
monte Vecilio erant, nuntiant decemviris ut omni ope ab sedi-
tione milites contineant.
(2) Ibi Verginius maiorem quam reliquerat in urbe motum
excivit. Nam praeterquam quod agmine prope quadringen-
torum hominum veniens, qui ab urbe indignitate rei accensi
comites ei se dederant, conspectus est, (3) strictum etiam
telum respersusque ipse cruore tota in se castra convertit. Et
togae multifariam in castris visae maioris aliquanto quam erat
speciem urbanae multitudinis fecerant. (4) Quaerentibus quid
rei esset, flens diu vocem non misit; tandem, ut iam ex trepi-
datione concurrentium turba constitit ac silentium fuit,
ordine cuncta, ut gesta erant, exposuit. (5) Supinas deinde
tendens manus, commilitones appellans orabat ne quod scelus Ap. Claudi esset sibi attribuerent neu se ut parricidam
liberum aversarentur. (6) sibi vitam filiae sua cariorem fuisse,
si liberae ac pudicae vivere licitum fuisset: cum velut servam

Römische Geschichte 3. Buch 143

Staatsmacht von offener Gewalt besiegt war. Viele Ratschläge wurden Oppius erteilt, und nachdem er unschlüssig geworden war, weil er den zahlreichen Wortführern immer völlig Recht gab, befahl er schließlich, den Senat einzuberufen. (7) Da einem Großteil der Väter die Maßnahmen der Decemvirn zu mißfallen schienen, beruhigte diese Entscheidung die Menge und ließ sie hoffen, mit Hilfe des Senats deren Herrschaft zu beenden. (8) Der Senat kam aber zur Ansicht, daß der Pöbel nicht proviziert werden dürfe und man noch weitaus sorgsamer darauf achten müsse, daß die Ankunft des Verginius bei der Truppe unter keinen Umständen zur Meuterei führe.

50 (1) Daher wurden jüngere Senatoren ins Lager gesandt, das sich damals auf dem Berg Vecilius befand, um den Decemvirn zu bestellen, sie sollten die Soldaten mit allen Mitteln von einer Rebellion abhalten.

(2) Dort entfachte Verginius einen größeren Aufruhr, als er in der Stadt zurückgelassen hatte. Denn abgesehen davon, daß man ihn mit einer Schar von beinahe 400 Männern kommen sah, die sich ihm aus Erbitterung über jene Tat von der Stadt aus angeschlossen hatten, lenkten auch noch (3) der gezogene Dolch und das Blut, mit dem er selbst bespritzt war, die Aufmerksamkeit des ganzen Lagers auf ihn. Dazu rief das Auftreten von togagekleideten Männern an vielen Orten im Lager den Eindruck einer bedeutend größeren Zahl von Zivilisten als tatsächlich vorhanden hervor. (4) Auf die Frage, was passiert sei, ließ er weinend lange Zeit keinen Laut hören; endlich, als die Menschenmenge nach dem wirren Zusammenströmen zum Stehen gekommen und Stille eingetreten war, legte er der Reihe nach alles dar, wie es geschehen war. (5) Hoch hob er dann seine Hände empor, wandte sich an seine Kameraden und bat sie, nicht ihm das Verbrechen des Ap. Claudius anzulasten oder sich von ihm als dem Mörder der eigenen Kinder abzuwenden. (6) Das Leben seiner Tochter sei ihm teurer gewesen als sein eigenes, wenn es ihr möglich gewesen wäre, frei und anständig zu leben: als er gesehen

144   *Ab urbe condita   liber III*

ad stuprum rapi videret, morte amitti melius ratum quam
contumelia liberos, misericordia se in speciem crudelitatis
lapsum; (7) nec se superstitem filiae futurum fuisse, nisi spem
ulciscendae mortis eius in auxilio commilitonum habuisset.
illis quoque enim filias sorores coniugesque esse, nec cum filia
sua libidinem Ap. Claudi exstinctam esse, sed quo impunitior
sit eo effrenatiorem fore. (8) aliena calamitate documentum
datum illis cavendae similis iniuriae. quod ad se attineat, uxorem sibi fato ereptam, filiam, quia non ultra pudica victura
fuerit, miseram sed honestam mortem occubuisse; (9) non
esse iam Appi libidini locum in domo sua: ab alia violentia
eius eodem se animo suum corpus vindicaturum quo vindica-
verit filiae: ceteri sibi ac liberis suis consulerent.
(10) Haec Verginio vociferanti succlamabat multitudo nec
illius dolori nec suae libertati se defuturos. Et immixti turbae
militum togati, eadem illa querendo docendoque quanto visa
quam audita indigniora potuerint videri, simul profligatam
iam rem nuntiando Romae esse, (11) insecutique qui Appium
prope interemptum in exsilium abisse dicerent, perpulerunt
ut ad arma conclamaretur vellerentque signa et Romam profi-
ciscerentur. (12) Decemviri simul iis quae videbant iisque
quae acta Romae audierant perturbati, alius in aliam partem
castrorum ad sedandos motus discurrunt. Et leniter agentibus

Römische Geschichte 3. Buch 145

habe, daß sie wie eine Sklavin zur Unzucht entführt wurde, habe er es für besser erachtet, seine Kinder durch Tod als durch Schande zu verlieren, so daß er aus Mitleid scheinbarer Grausamkeit verfallen sei; (7) auch würde er seine Tochter nicht überlebt haben, wenn er nicht die Hoffnung gehegt hätte, deren Tod mit Hilfe seiner Waffenbrüder zu rächen. Denn auch sie hätten ja Töchter, Schwestern und Ehefrauen; mit seiner Tochter sei aber die Triebhaftigkeit des Ap. Claudius nicht erloschen, sondern sie werde um so hemmungsloser wüten, je länger sie ungestraft bleibe. (8) Fremdes Unglück habe ihnen den augenscheinlichen Beweis geliefert, daß es sich vor ähnlicher Gewalttat zu hüten gelte. Was ihn angehe, so habe ihm das Schicksal die Gattin geraubt, und die Tochter sei einen beklagenswerten, aber ehrenhaften Tod gestorben, weil sie nicht länger sittsam leben durfte; (9) für des Appius Wollust gebe es in seiner Familie nun keine Gelegenheit mehr: vor anderen Gewalttaten dieses Mannes werde er seine Person mit derselben Gesinnung schützen, mit der er die seiner Tochter geschützt habe: die übrigen sollten auf sich selbst und ihre Kinder achten.

(10) Auf diese leidenschaftliche Rede des Verginius rief ihm die Menge zu, sie werde sein Leid nicht ungesühnt lassen noch die eigene Freiheit preisgeben. Da nun auch Zivilisten, die sich unter die Schar der Soldaten gemischt hatten, genau dieselben Vorfälle beklagten, ihnen erklärten, daß man als Augenzeuge weitaus mehr Schmach darüber empfinde als vom Hörensagen, und gleichzeitig verkündeten, daß in Rom die Ordnung schon zusammengebrochen sei, (11) bewirkten sie zusammen mit den später Dazugestoßenen, die erzählten, wie Appius fast sein Leben verloren habe und in die Verbannung gegangen sei, daß man »Zu den Waffen!« rief, die Feldzeichen herausriß und den Marsch auf Rom begann. (12) Sowohl von diesem Schauspiel wie von den Berichten aus Rom außer Fassung gebracht, eilte jeder der Decemvirn in einen anderen Teil des Lagers, um die Revolte zu unterdrükken. Gingen sie nachgiebig vor, erhielten sie keine Antwort –

146 *Ab urbe condita liber III*

responsum non redditur: imperium si quis inhiberet, et viros
et armatos se esse respondetur.

(13) Eunt agmine ad urbem et Aventinum insident, ut quisque occurrerat plebem ad repetendam libertatem creandosque tribunos plebis adhortantes. Alia vox nulla violenta
audita est. (14) Senatum Sp. Oppius habet. Nihil placet aspere
agi; quippe ab ipsis datum locum seditioni esse. (15) Mittuntur tres legati consulares, Sp. Tarpeius, C. Iulius, P. Sulpicius, qui quaererent senatus verbis cuius iussu castra deseruissent aut quid sibi vellent qui armati Aventinum obsedissent
belloque averso ab hostibus patriam suam cepissent. (16) Non
defuit quod responderetur: deerat qui daret responsum, nullodum certo duce nec satis audentibus singulis invidiae se
offerre. Id modo a multitudine conclamatum est ut L. Valerium et M. Horatium ad se mitterent: his se daturos responsum.

51 (1) Dimissis legatis, admonet milites Verginius in re non
maxima paulo ante trepidatum esse, quia sine capite multitudo fuerit, responsumque, quamquam non inutiliter, fortuito tamen magis consensu quam communi consilio esse;
(2) placere decem creari qui summae rei praeessent militarique honore tribunos militum appellari. (3) Cum ad eum ipsum primum is honos deferretur, 'Melioribus meis vestrisque
rebus reservate' inquit 'ista de me iudicia. (4) Nec mihi filia
inulta honorem ullum iucundum esse patitur, nec in perturbata re publica eos utile est praeesse vobis qui proximi invi-

Römische Geschichte 3. Buch 147

sooft[149] einer seine Befehlsgewalt ausüben wollte, erwiderten die Soldaten, sie seien Männer und bewaffnet obendrein.
(13) In geschlossenem Zuge marschierten sie auf die Stadt zu und besetzten den Aventin[150], wobei sie jeden aus dem Bürgerstand, auf den sie stießen, ermunterten, die Freiheit wiederherzustellen und Volkstribunen zu wählen. Sonst gab es keinen Aufruf zur Gewalt zu hören. (14) Sp. Oppius hielt die Senatssitzung ab.[151] Man kam überein, keinesfalls hart vorzugehen, weil man ja selbst die Empörung erst ermöglicht habe. (15) Als Unterhändler wurden die drei ehemaligen Konsuln Sp. Tarpeius, C. Iulius und P. Sulpicius entsandt, die im Namen des Senates fragen sollten, auf wessen Befehl sie das Lager aufgegeben hätten oder was sie bezweckten, bewaffnet den Aventin zu besetzen, den Krieg von den Feinden zu wenden und dann das eigene Vaterland zu erobern. (16) An einer Antwort fehlte es nicht, doch es fehlte einer, der sie formulieren hätte können, da es noch keinen unbestrittenen Anführer gab, und der einzelne nicht genug Mut aufbrachte, sich einer Anfeindung auszusetzen. Es tönte lediglich aus der Menge, daß man Valerius und Horatius zu ihnen schicken solle: ihnen würden sie eine Erklärung geben.

51 (1) Nach der Entlassung der Unterhändler machte Verginius die Soldaten darauf aufmerksam, daß sie soeben in einer nicht gerade entscheidenden Situation unsicher geworden seien, weil die Menge keinen Führer gehabt hätte, und daß ihre Antwort, obschon nicht nachteilig, dennoch eher einer zufälligen Übereinstimmung als einem gemeinsamen Beschlusse entsprungen sei. (2) Er schlage vor, zehn Männer zu wählen, welche an der Spitze ihrer Bewegung stehen sollten, und sie mit dem soldatischen Rang eines Militärtribunen zu bezeichnen.[152] (3) Als man ihm selbst als erstem dies Amt antrug, sagte er: »Stellt das anerkennende Urteil über mich zurück, bis die Zeiten für mich wie für euch besser sind. (4) Denn solange meine Tochter nicht gerächt ist, darf ich keine Ehre als erfreulich empfinden, auch ist es angesichts der Unruhe im Staat nicht vorteilhaft, wenn Leute an eu-

148 *Ab urbe condita liber III*

diae sint. (5) Si quis usus mei est, nihilo minor ex privato
capietur.' (6) Ita decem numero tribunos militares creant.
(7) Neque in Sabinis quievit exercitus. Ibi quoque auctore
Icilio Numitorioque secessio ab decemviris facta est, non
minore motu animorum Sicci caedis memoria renovata quam
quem nova fama de virgine adeo foede ad libidinem petita
accenderat. (8) Icilius ubi audivit tribunos militum in
Aventino creatos, ne comitiorum militarium praerogativam
urbana comitia iisdem tribunis plebis creandis sequerentur,
(9) peritus rerum popularium imminensque ei potestati et
ipse, priusquam iretur ad urbem, pari potestate eundem
numerum ab suis creandum curat. (10) Porta Collina urbem
intravere sub signis, mediaque urbe agmine in Aventinum
pergunt. Ibi coniuncti alteri exercitui viginti tribunis militum
negotium dederunt ut ex suo numero duos crearent qui summae rerum praeessent. (11) M. Oppium Sex. Manilium
creant.
Patres solliciti de summa rerum cum senatus cottidie esset
iurgiis saepius terunt tempus quam consiliis. (12) Sicci caedes
decemviris et Appiana libido et dedecora militiae obicieban-
tur. Placebat Valerium Horatiumque ire in Aventinum. Illi
negabant se aliter ituros quam si decemviri deponerent insi-
gnia magistratus eius quo anno iam ante abissent. (13) Decemviri querentes se in ordinem cogi, non ante quam perlatis

Römische Geschichte 3. Buch 149

rer Spitze stehen, die dem Haß am ehesten ausgesetzt sind.
(5) Wenn ihr mich braucht, werde ich euch als Privatmann
ebenso zur Verfügung stehen.« (6) So wählten sie zehn Militärtribunen.
(7) Auch im Sabinerland kam das Heer nicht zur Ruhe. Dort
setzte man sich auf Betreiben des Icilius und Numitorius
ebenfalls von den Decemvirn ab, wobei die jüngste Nachricht
über die so schmählich zur Wollust begehrte Jungfrau die
Wut in den Herzen nicht mehr anfachte, als der neuerlich
bewußtgewordene Tod des Siccius. (8) Als Icilius hörte, auf
dem Aventin seien Militärtribunen gewählt worden, ließ er
vor dem Marsch auf die Stadt eine gleich große Anzahl, die
mit denselben Vollmachten ausgestattet war, aus seinen Leuten wählen, damit die städtischen Versammlungen nicht der
Vorwahl der Soldatenversammlungen folgten und dieselben
Männer zu Volkstribunen wählten; (9) er war nämlich auf
dem Gebiet der Volkspolitik erfahren und lauerte selbst auf
jenes Amt. (10) In Reih und Glied marschierten sie durch die
Porta Collina in Rom ein und zogen mitten durch die Stadt
zum Aventin weiter. Dort vereinten sie sich mit dem zweiten
Heer und wiesen die zwanzig Militärtribunen an, aus ihrer
Zahl zwei zu bestimmen, die das Oberkommando übernehmen sollten. (11) Sie wählten M. Oppius und Sex. Manlius.
Die über die allgemeine Lage des Staates beunruhigten Väter
verbrachten, obschon es tagtäglich eine Senatssitzung gab,
die Zeit eher mit Wortgeplänkel als mit Beratungen. (12) Wiederholt machte man den Decemvirn die Ermordung des Siccius, wie auch die Wollust des Appius und das unehrenhafte
Verhalten im Felde zum Vorwurf. Es wurde entschieden, daß
Valerius und Horatius auf den Aventin gehen sollten. Jene
erwiderten, sie würden nur dann gehen, wenn die Decemvirn
die Zeichen des Amtes, von dem sie schon im Vorjahr
zurückgetreten seien, ablegten. (13) Da beklagten sich die
Decemvirn über die Abwertung ihrer Position und sagten, sie
würden nicht eher auf ihre Machtbefugnis verzichten, bis sie

150 *Ab urbe condita liber III*

legibus quarum causa creati essent deposituros imperium se
aiebant.

52 (1) Per M. Duilium qui tribunus plebis fuerat certior facta
plebs contentionibus adsiduis nihil transigi, in Sacrum montem ex Aventino transit, (2) adfirmante Duilio non prius
quam deseri urbem videant curam in animos patrum descen-
suram; admoniturum Sacrum montem constantiae plebis: sci-
turos quam sine restituta potestate redigi in concordiam res
nequeant. (3) Via Nomentana, cui tum Ficulensi nomen fuit,
profecti castra in monte Sacro locavere, modestiam patrum
suorum nihil violando imitati. (4) Secuta exercitum plebs,
nullo qui per aetatem ire posset retractante. Prosequuntur
coniuges liberique, cuinam se relinquerent in ea urbe in qua
nec pudicitia nec libertas sancta esset miserabiliter rogitantes.

(5) Cum vasta Romae omnia insueta solitudo fecisset, in foro
praeter paucos seniorum nemo esset, vocatis utique in senatum patribus desertum apparuisset forum, plures iam quam
Horatius ac Valerius vociferabantur: (6) 'Quid exspectabitis,
patres conscripti? Si decemviri finem pertinaciae non faciunt,
ruere ac deflagrare omnia passuri estis? Quod autem istud
imperium est, decemviri, quod amplexi tenetis? Tectis ac
parietibus iura dicturi estis? (7) Non pudet lictorum
vestrorum maiorem prope numerum in foro conspici quam
togatorum aliorum? Quid si hostes ab urbem veniant facturi
estis? Quid si plebs mox, ubi parum secessione moveatur, armata veniat? Occasune urbis voltis finire imperium? (8) Atqui
aut plebs non est habenda aut habendi sunt tribuni plebis.

Römische Geschichte 3. Buch   151

die Gesetze verwirklicht hätten, derentwegen sie gewählt
worden seien.

52 (1) Durch den ehemaligen Volkstribun M. Duilius benach-
richtigt, daß infolge dieser ständigen Streitereien keine Fort-
schritte erzielt würden, übersiedelte das einfache Volk vom
Aventin auf den Heiligen Berg; (2) Duilius versicherte nämlich, nicht eher würde sich Sorge in die Herzen der Väter
senken, bis sie sähen, wie die Stadt verlassen werde; der Heilige Berg werde sie an die Durchhaltekraft des Bürgervolks
erinnern: sie verstünden dann, daß ohne eine Wiederherstellung der Tribunenmacht die Rückkehr zur staatlichen Eintracht unmöglich sei. (3) So zogen sie die via Nomentana, die
damals noch via Fuculensis hieß, hinaus und errichteten auf
dem Heiligen Berg ihr Lager, wobei sie der Besonnenheit
ihrer Vorväter folgten und Gewaltakte vermieden. (4) Das
Volk war dem Heer gefolgt, und keiner, der seinem Alter
nach imstande war zu gehen, schloß sich aus. Mit im Gefolge
die Frauen und Kinder, die klagend fragten, wem sie sich
denn in einer Stadt anvertrauen könnten, in der weder
Anstand noch Freiheit heilig wären.

(5) Als in Rom die ungewohnte Leere alles zur Wüstenei
gemacht hatte, außer wenigen Greisen niemand mehr auf dem
Forum war, das sich den in den Senat berufenen Vätern gänzlich verlassen darbot, erhoben außer Horatius und Valerius
schon mehrere ihre Stimmen[153]: (6) »Worauf wollt ihr warten, versammelte Väter? Werdet ihr, wenn die Decemvirn
ihrem Starrsinn kein Ende setzen, es hinnehmen, daß alles in
Schutt und Asche fällt? Was ist das aber für eine Herrschaft,
ihr Decemvirn, an der ihr so starr festhaltet? Habt ihr vor, für
Dächer und Wände Recht zu sprechen? (7) Ist es nicht eine
Schande, daß man auf dem Forum fast mehr von euren Liktoren als andere Bürger sieht? Was gedenkt ihr zu tun, wenn die
Feinde bis vor die Stadt kommen? Was, wenn der Pöbel bald
bewaffnet naht, falls wir uns von seinem Auszug zu wenig
beeindrucken lassen? (8) Wollt ihr eure Herrschaft mit dem
Untergang der Stadt beenden?[154] Nun aber müssen wir ent-

Nos citius caruerimus patriciis magistratibus quam illi ple-
beiis. (9) Novam inexpertamque eam potestatem eripuere
patribus nostris, ne nunc dulcedine semel capti ferant desiderium, cum praesertim nec nos temperemus imperiis, quo
minus illi auxilii egeant.' (10) Cum haec ex omni parte iacta-
rentur, victi consensu decemviri futuros se, quando ita videatur, in potestate patrum adfirmant. (11) Id modo simul orant
ac monent ut ipsis ab invidia caveatur nec suo sanguine ad
supplicia patrum plebem adsuefaciant.
53 (1) Tum Valerius Horatiusque missi ad plebem condicionibus quibus videretur revocandam componendasque res,
decemviris quoque ab ira et impetu multitudinis praecavere
iubentur. (2) Profecti gaudio ingenti plebis in castra accipiun-
tur, quippe liberatores haud dubie et motus initio et exitu rei.
Ob haec iis advenientibus gratiae actae; Icilius pro multitudine verba facit. (3) Idem, cum de condicionibus ageretur,
quaerentibus legatis quae postulata plebis essent, composito
iam ante adventum legatorum consilio ea postulavit ut appareret in aequitate rerum plus quam in armis reponi spei.
(4) Potestatem enim tribuniciam provocationemque repete-
bant, quae ante decemviros creatos auxilia plebis fuerant, et

Römische Geschichte   3. Buch   153

weder auf den Bürgerstand verzichten oder die Volkstribunen beibehalten. Wahrscheinlich können wir eher die patrizischen als sie die plebejischen Ämter entbehren. (9) Als neuartige und unbekannte Größe haben sie diese Macht von unseren Vätern erzwungen, aber sicher nicht mit dem Ziel, jetzt, wo sie von ihrem süßen Reiz benommen[155] sind, sich mit der sehnsüchtigen Erinnerung zufrieden zu geben, denn auch wir mäßigen uns beim Regieren nicht so, daß jene keine Hilfe nötig hätten.« (10) Da ihnen diese Dinge von allen Seiten vorgeworfen wurden, ließen sich die Decemvirn von dieser Geschlossenheit überwältigen und versicherten, sie würden sich künftig der Autorität[156] der Väter unterstellen, weil man es so für gut befinde. (11) Sie stellten nur die eine Bitte und mahnten zugleich auch, daß man sie vor dem Haß der Menge schütze und durch ihr Blut den Pöbel nicht an die Hinrichtung von Vätern gewöhne.

53 (1) Hierauf wurden Valerius und Horatius entsandt, um das Bürgervolk zu Bedingungen, die ihnen richtig erschienen, zurückzuholen und den Streit beizulegen; ebenso trug man ihnen auf, die Decemvirn vor der Erbitterung und dem Ungestüm der Menge zu schützen. (2) Sie machten sich auf den Weg und wurden unter dem ungeheuren Jubel der Bürger ins Lager aufgenommen, galten sie doch am Beginn des Aufstandes als auch an dessen Ende als die unbestrittenen Befreier. Dafür stattete man ihnen bei ihrem Erscheinen Dank ab, wobei Icilius für die Menge die Ansprache hielt. (3) Als man über die Vertragsbedingungen verhandelte und die Abgesandten nach den Forderungen der Bürgerpartei fragten, war er es auch, der gemäß einer schon vor dem Eintreffen der Unterhändler festgelegten Übereinkunft die Forderungen so stellte, daß erkennbar wurde, wie sehr man die Hoffnung eher auf die Ausgewogenheit der Bestimmungen als auf Waffengewalt setzte. (4) Sie wollten nämlich die Amtsgewalt der Tribunen und das Berufungsrecht wiederhaben,[157] Dinge, die vor der Wahl der Decemvirn die Schutzmächte des einfachen Volkes gewesen waren, ebenso, daß niemand einen

154   *Ab urbe condita   liber III*

ne cui fraudi esset concisse milites aut plebem ad repetendam
per secessionem libertatem. (5) De decemvirorum modo
supplicio atrox postulatum fuit; dedi quippe eos aequum cen-
sebant vivosque igni concrematuros minabantur. (6) Legati
ad ea: 'Quae consilii fuerunt adeo aequa postulastis ut ultro
vobis deferenda fuerint; libertati enim ea praesidia petitis,
non licentiae ad impugnandos alios. (7) Irae vestrae magis
ignoscendum quam indulgendum est, quippe qui crudelitatis
odio in crudelitatem ruitis et prius paene quam ipsi liberi sitis
dominari iam in adversarios voltis. (8) Nunquamne quiescet
civitas nostra a suppliciis aut patrum in plebem Romanam aut
plebis in patres? Scuto vobis magis quam gladio opus est.
(9) Satis superque humili est, qui iure aequo in civitate vivit,
nec inferendo iniuriam nec patiendo. (10) Etiam si quando
metuendos vos praebituri estis, cum reciperatis magistratibus
legibusque vestris iudicia penes vos erunt de capite nostro
fortunisque, tunc ut quaeque causa erit statuetis: nunc libertatem repeti satis est.'
54 (1) Facerent ut vellent permittentibus cunctis, mox redi-
turos se legati rebus perfectis adfirmant. (2) Profecti cum
mandata plebis patribus exposuissent, alii decemviri, quando
quidem praeter spem ipsorum supplicii sui nulla mentio fieret, haud quicquam abnuere, (3) Appius truci ingenio et invidia praecipua odium in se aliorum suo in eos metiens odio,
'Haud ignaro' inquit 'imminet fortuna. (4) Video donec arma

Römische Geschichte 3. Buch 155

Nachteil davon haben sollte, wenn er Soldaten oder Bürgervolk veranlaßt habe, durch einen Auszug die Freiheit wiederzuerlangen. (5) Lediglich die Forderung im Bezug auf die Bestrafung der Decemvirn war hart: sie hielten ihre Auslieferung für gerecht und drohten, man würde sie lebendig verbrennen.[158] (6) Dazu die Abgesandten: »Die Forderungen, die kluger Überlegung entstammten, waren so berechtigt, daß wir sie euch von selbst gewähren mußten; denn für die Freiheit, nicht aber für die Vollmacht, andere zu bekämpfen, wollt ihr sie als feste Wehr. (7) Eurer Erbitterung ist aber eher nachzusehen als nachzugeben, weil ihr aus Haß gegen Grausamkeit euch selbst überstürzt der Grausamkeit ergebt und beinahe, bevor ihr selbst frei seid, schon die Herren über eure Widersacher sein wollt. (8) Wird denn unser Gemeinwesen niemals vom Blutgericht der Väter über das Volk von Rom oder des Volkes über die Väter ruhen? Ihr braucht eher einen Schild als ein Schwert. (9) Genug, mehr als genug ist es für den kleinen Mann, wenn er in einer Bürgerschaft unter einem gerechten Gesetz lebt und weder Unrecht tut noch leidet. (10) Auch wenn ihr einst vorhabt, euch als fürchtenswert darzustellen, sobald ihr eure Ämter und Gesetze wiedererlangt habt und die Entscheidung über unser Leben und Besitz bei euch liegt, so werdet ihr dann entscheiden, wie es jeder einzelne Fall mit sich bringt: für jetzt aber ist es genug, die Freiheit wiederzugewinnen.«[159]

54 (1) Da ihnen alle freie Hand gaben, ihren Vorstellungen gemäß zu handeln, versprachen die Gesandten, unmittelbar nach Abschluß der Verhandlungen zurückzukommen. (2) Nachdem sie sich aufgemacht und den Vätern die Forderungen der Bürgerpartei dargelegt hatten, wiesen die übrigen Decemvirn keinen einzigen Punkt zurück, da gegen ihre Erwartung von einer Bestrafung gar nicht die Rede war. (3) Appius hingegen, der seiner trotzigen Gemütsart und ungeheuren Unbeliebtheit wegen den Haß der anderen gegen sich selbst nach seinem Haß gegen sie bemaß, sagte: »Nicht unvorbereitet holt mich das Schicksal ein. (4) Ich sehe, daß

156 *Ab urbe condita liber III*

adversariis tradantur differri adversus nos certamen. Dandus invidiae est sanguis. Nihil ne ego quidem moror quo minus decemviratu abeam.' (5) Factum senatus consultum ut decemviri se primo quoque tempore magistratu abdicarent, Q. Furius pontifex maximus tribunos plebis crearet; et ne cui fraudi esset secessio militum plebisque.

(6) His senatus consultis perfectis dimisso senatu, decemviri prodeunt in contionem abdicantque se magistratu, ingenti hominum laetitia. (7) Nuntiantur haec plebi. Legatos quidquid in urbe hominum supererat prosequitur. Huic multitudini laeta alia turba ex castris occurrit. Congratulantur libertatem concordiamque civitati restitutam. (8) Legati pro contione: 'Quod bonum faustum felixque sit vobis reique publicae, redite in patriam ad penates coniuges liberosque vestros; sed qua hic modestia fuistis, ubi nullius ager in tot rerum usu necessario tantae multitudini est violatus, eam modestiam ferte in urbem. (9) In Aventinum ite, unde profecti estis; ibi felici loco, ubi prima initia incohastis libertatis vestrae, tribunos plebi creabitis. Praesto erit pontifex maximus qui comitia habeat.' (10) Ingens adsensus alacritasque cuncta adprobantium fuit. Convellunt inde signa profectique Romam certant cum obviis gaudio. Armati per urbem silentio in Aventinum perveniunt. (11) Ibi extemplo pontifice maximo comitia habente tribunos plebis creaverunt, omnium primum L. Ver-

Römische Geschichte 3. Buch 157

der Kampf gegen uns nur solange aufgeschoben ist, bis unseren Widersachern Waffen überlassen werden. Haß muß mit Blut bezahlt werden. Nicht einmal ich zögere noch, das Decemvirat zu verlassen.« (5) Der Senat beschloß, daß die Decemvirn bei erstbester Gelegenheit ihr Amt niederlegen sollten, und daß der Oberpriester Q. Furius Volkstribunen wählen lassen müsse;[160] ferner, daß für den Auszug der Soldaten und des Bürgervolks niemandem ein Nachteil entstehen dürfe.

(6) Nach dem Zustandekommen des Senatsbeschlusses und dem Ende der Sitzung traten die Decemvirn vor die Volksversammlung und gaben unter dem stürmischen Beifall der Menschen ihren Rücktritt bekannt. (7) Das meldete man dem Bürgervolk. Was sich noch an Bevölkerung in der Stadt befand, folgte den Abgesandten. Dieser Menge strömte freudig vom Lager aus eine andere Schar entgegen. Man beglückwünschte einander zur Freiheit und zur Eintracht, die für den Staat wiedergewonnen sei. (8) Vor der Versammlung sprachen die Gesandten: »Auf daß es für euch und den Staat gut, glücklich und gedeihlich ausgehen möge – kehrt heim ins Vaterland zu euren Häusern, Frauen und Kindern! Diese Mäßigung aber, die ihr hier gezeigt habt, wo trotz eines für eine so große Menschenmenge dringenden Bedarfes an Gütern keines Mannes Acker verwüstet wurde, tragt sie in die Stadt. (9) Geht auf den Aventin, von dem ihr aufgebrochen seid; dort, an dem glückverheißenden Ort, wo ihr die ersten Schritte eurer Freiheit getan habt, werdet ihr dem Volk die Tribunen wählen. Der Oberpriester wird zugegen sein, um die Volksversammlung abzuhalten.« (10) Ungeheuer war der Beifall und begeistert stimmten sie allem zu. Hierauf rissen sie ihre Feldzeichen heraus und wetteiferten auf dem Marsch nach Rom mit denen, die ihnen entgegenkamen, in Freudenkundgebungen. Bewaffnet, doch ruhig zogen sie durch die Stadt auf den Aventin. (11) Sogleich hielt dort der Oberpriester die Volksversammlung ab, und sie wählten die Volkstribunen: vor allen anderen L. Verginius, hierauf die Urheber

158   *Ab urbe condita   liber III*

ginium, inde L. Icilium et P. Numitorium, avunculum Vergini, (12) auctores secessionis, tum C. Sicinium, progeniem eius quem primum tribunum plebis creatum in Sacro monte proditum memoriae est, et M. Duilium, qui tribunatum insignem ante decemviros creatos gesserat nec in decemviralibus certaminibus plebi defuerat. (13) Spe deinde magis quam meritis electi M. Titinius, M. Pomponius, C. Apronius, Ap. Villius, C. Oppius. (14) Tribunatu inito L. Icilius extemplo plebem rogavit et plebs scivit ne cui fraudi esset secessio ab decemviris facta. (15) Confestim de consulibus creandis cum provocatione M. Duilius rogationem pertulit. Ea omnia in pratis Flaminiis concilio plebis acta, quem nunc circum Flaminium appellant.

55 (1) Per interregem deinde consules creati L. Valerius M. Horatius, qui extemplo magistratum occeperunt. Quorum consulatus popularis sine ulla patrum iniuria nec sine offensione fuit; (2) quidquid enim libertati plebis caveretur, id suis decedere opibus credebant. (3) Omnium primum, cum velut in controverso iure esset tenerenturne patres plebi scitis, legem centuriatis comitiis tulere ut quod tributim plebes iussisset populum teneret; qua lege tribuniciis rogationibus telum acerrimum datum est. (4) Aliam deinde consularem legem de provocatione, unicum praesidium libertatis, decemvirali potestate eversam, non restituunt modo, sed etiam in

Römische Geschichte 3. Buch 159

der Auswanderung L. Icilius und P. Numitorius, den Onkel
des Verginius, (12) dann C. Sicinius, einen Nachkommen des
Mannes, der, wie überliefert ist, als erster Volkstribun auf
dem Heiligen Berg gewählt worden war, und schließlich M.
Duilius, der vor der Einsetzung der Decemvirn das Tribunat
ausgezeichnet versehen hatte und auch während der Auseinandersetzungen mit den Decemvirn vom einfachen Volk
nicht abgewichen war. (13) Dazu wurden eher wegen der
Hoffnung, die man in sie setzte, als aufgrund ihrer Verdienste
M. Titinius, M. Pomponius, C. Apronius, Ap. Villius und C.
Oppius gewählt. (14) Nach der Übernahme der Tribunate
stellte L. Icilius vor dem Bürgervolk den Antrag, und das
Volk billigte ihn, daß die Abspaltung vom Decemvirat für
niemanden nachteilige Folgen haben dürfe. (15) Gleich darauf brachte M. Duilius den Antrag durch, daß die Konsuln
mit dem Recht der Berufung gewählt werden sollten. All das
wurde in einer Versammlung des Bürgervolks auf den Flaminischen Wiesen beschlossen, die man heute den Flaminischen
Circus nennt.[161]

55 (1) Unter dem Vorsitz eines Zwischenkönigs wurden hierauf L. Valerius und M. Horatius zu Konsuln gewählt, die das
Amt auf der Stelle antraten. Ihre volksfreundliche Amtsfüh-
rung verlief zwar ohne Ungerechtigkeit gegenüber den
Vätern, nicht aber ohne Mißtöne; (2) denn was auch immer
im Interesse der bürgerlichen Freiheit verfügt wurde, das
hielten diese für einen Schwund ihrer eigenen Macht. (3) Als
es eine Art von Rechtsstreit darüber gab, ob die Väter an die
Beschlüsse des Bürgervolks gebunden wären, brachten die
Konsuln gleich zu Beginn in den Zenturiatskomitien das
Gesetz ein, daß die in den Stimmbezirken zustandegekom-
menen Beschlüsse des Bürgerstandes für das Gesamtvolk gül-
tig[162] seien; mit diesem Gesetz aber bekamen die Anträge der
Tribunen ihre schärfste Waffe. (4) Ein anderes konsularisches
Gesetz über das Berufungsrecht[163], den alleinigen Hort der
Freiheit, das durch eine Verfügung der Decemvirn abge-
schafft worden war, erneuerten sie darauf nicht nur, sondern

160   *Ab urbe condita   liber III*

posterum muniunt sanciendo novam legem, (5) ne quis ullum
magistratum sine provocatione crearet; qui creasset, eum ius
fasque esset occidi, neve ea caedes capitalis noxae haberetur.
(6) Et cum plebem hinc provocatione, hinc tribunicio auxilio
satis firmassent, ipsis quoque tribunis, ut sacrosancti viderentur, cuius rei prope iam memoria aboleverat, relatis quibusdam ex magno intervallo caerimoniis renovarunt, (7) et
cum religione inviolatos eos, tum lege etiam fecerunt, sanciendo ut qui tribunis plebis, aedilibus, iudicibus decemviris
nocuisset, eius caput Iovi sacrum esset, familia ad aedem
Cereris Liberi Liberaeque venum iret.
(8) Hac lege iuris interpretes negant quemquam sacrosanctum
esse, sed eum qui eorum cui nocuerit sacrum sanciri; (9) itaque aedilem prendi ducique a maioribus magistratibus, quod,
etsi non iure fiat – noceri enim ei cui hac lege non liceat –
tamen argumentum esse non haberi pro sacrosancto aedilem;
(10) tribunos vetere iure iurando plebis, cum primum eam
potestatem creavit, sacrosanctos esse. (11) Fuere qui interpretarentur eadem hac Horatia lege consulibus quoque et prae-
toribus, quia iisdem auspiciis quibus consules crearentur,
cautum esse: (12) iudicem enim consulem appellari. Quae
refellitur interpretatio, quod iis temporibus nondum consulem iudicem sed praetorem appellari mos fuerit.
(13) Hae consulares leges fuere. Institutum etiam ab iisdem

Römische Geschichte 3. Buch 161

sicherten es für die Nachwelt durch den feierlichen Erlaß
eines neuen Gesetzes, (5) das jedermann untersagte, einen
Beamten ohne Berufung wählen zu lassen; sollte das einer
tun, könne man ihn nach Recht und Gesetz töten, und diese
Bluttat würde nicht als Kapitalverbrechen gelten. (6) Nachdem sie die Bürger hier durch das Berufungsrecht, dort durch
die Beistandsgewalt der Tribunen ausreichend abgesichert
hatten, führten sie auch für die Tribunen selbst nach langer
Unterbrechung wieder bestimmte Riten ein und machten
dadurch deren Unverletzlichkeit deutlich[164] – ein Umstand,
der schon beinahe aus der Erinnerung geschwunden war.
(7) Ferner machten sie diese nicht nur durch göttliches Recht,
sondern vor allem auch gesetzlich unantastbar, indem sie als
unverbrüchlich festsetzten, wer Volkstribunen, Aedilen und
den Richtern in der Zehnerkommission[165] Schaden zugefügt
habe, dessen Haupt solle Iuppiter verfallen sein, und sein
Vermögen beim Heiligtum der Ceres, des Liber und der
Libera verkauft werden.
(8) Rechtsgelehrte streiten es ab, daß aufgrund dieses Gesetzes irgend jemand unverletzlich sei, vielmehr werde der, welcher einem der Genannten Schaden zugefügt habe, dem Verderben geweiht; (9) demzufolge könne ein Aedil von übergeordneten Amtsträgern verhaftet und eingesperrt werden, was
zwar nicht rechtmäßig geschehe – man füge nämlich jeman-
dem Unrecht zu, dem diesem Gesetz nach keines zugefügt
werden dürfe –, aber dennoch der Beweis dafür sei, daß ein
Aedil *nicht* für unverletzlich gelte; (10) die Tribunen hingegen seien kraft eines alten Schwures des Bürgervolkes aus der
Zeit, als es zum ersten Mal dies Amt besetzte, unverletzlich.
(11) Andere meinten, eben jenes Gesetz des Horatius schütze
neben den Konsuln auch die Prätoren, weil sie unter denselben Auspizien wie die Konsuln gewählt würden: (12) denn
Konsuln nenne man ja Richter. Diese Auslegung wird aber
zurückgewiesen, weil zu jener Zeit gewöhnlich nicht der
Konsul, sondern der Prätor Richter genannt wurde.
(13) Soweit die Gesetze der Konsuln. Auf dieselben Konsuln

162   *Ab urbe condita   liber III*

consulibus ut senatus consulta in aedem Cereris ad aediles
plebis deferrentur, quae antea arbitrio consulum supprime-
bantur vitiabanturque. (14) M. Duilius deinde tribunus plebis
plebem rogavit plebesque scivit qui plebem sine tribunis reli-
quisset, quique magistratum sine provocatione creasset, tergo
ac capite puniretur. (15) Haec omnia ut invitis, ita non adver-
santibus patriciis transacta, quia nondum in quemquam
unum saeviebatur.
56 (1) Fundata deinde et potestate tribunicia et plebis libertate, tum tribuni adgredi singulos tutum maturumque iam
rati, accusatorem primum Verginium et Appium reum deli-
gunt. (2) Cum diem Appio Verginius dixisset et Appius stipatus patriciis iuvenibus in forum descendisset, redintegrata
extemplo est omnibus memoria foedissimae potestatis, cum
ipsum satellitesque eius vidissent. (3) Tum Verginius 'Oratio'
inquit 'rebus dubiis inventa est; itaque neque ego accusando
apud vos eum tempus teram, a cuius crudelitate vosmet ipsi
armis vindicastis, nec istum ad cetera scelera impudentiam in
defendendo se adicere patiar. (4) Omnium igitur tibi, Appi
Claudi, quae impie nefarieque per biennium alia super alia es
ausus, gratiam facio. Unius tantum criminis nisi ⟨ad⟩ iudicem dices, te ab libertate in servitutem contra leges vindicias
non dedisse, in vincula te duci iubebo.' (5) Nec in tribunicio
auxilio Appius nec in iudicio populi ullam spem habebat;
tamen et tribunos appellavit et, nullo morante arreptus a via-

Römische Geschichte 3. Buch 163

geht auch die Bestimmung zurück, daß Senatsbeschlüsse, die früher nach dem Gutdünken der Konsuln immer wieder zurückgehalten und verfälscht worden waren, den Volksaedilen im Cerestempel ausgehändigt wurden.[166] (14) Dann stellte der Volkstribun M. Duilius vor dem Bürgervolk den Antrag, und das billigte ihn, wer das Volk ohne Tribunen lasse und einen Amtsinhaber ohne Berufung wählen lasse, solle mit Auspeitschung und Enthauptung bestraft werden. (15) All das geschah, wenn auch gegen den Willen, so doch nicht gegen den Widerstand der Väter, weil sich die Wut noch nicht gegen eine Einzelperson richtete.

56 (1) Als hierauf die tribunizische Amtsgewalt und auch die Freiheit des Bürgerstandes wohlbegründet waren, da hielten es die Tribunen für sicher und an der Zeit, gegen einzelne vorzugehen und erkoren zuerst Verginius zum Ankläger, Appius zum Angeklagten. (2) Nachdem Verginius den Appius vor Gericht geladen hatte, und dieser, von jungen Edelmännern umringt, aufs Forum gekommen war, wurde in allen, sobald sie ihn und seine Spießgesellen erblickten, sofort wieder die Erinnerung an seinen schmählichen Machtgebrauch wach. (3) Da sprach Verginius: »Die Gerichtsrede wurde für unklare Fälle erdacht; daher will ich weder die Zeit vergeuden, indem ich diesen Mann, vor dessen Grausamkeit ihr euch ja selbst mit Waffengewalt gerettet habt, vor euch anklage, noch will ich es ihm gestatten, zu seinen übrigen Verbrechen die Unverschämtheit einer Selbstrechtfertigung anzufügen. (4) All das, Appius Claudius, wozu du dich zwei Jahre lang in ruchloser und frevlerischer Art immer und immer wieder erdreistet hast, lasse ich dir nach. Lediglich wegen eines einzigen Verbrechens werde ich dich in den Kerker werfen lassen, es sei denn, du bestellst einen Schiedsrichter, um zu beweisen, daß du nicht gegen die Gesetze statt auf Freiheit auf vorläufige Sklaverei entschieden hast.« (5) Weder auf den Beistand der Tribunen noch auf die Entscheidung des Volkes setzte Appius irgendeine Hoffnung; trotzdem rief er die Tribunen an, und weil keiner von ihnen einschritt, als er

164   *Ab urbe condita   liber III*

tore, 'Provoco' inquit. (6) Audita vox una vindex libertatis, ex
eo missa ore quo vindiciae nuper ab libertate dictae erant,
silentium fecit. (7) Et dum pro se quisque deos tandem esse et
non neglegere humana fremunt et superbiae crudelitatique
etsi seras, non leves tamen venire poenas – (8) provocare qui
provocationem sustulisset, et implorare praesidium populi
qui omnia iura populi obtrisset, rapique in vincula egentem
iure libertatis qui liberum corpus in servitutem addixisset –
ipsius Appi inter contionis murmur fidem populi Romani
implorantis vox audiebatur: (9) maiorum merita in rem publicam domi militiaeque commemorabat, suum infelix erga plebem Romanam studium, quo aequandarum legum causa cum
maxima offensione patrum consulatu abisset, suas leges, quibus manentibus lator earum in vincula ducatur. (10) ceterum
sua propria bona malaque, cum causae dicendae data facultas
sit, tum se experturum; in praesentia se communi iure civitatis
civem Romanum die dicta postulare ut dicere liceat, ut iudicium populi Romani experiri. (11) non ita se invidiam perti-
muisse, ut nihil in aequitate et misericordia civium suorum
spei habeat. quod si indicta causa in vincla ducatur, iterum se
tribunos plebei appellare et monere ne imitentur quos ode-
rint. (12) quod si tribuni eodem foedere obligatos se fateantur
tollendae appellationis in quod conspirasse decemviros crimi-
nati sint, at se provocare ad populum, implorare leges de

Römische Geschichte 3. Buch 165

von einem Amtsdiener verhaftet wurde, sagte er: »Ich lege
Berufung ein!« (6) Der Klang dieses Wortes, das der alleinige
Garant der Freiheit war und dazu noch aus dem Munde dessen ertönte, der vor kurzem gegen die persönliche Freiheit
entschieden hatte, ließ Stille eintreten. (7) Und während jeder
sich flüsternd vorsagte, es gebe am Ende doch Götter, die das
Verhalten der Menschen sehr wohl kümmere, und despoti-
scher Grausamkeit folgten zwar späte, aber keine milden
Strafen – (8) der lege Berufung ein, der das Berufungsrecht
abgeschafft habe; der rufe nach dem Beistand des Volkes, der
alle Rechte des Volkes mit Füßen getreten habe; der werde
verhaftet und werde des Rechts auf Freiheit beraubt, der ein
freies Individuum zur Sklavin bestimmt habe –, hörte man
aus dem Raunen der versammelten Menge die Stimme des
Appius selbst, der das römische Volk um Schutz bat: (9) er
erinnerte an die Verdienste seiner Vorfahren um den Staat in
Krieg und Frieden, an seine unglückliche Liebe zum einfachen Volk von Rom, derentwegen er unter heftigem Widerstand der Väter das Konsulat aufgegeben hätte, um für alle
gleiche Rechte zu schaffen, und an seine Gesetze, die in Kraft
blieben, deren Schöpfer man aber in den Kerker bringe.
(10) Im übrigen werde er dann über seine eigenen Vorzüge
und Schwächen rechten, wenn ihm die Möglichkeit gegeben
werde, über seinen Fall zu sprechen; für den Augenblick ver-
lange er, sich gemäß dem allgemeinen Bürgerrecht als römischer Bürger, der unter Anklage stehe, verantworten und
dem Urteil des römischen Volkes unterwerfen zu dürfen.
(11) So sehr habe er den Haß noch nicht zu fürchten begonnen, daß er keine Hoffnung auf die Gerechtigkeit und das
Mitleid seiner Landsleute setze. Wenn er nun ohne Verteidigung in den Kerker geführt werde, so rufe er noch einmal die
Volkstribunen an und warne sie, diese nicht nachzuahmen,
die ihnen verhaßt seien. (12) Sollten aber die Tribunen zu
erkennen geben, daß sie sich ebenso zur Abschaffung des
Berufungsrechtes[167] verbündet hätten wie die Decemvirn,
denen sie diese Verschwörung anlasteten, so lege er dennoch

166 *Ab urbe condita   liber III*

provocatione et consulares et tribunicias, eo ipso anno latas.
(13) quem enim provocaturum, si hoc indemnato indicta
causa non liceat? cui plebeio et humili praesidium in legibus
fore, si Ap. Claudio non sit? se documento futurum utrum
novis legibus dominatio an libertas firmata sit, et appellatio
provocatioque adversus iniuriam magistratuum ostentata
tantum inanibus litteris an vere data sit.
57 (1) Contra ea Verginius unum Ap. Claudium et legum
expertem et civilis et humani foederis esse aiebat: (2) respice-
rent tribunal homines, castellum omnium scelerum, ubi
decemvir ille perpetuus, bonis, tergo, sanguini civium infestus, virgas securesque omnibus minitans, deorum hominumque contemptor, carnificibus, non lictoribus stipatus,
(3) iam ab rapinis et caedibus animo ad libidinem verso virginem ingenuam in oculis populi Romani, velut bello captam,
ab complexu patris abreptam ministro cubiculi sui clienti
dono dederit; (4) ubi crudeli decreto nefandisque vindiciis
dextram patris in filiam armaverit; ubi tollentes corpus semia-
nime virginis sponsum avumque in carcerem duci iusserit,
stupro interpellato magis quam caede motus. et illi carcerem
aedificatum esse quod domicilium plebis Romanae vocare sit
solitus. (5) proinde ut ille iterum ac saepius provocet, sic se
iterum ac saepius iudicem illi ferre ni vindicias ab libertate in
servitutem dederit; si ad iudicem non eat, pro damnato in

Römische Geschichte 3. Buch 167

beim Volk Berufung ein und flehe die in diesem Jahr sowohl von Konsuln als auch von Tribunen eingebrachten Gesetze über das Berufungsrecht an. (13) Denn wer würde überhaupt berufen können, wenn es einem Unverurteilten, der sich noch nicht verteidigt habe, verwehrt sei? Welcher kleine Bürger könne bei Gesetzen Schutz finden, die nicht einmal einen Ap. Claudius schützten? Er werde der Gradmesser sein, ob durch die neuen Gesetze Tyrannei oder Freiheit gefestigt worden sei und Einspruch sowie Berufung gegen den Rechtsmißbrauch von Amtsträgern lediglich in toten Lettern zur Schau gestellt oder wahrhaft eingeführt worden seien.

57 (1) Dagegen wandte Verginius ein, Ap. Claudius stehe als einziger jenseits der Grenzen von Bürger- und Menschenrechten: (2) man möge zur Richterbühne, dieser Bastion[168] aller Verbrechen, aufblicken, wo jener als Decemvir auf ewig gegen Besitz, Leib und Leben der Bürger wütend, allen die Peitsche und das Beil androhend, ein Verächter der Götter und Menschen, von Henkern und nicht von Liktoren umgeben, (3) sein Sinnen von Raub und Mord der Wollust zugewandt, vor den Augen des römischen Volkes ein freigeborenes Mädchen wie eine Kriegsgefangene aus den Armen des Vaters gerissen und einem Zuhälter, seinem Gefolgsmann, zum Geschenk gemacht habe; (4) wo er durch ein grausames Urteil und einen verbrecherischen Freiheitsentzug die Hand eines Vaters gegen die Tochter bewaffnet habe; wo er befohlen habe, den Verlobten und den Großvater, die den Leib des halbtoten Mädchens aufhoben, in den Kerker zu bringen und dabei eher wegen der Störung seiner unzüchtigen Gelüste als von der Bluttat erschüttert war. Im übrigen sei auch für ihn[169] das Gefängnis erbaut, das er gewöhnlich »Wohnstatt des römischen Pöbels« zu benennen pflegte. (5) Er solle demnach immer und immer wieder Berufung einlegen, er würde ihm ständig einen Schiedsrichter vorschlagen, um zu klären, ob er nicht statt auf Freiheit auf vorläufige Sklaverei entschieden habe. Falls er vor dem Richter nicht erscheine, lasse er ihn wie

168   *Ab urbe condita   liber III*

vincula duci iubere. (6) Ut haud quoquam improbante, sic
magno motu animorum, cum tanti viri supplicio suamet plebi
iam nimia libertas videretur, in carcerem est coniectus; tribunus ei diem prodixit.
(7) Inter haec ab Latinis et Hernicis legati gratulatum de concordia patrum ac plebis Romam venerunt, donumque ob eam
Iovi optimo maximo coronam auream in Capitolium tulere
parvi ponderis, prout res haud opulentae erant colebanturque
religiones pie magis quam magnifice. (8) Iisdem auctoribus
cognitum est Aequos Volscosque summa vi bellum apparare.
(9) Itaque partiri provincias consules iussi. Horatio Sabini,
Valerio Aequi evenere. Cum ad ea bella dilectum edixissent,
favore plebis non iuniores modo sed emeritis etiam stipendiis
pars magna voluntariorum ad nomina danda praesto fuere,
eoque non copia modo sed genere etiam militum, veteranis
admixtis, firmior exercitus fuit. (10) Priusquam urbe egre-
derentur, leges decemvirales, quibus tabulis duodecim est
nomen, in aes incisas in publico posuerunt. Sunt qui iussu
tribunorum aediles functos eo ministerio scribant.
58 (1) C. Claudius, qui perosus decemvirorum scelera et ante
omnes fratris filii superbiae infestus Regillum, antiquam in
patriam, se contulerat, is magno iam natu cum ad pericula eius
deprecanda redisset cuius vitia fugerat, sordidatus cum genti-

Römische Geschichte 3. Buch 169

einen Verurteilten in Ketten legen. (6) Wenn es auch niemand mißbilligte, so waren die Gemüter doch sehr erregt, als er in den Kerker geworfen wurde, weil dem Bürgervolk aufgrund der harten Bestrafung eines so großen Mannes die eigene Selbstbestimmung schon als zu übertrieben erschien. Der Tribun setzte für ihn einen anderen Termin an.

(7) Während dieser Vorgänge trafen in Rom Gesandte von den Latinern und Hernikern ein, um zur Eintracht zwischen Vätern und Bürgerpartei ihre Glückwünsche zu überbringen. Dafür brachten sie Iuppiter Optimus Maximus als Gabe einen goldenen Kranz auf das Kapitol, dessen Gewicht gering war, so wie es ihrem bescheidenen Vermögen und den Götterkulten entsprach, die eher fromm als verschwenderisch geübt wurden. (8) Durch deren Bericht erfuhr man, daß sich Aequer und Volsker mit größter Energie zum Kriege rüsteten. (9) Daher wurden die Konsuln beauftragt, ihre Befehlsbereiche einzuteilen. Dem Horatius fielen die Sabiner, dem Valerius die Aequer zu. Nachdem sie die Rekrutierung für diese Feldzüge verfügt hatten, waren infolge der guten Stimmung im einfachen Volk nicht nur Jungmänner, sondern auch eine große Gruppe von Freiwilligen, deren Wehrpflicht abgelaufen war, zur Stelle, um sich namentlich zu melden; daher war das Heer nicht nur an Zahl, sondern auch wegen der Eingliederung von Veteranen durch die Art seiner Soldaten überlegen. (10) Bevor sie aus der Stadt marschierten, stellte man die in Erz gemeißelten Gesetze der Decemvirn, die man die Zwölftafelgesetze nennt, öffentlich auf. Manche schreiben, die Aedilen hätten diese Aufgabe auf Weisung der Tribunen erledigt.

58 (1) C. Claudius[170] hatte sich, aus Abscheu vor den Verbrechen der Decemvirn und über den Hochmut seines Neffen mehr als die anderen erbost, nach Regillus in seine angestammte Heimat begeben. Jetzt war er, ein hochbejahrter Mann, zurückgekehrt, um durch Bitten die Gefahren von dem abzuwenden, vor dessen Schandtaten er geflohen war. Im Büßergewand ging er zusammen mit Verwandten und

170   *Ab urbe condita   liber III*

libus clientibusque in foro prensabat singulos orabatque
(2) ne Claudiae genti eam inustam maculam vellent ut carcere
et vinculis viderentur digni. virum honoratissimae imaginis
futurum ad posteros, legum latorem conditoremque Romani
iuris, iacere vinctum inter fures nocturnos ac latrones.
(3) averterent ab ira parumper ad cognitionem cogitationem-
que animos, et potius unum tot Claudiis deprecantibus condonarent quam propter unius odium multorum preces
aspernarentur. (4) se quoque id generi ac nomini dare nec cum
eo in gratiam redisse, cuius adversae fortunae velit succur-
sum. virtute libertatem reciperatam esse: clementia concordiam ordinum stabiliri posse. (5) Erant quos moveret sua
magis pietate quam eius pro quo agebat causa; sed Verginius
sui potius ut misererentur orabat filiaeque, nec gentis Claudiae regnum in plebem sortitae sed necessariorum Verginiae
trium tribunorum preces audirent, qui ad auxilium plebis
creati ipsi plebis fidem atque auxilium implorarent. (6) Iustio-
res hae lacrimae videbantur. Itaque spe incisa, priusquam
prodicta dies adesset, Appius mortem sibi conscivit.
(7) Subinde arreptus a P. Numitorio Sp. Oppius, proximus
invidiae, quod in urbe fuerat cum iniustae vindiciae a collega
dicerentur. (8) Plus tamen facta iniuria Oppio quam non pro-
hibita invidiae fecit. Testis productus, qui septem et viginti
enumeratis stipendiis, octiens extra ordinem donatus dona-
que ea gerens in conspectu populi, scissa veste, tergum lacera-

Römische Geschichte 3. Buch 171

Gefolgsleuten jeden einzelnen auf dem Forum um Hilfe an und flehte, (2) sie sollten dem Geschlecht der Claudier nicht die Schmach wünschen, als des Kerkers und der Ketten würdig zu gelten. Ein Mann, dessen Ehrenbild[171] in der Nachwelt hoch geehrt sein werde, der Schöpfer von Gesetzen und Gründer des römischen Rechtes, liege gefesselt zwischen nächtlichen Dieben und Wegelagerern. (3) Sie sollten ihre Gedanken im Sinne eines gründlichen Untersuchens und Abwägens einen Augenblick vom Zorn freimachen und lieber den einen auf die Bitten so vieler Claudier begnadigen, als wegen des Hasses auf einen die Bitten von so vielen zurückweisen. (4) Auch er tue das nur für die Familie und deren Ruf, habe sich mit dem auch nicht ausgesöhnt, dem er im Unglück zu Hilfe eilen wolle. Mit Tatkraft habe man die Freiheit wiedergewonnen: mit Nachsicht könne die Eintracht der Stände gefestigt werden. (5) So manche rührte er mehr durch seinen Sinn für die Familie als mit dem Fall dessen, für den er sprach; aber Verginius bat, sie sollten sich eher seiner und seiner Tochter erbarmen und nicht auf die Bitten des claudischen Geschlechts, dem eine Herrschaft von Königen über das einfache Volk zugefallen sei, sondern auf die der Angehörigen Verginias, dreier Volkstribunen, hören, die zum Schutz des Bürgerstandes gewählt, ihrerseits Vertrauen und Unterstützung des Bürgerstandes erbäten. (6) Diese Tränen schienen gerechtfertigter. Bevor der vereinbarte Gerichtstag heranrückte, gab sich Appius den Tod, da ihm die Hoffnung geschwunden war.

(7) Gleich darauf wurde Sp. Oppius von P. Numitorius verhaftet. Er war jetzt das nächste Ziel der Angriffe, weil er sich in der Stadt befunden hatte, als sein Kollege den ungesetzlichen Freiheitsentzug verkündete. (8) Trotzdem brachte dem Oppius ein begangenes Unrecht mehr Haß ein als das nicht verhinderte. Es wurde ein Zeuge vorgeführt, der seine 27 Dienstjahre[172] beim Militär vorrechnete, achtmal für besondere Verdienste ausgezeichnet worden war und diese Ehrungen vor dem Volk zur Schau trug. Jetzt aber zerriß

172   *Ab urbe condita   liber III*

tum virgis ostendit, nihilum deprecans quin si quam suam
noxam reus dicere posset, privatus iterum in se saeviret.
(9) Oppius quoque ductus in vincula est, et ante iudicii diem
finem ibi vitae fecit. Bona Claudi Oppique tribuni publica-
vere. Collegae eorum exsilii causa solum verterunt; bona
publicata sunt. (10) Et M. Claudius, adsertor Verginiae, die
dicta damnatus, ipso remittente Verginio ultimam poenam
dimissus Tibur exsulatum abiit, (11) manesque Verginiae,
mortuae quam vivae felicioris, per tot domos ad petendas
poenas vagati, nullo relicto sonte tandem quieverunt.
59 (1) Ingens metus incesserat patres, voltusque iam iidem
tribunorum erant qui decemvirorum fuerant, cum M. Duilius
tribunus plebis, inhibito salubriter modo nimiae potestati,
(2) 'Et libertatis' inquit 'nostrae et poenarum ex inimicis satis
est; itaque hoc anno nec diem dici cuiquam nec in vincula duci
quemquam sum passurus. (3) Nam neque vetera peccata
repeti iam oblitterata placet, cum nova expiata sint decemvirorum suppliciis, et nihil admissum iri quod vim tribuniciam
desideret spondet perpetua consulum amborum in libertate
vestra tuenda cura.' (4) Ea primum moderatio tribuni metum
patribus dempsit, eademque auxit consulum invidiam, quod
adeo toti plebis fuissent ut patrum salutis libertatisque prior
plebeio magistratui quam patricio cura fuisset, et ante inimi-

Römische Geschichte   3. Buch   173

er sein Gewand und zeigte seinen von Peitschenhieben zerschundenen Rücken, wobei er um nichts anderes bat, als daß ihm der Angeklagte als Privatmann noch einmal so hart zusetzen solle, wenn er ihm irgendeine Schuld nachweisen könne. (9) Auch Oppius wurde in Fesseln gelegt und setzte seinem Leben vor dem Gerichtstag ein Ende. Die Tribunen konfiszierten die Güter des Claudius und des Oppius. Deren Kollegen verließen Grund und Boden und gingen in die Verbannung; ihre Güter wurden eingezogen. (10) Ferner wurde M. Claudius, der die Jungfrau gefordert hatte, vor Gericht gebracht und verurteilt, doch da Verginius selbst auf die Todesstrafe verzichtete, kam er frei und ging nach Tibur in die Verbannung. (11) Auch die Geister der Verginia[173], die im Tod glücklicher war als im Leben, kamen endlich zur Ruhe, nachdem sie so viele Häuser heimgesucht hatten, da kein Schuldiger mehr übrig war, um Sühne zu fordern.

59 (1) Ungeheure Angst hatte die Väter überkommen, und die Tribunen zeigten auf ihren Gesichtern schon denselben Ausdruck wie einst die Decemvirn, als der Volkstribun M. Duilius dieser übergroßen Tribunenmacht ein heilsames Maß auferlegte und sagte: (2) »Sowohl unserer Freiheit als auch der Bestrafung der Gegner ist Genüge getan; daher werde ich es nicht mehr zulassen, in diesem Jahr jemanden vor Gericht zu bringen oder irgendeinen in Ketten zu legen. (3) Denn es ist nicht richtig, die alten Vergehen, die schon aus der Erinnerung gelöscht sind, wieder aufzugreifen, da die jüngsten durch die Bestrafung der Decemvirn gesühnt sind; ferner garantiert der dauernde Einsatz beider Konsuln für die Sicherung eurer Freiheit, daß man nichts geschehen lassen wird, was das Eingreifen der Tribunen notwendig machen könnte.« (4) Diese Zurückhaltung des Tribunen nahm den Vätern anfänglich die Angst, doch vergrößerte sie ebenso ihren Unwillen gegenüber den Konsuln, die sich ihrer Ansicht nach dem Bürgerstand so völlig ergeben hatten, daß ein bürgerlicher Amtsträger sich eher um Wohlergehen und Freiheit der

174   *Ab urbe condita   liber III*

cos satietas poenarum suarum cepisset quam obviam ituros
licentiae eorum consules appareret. (5) Multique erant qui
mollius consultum dicerent, quod legum ab iis latarum patres
auctores fuissent; neque erat dubium quin turbato rei publicae statu tempori succubuissent.
60 (1) Consules rebus urbanis compositis fundatoque plebis
statu, in provincias diversi abiere. Valerius adversus coniunc-
tos iam in Algido exercitus Aequorum Volscorumque susti-
nuit consilio bellum; (2) quod si exemplo rem fortunae com-
misisset, haud scio an, qui tum animi ab decemvirorum infeli-
cibus auspiciis Romanis hostibusque erant, magno detri-
mento certamen staturum fuerit. (3) Castris mille passuum ab
hoste positis copias continebat. Hostes medium inter bina
castra spatium acie instructa complebant, provocantibusque
ad proelium responsum Romanus nemo reddebat. (4) Tandem fatigati stando ac nequiquam exspectando certamen
Aequi Volscique, postquam concessum propemodum de victoria credebant, pars in Hernicos, pars in Latinos praedatum
abeunt; relinquitur magis castris praesidium quam satis
virium ad certamen. (5) Quod ubi consul sensit, reddit inla-
tum antea terrorem, instructaque acie ultro hostem lacessit.
(6) Ubi illi, conscientia quid abesset virium, detractavere
pugnam, crevit extemplo Romanis animus, et pro victis habebant paventes intra vallum. (7) Cum per totum diem stetissent

Römische Geschichte 3. Buch 175

Väter bemüht habe als ein adeliger, und daß die Gegner der eigenen Strafmaßnahmen überdrüssig geworden seien, bevor die Konsuln augenscheinlich darangingen, ihrer Willkür entgegenzutreten. (5) Es gab auch viele, die sagten, die Väter seien bei ihrer Entscheidung zu nachgiebig gewesen, als sie die von den Konsuln vorgeschlagenen Gesetze bestätigt hätten; es bestand kein Zweifel, daß sie sich angesichts der verworrenen Zustände im Staat dem Geist der Zeit gebeugt hatten.

60 (1) Die städtischen Angelegenheiten waren geordnet, und die Position des Bürgerstandes war gesichert, als sich die Konsuln in ihre jeweiligen Einsatzgebiete begaben. Valerius zog bewußt den Krieg gegen die schon auf dem Algidus vereinten Heere der Aequer und Volsker hinaus; (2) angenommen, er hätte die Entscheidung sofort dem Zufall[174] überlassen – ich glaube fast, daß er angesichts der Stimmung, die infolge der unseligen Regentschaft der Decemvirn bei Römern und Feinden herrschte, den Kampf zu seinem großen Schaden begonnen hätte. (3) Er behielt seine Truppen in einem Lager, das er eine Meile von den Feinden entfernt errichtet hatte. Die Feinde nahmen in geordneter Schlachtreihe den Mittelraum zwischen den beiden Lagerplätzen ein, doch als sie die Römer zum Kampfe forderten, gab ihnen keiner eine Antwort. (4) Vom Stehen und nutzlosen Warten auf den Waffengang ermüdet, glaubten die Aequer und Volsker, man hätte ihnen den Sieg fast schon geschenkt, und begaben sich schließlich teils ins Gebiet der Herniker, teils ins Latinerland, um zu plündern; was zurückblieb, war eher eine Truppe zur Lagerbewachung als eine für einen Kampf ausreichende Besatzung. (5) Sobald der Konsul das wahrnahm, erwiderte er Drohung mit Gegendrohung, richtete die Schlachtlinie ein und provozierte von sich aus den Feind. (6) Als jene im Bewußtsein ihrer Unterlegenheit die Schlacht hinauszögerten, wuchs den Römern sofort der Mut, und sie hielten die innerhalb ihrer Umwallung zitternden Feinde für so gut wie besiegt. (7) Nachdem sie den ganzen Tag zum

Ab urbe condita liber III

intenti ad certamen, nocti cessere. Et Romani quidem pleni spei corpora curabant: haudquaquam pari hostes animo nuntios passim trepidi ad revocandos praedatores dimittunt. (8) Recurritur ex proximis locis: ulteriores non inventi. Ubi inluxit, egreditur castris Romanus, vallum invasurus ni copia pugnae fieret. Et postquam multa iam dies erat neque movebatur quicquam ab hoste, iubet signa inferri consul; motaque acie, indignatio Aequos et Volscos incessit, si victores exercitus vallum potius quam virtus et arma tegerent. Igitur et ipsi efflagitatum ab ducibus signum pugnae accepere. (9) Iamque pars egressa portis erat deincepsque alii servabant ordinem, in suum quisque locum descendentes, cum consul Romanus, priusquam totis viribus fulta constaret hostium acies, intulit signa; (10) adortusque nec omnes dum eductos nec, qui erant, satis explicatis ordinibus, prope fluctuantem turbam trepidantium huc atque illuc circumspectantiumque se ac suos, addito turbatis mentibus clamore atque impetu invadit. (11) Rettulere primo pedem hostes; deinde cum animos collegissent et undique duces victisne cessuri essent increparent, restituitur pugna.

61 (1) Consul ex altera parte Romanos meminisse iubebat illo die primum liberos pro libera urbe Romana pugnare, sibimet

Römische Geschichte   3. Buch   177

Kampf bereit in Aufstellung geblieben waren, wichen sie der Nacht. Die Römer kümmerten sich nun voll Zuversicht um ihr leibliches Wohl. Die Feinde, die freilich ganz andere Sorgen hatten, schickten sehr beunruhigt nach allen Seiten Boten aus, um ihre plündernden Kameraden zurückzubeordern. (8) Aus den nächstgelegenen Gebieten kamen sie zurück: die Entfernteren konnten nicht mehr aufgetrieben werden. Kaum war es hell geworden, zogen die Römer aus dem Lager, um in die Verschanzung einzudringen, wenn ihnen keine Schlacht angeboten werden sollte. Und als es schon spät am Tag war, sich beim Feind aber noch immer nichts rührte, befahl der Konsul den Angriff; sowie die Schlachtreihe in Bewegung gekommen war, machte sich unter den Aequern und Volskern Verärgerung darüber breit, daß eher ein Wall aus Palisaden als kühne Waffentaten ihre siegreichen Heere schützen sollten. Deshalb empfingen auch sie das Signal zum Kampf, das sie von ihren Führern so heftig verlangt hatten. (9) Schon hatte ein Teil die Tore durchschritten, und die anderen Abteilungen dahinter folgten in Reih und Glied, genauso wie sie sich später aufstellen wollten, als der römische Konsul den Angriff begann, noch bevor die Reihe der Feinde, von der Gesamtmacht gestützt, sich festigen konnte; (10) er attackierte, als noch gar nicht alle ausgerückt waren und diejenigen, die draußen waren, ihre Linien noch nicht fertig entwickelt hatten, und drang dann mit einer Wucht und einem Gebrüll auf den wogenden Haufen von Menschen ein, die bald hierhin bald dorthin irrend sich gegenseitig sowie ihren Gefährten besorgte Blicke zuwarfen, daß sich ihre Bestürzung sogar noch steigerte. (11) Anfangs gingen die Feinde schrittweise zurück; dann, als sie sich wieder ein Herz gefaßt hatten und ihre Anführer sie von allen Seiten hart anfuhren, ob sie vielleicht vor Besiegten weichen wollten, wurde der Kampf wieder ausgeglichener.

61 (1) Auf der anderen Seite forderte der Konsul die Römer auf, daran zu denken, daß sie an diesem Tag zum ersten Mal als freie Männer für eine freie Stadt Rom kämpften, daß sie

178   *Ab urbe condita   liber III*

ipsis victuros, non ut decemvirorum victores praemium
essent. (2) non Appio duce rem geri, sed consule Valerio, ab
liberatoribus populi Romani orto, liberatore ipso. ostende-
rent prioribus proeliis per duces non per milites stetisse ne
vincerent. (3) turpe esse contra cives plus animi habuisse
quam contra hostes et domi quam foris servitutem magis
timuisse. (4) unam Verginiam fuisse cuius pudicitiae in pace
periculum esset, unum Appium civem periculosae libidinis;
at si fortuna belli inclinet, omnium liberis ab tot milibus
hostium periculum fore; (5) nolle ominari quae nec Iuppiter
nec Mars pater passuri sint iis auspiciis conditae urbi accidere.
Aventini Sacrique montis admonebat, ut ubi libertas parta
esset paucis ante mensibus, eo imperium inlibatum referrent,
(6) ostenderentque eandem indolem militibus Romanis post
exactos decemviros esse quae ante creatos fuerit, nec aequatis
legibus imminutam virtutem populi Romani esse. (7) Haec
ubi inter signa peditum dicta dedit, advolat deinde ad equites.
'Agite, iuvenes,' inquit, 'praestate virtute peditem ut honore
atque ordine praestatis. (8) Primo concursu pedes movit
hostem; pulsum vos immissis equis exigite e campo. Non
sustinebunt impetum, et nunc cunctantur magis quam resistunt.' (9) Concitant equos permittuntque in hostem pedestri
iam turbatum pugna, et perruptis ordinibus elati ad novissi-

Römische Geschichte   3. Buch   179

künftig für sich selbst siegen würden und nicht, um als Sieger nützliche Handlanger von Decemvirn zu werden. (2) Kein Mann wie Appius sei ihr Führer in diesem Kampf, sondern der Konsul Valerius, Nachkomme der Befreier des römischen Volkes und selbst ein Freiheitsheld.[175] Sie sollten beweisen, daß es in den früheren Kämpfen an den Heerführern, nicht an den Soldaten gelegen habe, wenn sie sieglos geblieben waren. (3) Schändlich sei es, gegen Bürger mehr Mut als gegen Feinde besessen und Knechtschaft zu Hause mehr gefürchtet zu haben als in der Fremde. (4) Im Frieden sei es allein Verginia gewesen, für deren Keuschheit eine Gefahr bestanden habe, und Appius der einzige Bürger, dessen Triebhaftigkeit gefährlich gewesen sei – wenn sich jedoch ihr Kriegsglück neige, werde von den abertausend Feinden Gefahr für die Kinder aller drohen; (5) er wolle nicht Dinge vorhersagen, die weder Iuppiter noch Vater Mars einer unter solchen Auspizien gegründeten Stadt zustoßen lassen würden. Er erinnerte sie an den Aventin und den Heiligen Berg, auf daß sie die Macht ungeschmälert dorthin zurückbrächten, wo wenige Monate zuvor die Freiheit geboren worden wäre; (6) ferner sollten sie zeigen, daß den römischen Soldaten nach der Vertreibung der Decemvirn derselbe Charakter eigen sei wie vor deren Wahl und daß trotz der Gleichheit vor dem Gesetz die Tüchtigkeit des römischen Volkes nicht geringer geworden sei. (7) Also sprach er unter den Fahnen der Fußtruppen und eilte anschließend zu den Reitern: »Auf denn, ihr jungen Herren«, rief er, »übertrefft das Fußvolk an Tapferkeit, wie ihr es auch an Würde und Stand übertrefft! (8) Beim ersten Zusammenstoß hat die Infanterie den Feind abgedrängt; ihr sollt ihn, da er geschlagen, durch einen Angriff der Reiterei aus dem Felde jagen. Sie werden dem Angriff nicht standhalten, auch jetzt zaudern sie eher, anstatt Widerstand zu leisten.« (9) Sie trieben die Pferde an, sprengten auf den schon seit dem Infanteriegefecht in Auflösung befindlichen Feind los, durchbrachen seine Reihen und drangen bis zum letzten Treffen vor; ein Teil machte auf offenem Gelände eine

180   *Ab urbe condita   liber III*

mam aciem, pars libero spatio circumvecti, iam fugam undique capessentes plerosque a castris avertunt praeterequitantesque absterrent. (10) Peditum acies et consul ipse visque omnis belli fertur in castra, captisque cum ingenti caede, maiore praeda potitur.

(11) Huius pugnae fama perlata non in urbem modo sed in Sabinos ad alterum exercitum, in urbe laetitia celebrata est, in castris animos militum ad aemulandum decus accendit. (12) Iam Horatius eos excursionibus proeliisque levibus experiundo adsuefecerat sibi potius fidere quam meminisse ignominiae decemvirorum ductu acceptae, parvaque certamina in summam totius profecerant spei. (13) Nec cessabant Sabini, feroces ab re priore anno bene gesta, lacessere atque instare, rogitantes quid latrocinii modo procursantes pauci recurrentesque tererent tempus et in multa proelia parvaque carperent summam unius belli? (14) quin illi congrederentur acie inclinandamque semel fortunae rem darent?

62 (1) Ad id, quod sua sponte satis collectum animorum erat, indignitate etiam Romani accendebantur: iam alterum exercitum victorem in urbem rediturum; sibi ultro per contumelias hostem insultare; quando autem se, si tum non sint, pares hostibus fore? (2) Ubi haec fremere militem in castris consul sensit, contione advocata, 'Quemadmodum' inquit 'in Algido res gesta sit, arbitror vos, milites, audisse. Qualem liberi populi exercitum decuit esse, talis fuit; consilio collegae, vir-

Römische Geschichte 3. Buch 181

Schwenkung und trieb die Mehrzahl derer, die sich bereits überall auf der Flucht befanden, vom Lager weg, indem sie sie durch knappes Heranreiten verscheuchten. (10) Die Schlachtreihe des Fußvolkes sowie der Konsul selbst und die gesamte Streitmacht stürzten sich auf das Lager, eroberten es nach gewaltigem Morden und erwarben sich noch gewaltigere Beute.

(11) Die Kunde von dieser Schlacht, die nicht nur in die Stadt, sondern auch zum zweiten Heer ins Sabinerland gedrungen war, wurde in der Stadt freudig gefeiert, entflammte aber im Lager die Soldatenherzen, der Ruhmestat nachzueifern. (12) Horatius hatte sie schon durch ihre Erfahrung bei Ausfällen und leichten Scharmützeln daran gewöhnt, eher auf sich zu vertrauen, als an die unter dem Kommando der Decemvirn erlittene Schmach zu denken; und diese kleinen Gefechte hatten bewirkt, daß sie wieder auf einen erfolgreichen Ausgang hofften. (13) Aber die Sabiner, ungestüm seit dem im letzten Jahr siegreich geführten Krieg, ließen nicht davon ab, die Römer zu provozieren und ihnen mit der ständigen Frage zuzusetzen, warum sie denn wie auf einem Beutezug in geringer Zahl mit Vorstößen und Rückzügen ihre Zeit vergeudeten und den einen Krieg auf viele kleine Kampfaktionen zersplitterten; (14) warum sie sich keiner offenen Feldschlacht stellten und es nicht dem Schicksal überließen, die Sache mit einem Schlag zu entscheiden.

62 (1) Davon abgesehen, daß sie von sich aus genug Mut gefaßt hatten, brannten die Römer auch vor Entrüstung: das andere Heer werde schon bald siegreich in die Stadt zurückkehren; mit ihnen aber treibe der Feind in seinen Schmähreden sogar noch Spott; wann aber würden sie den Feinden gewachsen sein, wenn nicht jetzt? (2) Sobald der Konsul dies Murren der Soldaten im Lager wahrgenommen hatte, berief er das Heer zur Versammlung und sprach: »Wie auf dem Algidus der Kampf geführt wurde, habt ihr, Soldaten, glaube ich, gehört. Wie es sich für das Heer eines freien Volkes geziemte, so schlug es sich. Durch die Klugheit meines Kolle-

182   *Ab urbe condita   liber III*

tute militum victoria parta est. (3) Quod ad me attinet, id
consilii animique habiturus sum, quod vos mihi feceritis,
milites. Et trahi bellum salubriter et mature perfici potest.
(4) Si trahendum est, ego ut in dies spes virtusque vestra cres-
cat, eadem qua institui disciplina efficiam: si iam satis animi
est decernique placet, agite dum, clamorem qualem in acie
sublaturi estis, tollite hic indicem voluntatis virtutisque
vestrae.' (5) Postquam ingenti alacritate clamor est sublatus,
quod bene vertat gesturum se illis morem posteroque die in
aciem deducturum adfirmat. Reliquum diei apparandis armis
consumptum est.
(6) Postero die simul instrui Romanam aciem Sabini videre, et
ipsi, iam pridem avidi certaminis, procedunt. Proelium fuit,
quale inter fidentes sibimet ambo exercitus, veteris perpe-
tuaeque alterum gloriae, alterum nova nuper victoria elatum.
(7) Consilio etiam Sabini vires adiuvere; nam cum aequassent
aciem, duo extra ordinem milia quae in sinistrum cornu
Romanorum in ipso certamine impressionem facerent tenuere. (8) Quae ubi inlatis ex transverso signis degravabant
prope circumventum cornu, equites duarum legionum, ses-
centi fere, ex equis desiliunt cedentibusque iam suis provolant
in primum, simulque et hosti se opponunt et aequato primum
periculo, pudore deinde animos peditum accendunt. (9) Ve-

Römische Geschichte 3. Buch 183

gen und die Tapferkeit der Soldaten wurde der Sieg erworben. (3) Was mich angeht, so werde ich so klug und so wagemutig sein, wie ihr es mir erlaubt. Wir können den Krieg ebenso zu unserem Vorteil in die Länge ziehen wie ihn rasch beenden. (4) Müssen wir ihn hinziehen, werde ich auf dieselbe Art und Weise, mit der ich begonnen habe, bewirken, daß eure Zuversicht und Kampfkraft von Tag zu Tag wachsen: habt ihr schon genug Mut und wollt ihr die Entscheidung – wohlan denn, so stimmt hier den Kriegsruf an, den ihr auch in der Schlacht erheben werdet, als Zeichen eurer Bereitschaft und Tatkraft!« (5) Nachdem sie den Schlachtruf mit ungeheurer Begeisterung angestimmt hatten, versicherte er, er werde sich, was gut ausgehen möge, nach ihnen richten[176] und sie am nächsten Tag in die Feldschlacht führen. Den Rest des Tages verwandte man für die Vorbereitung der Waffen.

(6) Sowie die Sabiner am nächsten Tag sahen, daß sich das römische Heer zur Schlacht aufstellte, rückten auch sie aus, denn sie waren schon lange begierig nach Kampf. Da gabs eine Schlacht wie eben zwischen zwei Heeren, die auf sich selbst vertrauen: das eine war durchdrungen von seinem alten und ungebrochenen Ruhm, das andere ließ sich vom noch ungewohnten, jüngst errungenen Sieg mitreißen. (7) Die Sabiner erhöhten ihre Schlagkraft noch durch eine Kriegslist: nachdem sie nämlich ihrer Front die gleiche Länge wie der römischen gegeben hatten, behielten sie zweitausend Mann als Reserve zurück, die im Verlaufe der Schlacht den linken Flügel der Römer eindrücken sollten. (8) Als sich diese Truppen aber nach einem Flankenangriff anschickten, den beinahe umzingelten römischen Flügel niederzuringen, sprangen die Reiter der beiden Legionen – ungefähr sechshundert – von ihren Pferden, stürzten in die vorderste Reihe, aus der sich ihre Kameraden schon zurückzogen, und stellten sich dem Feind entgegen; dadurch steigerten sie den Mut der Fußtruppe, weil erstens die Gefahr für alle gleich war und sie zweitens ihr Ehrgefühl ansprachen. (9) Sie schämten sich ja, daß der Reiter nach eigener wie nach fremder Taktik kämpfte,

184   *Ab urbe condita   liber III*

recundiae erat equitem suo alienoque Marte pugnare, peditem ne ad pedes quidem degresso equiti parem esse.

63 (1) Vadunt igitur in proelium ab sua parte omissum et locum ex quo cesserant repetunt; momentoque non restituta modo pugna, sed inclinatur etiam Sabinis cornu. (2) Eques inter ordines peditum tectus se ad equos recipit; transvolat inde in partem alteram suis victoriae nuntius; simul et in hostes iam pavidos, quippe fuso suae partis validiore cornu, impetum facit. Non aliorum eo proelio virtus magis enituit. (3) Consul providere omnia, laudare fortes, increpare sicubi segnior pugna esset. Castigati fortium statim virorum opera edebant tantumque hos pudor quantum alios laudes excitabant. (4) Redintegrato clamore undique omnes conisi hostem avertunt, nec deinde Romana vis sustineri potuit. Sabini fusi passim per agros castra hosti ad praedam relinquunt. Ibi non sociorum sicut in Algido res, sed suas Romanus populationibus agrorum amissas recipit.
(5) Gemina victoria duobus bifariam proeliis parta, maligne senatus in unum diem supplicationes consulum nomine decrevit. Populus iniussu et altero die frequens iit supplicatum; et haec vaga popularisque supplicatio studiis prope celebratior fuit. (6) Consules ex composito eodem biduo ad urbem accessere senatumque in Martium campum evocavere. Ubi cum de rebus ab se gestis agerent, questi primores patrum

Römische Geschichte   3. Buch   185

der Fußsoldat aber nicht einmal dem vom Pferd abgesessenen Kavalleristen ebenbürtig sein sollte.

63 (1) Sie gingen also wieder in die Schlacht, die sie in ihrem Abschnitt aufgegeben hatten, und stießen neuerlich zu dem Punkt vor, von dem sie sich zurückgezogen hatten. Im Nu war der Kampf nicht nur ausgeglichen, sondern den Sabinern geriet die Flanke sogar ins Wanken. (2) Die Reiterei zog sich gedeckt zwischen den Linien der Fußtruppen zu den Pferden zurück und eilte dann als Siegesbote zu den Kameraden auf der anderen Seite. Gleichzeitig unternahmen sie einen Angriff gegen die Feinde, die infolge der Niederlage ihres stärkeren Flügels schon entmutigt waren. In dieser Schlacht boten sie vor allen anderen das leuchtendste Beispiel von Tapferkeit. (3) Der Konsul hatte seine Augen überall, lobte die Tapferen, schalt heftig, wenn der Kampf irgendwo zu zäh vor sich ging. Die Zurechtgewiesenen setzten auf der Stelle Taten tapferer Männer; das Ehrgefühl spornte sie ebenso an wie die anderen Zuspruch. (4) Von neuem stimmten sie den Schlachtruf an und vertrieben mit vereinten Kräften den Feind an allen Fronten; und dann war die Römermacht nicht mehr zu halten. Die Sabiner, rings über das offene Land zerstreut, überließen dem Feind das Lager zur Plünderung. Dort eroberte der Römer nicht wie am Algidus[177] den Besitz von Bundesgenossen zurück, sondern seinen eigenen, den er bei den Verwüstungen seiner Felder verloren hatte.

(5) Trotz des zweifachen, in zwei unabhängigen Schlachten erworbenen Sieges ordnete der Senat in kleinlicher Gesinnung nur für einen Tag öffentliche Dankfeste[178] im Namen der Konsuln an. Aber auch am folgenden Tag ging das Volk ohne Geheiß sehr zahlreich in die Tempel, um zu danken, wobei diese freie und volkstümliche Anbetung in ihrer Andacht beinahe noch feierlicher war. (6) Die Konsuln erschienen wie vereinbart zwei Tage nacheinander vor der Stadt und bestellten den Senat auf das Marsfeld.[179] Während sie dort über ihre Taten berichteten, beklagten die führenden Männer der Väter, die Senatssitzung werde zum Zweck ihrer

186   *Ab urbe condita   liber III*

senatum inter milites dedita opera terroris causa haberi.
(7) Itaque inde consules, ne criminationi locus esset, in prata
Flaminia, ubi nunc aedes Apollinis est – iam tum Apollinare
appellabant – avocavere senatum. (8) Ubi cum ingenti consensu patrum negaretur triumphus, L. Icilius tribunus plebis
tulit ad populum de triumpho consulum, multis dissuasum
prodeuntibus, maxime C. Claudio vociferante de patribus,
(9) non de hostibus consules triumphare velle gratiamque pro
privato merito in tribunum, non pro virtute honorem peti.
nunquam ante de triumpho per populum actum; semper
aestimationem arbitriumque eius honoris penes senatum
fuisse; (10) ne reges quidem maiestatem summi ordinis immi-
nuisse. ne ita omnia tribuni potestatis suae implerent, ut
nullum publicum consilium sinerent esse. ita demum liberam
civitatem fore, ita aequatas leges, si sua quisque iura ordo,
suam maiestatem teneat. (11) In eandem sententiam multa et a
ceteris senioribus patrum cum essent dicta, omnes tribus eam
rogationem acceperunt. Tum primum sine auctoritate senatus
populi iussu triumphatum est.
64 (1) Haec victoria tribunorum plebisque prope in haud
salubrem luxuriam vertit, conspiratione inter tribunos facta
ut iidem tribuni reficerentur, et, quo sua minus cupiditas
emineret, consulibus quoque continuarent magistratum.
(2) Consensum patrum causabantur, quo per contumeliam
consulum iura plebis labefactata essent. (3) quid futurum
nondum firmatis legibus, si novos tribunos per factionis suae

Römische Geschichte 3. Buch 187

Einschüchterung vorsätzlich bei der Truppe abgehalten. (7) Daher verlegten die Konsuln, um Beschuldigungen keinen Raum zu bieten, die Sitzung von dort auf die Flaminischen Wiesen, wo jetzt der Tempel des Apoll steht – schon damals hieß der Ort Apollinare. (8) Als dort ein Triumphzug von der großen Mehrheit der Väter abgelehnt wurde, brachte der Volkstribun L. Icilius den Antrag auf einen Triumph für die Konsuln vor die Volksversammlung, obwohl viele vortraten und davon abrieten, ganz besonders aber C. Claudius, der lauthals verkündete, (9) die Konsuln wollten über die Väter, nicht über die Feinde triumphieren; außerdem strebten sie als Gegenleistung für eine persönliche Gefälligkeit gegenüber den Tribunen den Dank, nicht aber zum Lohn für ihre Tapferkeit Ehre an. Niemals zuvor sei vom Volk über einen Triumph abgestimmt worden; stets sei Erwägung und Entscheidung über diese Auszeichnung in den Händen des Senats gelegen;[180] (10) nicht einmal die Könige hätten die Hoheit des obersten Standes geschmälert. Die Tribunen sollten mit ihrer Macht nicht so auf alle Gebiete vordringen, daß sie keine öffentliche Beratung mehr zuließen. Erst dann werde die Bürgerschaft endlich frei, dann erst die Gesetze für alle gleich sein, wenn jeder Stand seine Rechte, seine anerkannte Würde besitze. (11) Obwohl auch von den übrigen älteren Vätern vieles im Sinne dieser Stellungnahme gesagt worden war, stimmten alle Bezirke besagtem Antrag zu. Damals feierte man das erste Mal ohne Ermächtigung durch den Senat auf Beschluß des römischen Volkes einen Triumph.

64 (1) Dieser Sieg der Tribunen und des Bürgerstandes hätte beinahe zu einem unheilsamen Machtmißbrauch geführt, nachdem die Tribunen in geheimer Absprache vereinbart hatten, wieder dieselben Tribunen wählen zu lassen, und, um den eigenen Ehrgeiz zu vertuschen, auch die Amtsperiode der Konsuln zu verlängern. (2) Als Grund dafür schützten sie die Einigkeit der Väter vor, welche die Konsuln brüskiert hätten, um die Rechte des Bürgervolks zu erschüttern. (3) Was sei erst zu erwarten, wenn sie noch vor der Bestätigung der

Ab urbe condita liber III

consules adorti essent? non enim semper Valerios Horatiosque consules fore, qui libertati plebis suas opes postferrent. (4) Forte quadam utili ad tempus, ut comitiis praeesset potissimum M. Duilio sorte evenit, viro prudenti et ex continuatione magistratus invidiam imminentem cernenti. (5) Qui cum ex veteribus tribunis negaret se ullius rationem habiturum, pugnarentque collegae ut liberas tribus in suffragium mitteret aut concederet sortem comitiorum collegis, habituris e lege potius comitia quam ex voluntate patrum, (6) iniecta contentione Duilius consules ad subsellia accitos cum interrogasset quid de comitiis consularibus in animo haberent, respondissentque se novos consules creaturos, auctores populares sententiae haud popularis nactus in contionem cum iis processit. (7) Ubi cum consules producti ad populum interrogatique, si eos populus Romanus, memor libertatis per illos receptae domi, memor militiae rerum gestarum, consules iterum faceret, quidnam facturi essent, nihil sententiae suae mutassent, (8) conlaudatis consulibus quod perseverarent ad ultimum dissimiles decemvirorum esse, comitia habuit; et quinque tribunis plebi creatis cum prae studiis aperte petentium novem tribunorum alii candidati tribus non explerent, (9) concilium dimisit nec deinde comitiorum causa habuit. Satisfactum legi aiebat, quae numero nusquam praefinito tribuni modo ut relinquerentur sanciret et ab iis qui creati essent cooptari collegas iuberet; (10) recitabatque rogationis

Römische Geschichte   3. Buch   189

Gesetze die neuen Tribunen mit Hilfe von Konsuln aus ihrer Partei angriffen? Denn nicht immer würden Männer vom Schlag eines Valerius und Horatius Konsul sein, die für die Freiheit des Bürgertums eigene Machtinteressen zurückstellten. (4) Durch eine in der Situation günstige Fügung fiel das Los, die Volksversammlung zu leiten, auf niemand anderen als auf M. Duilius, einen klugen Mann, der die sich aus der Verlängerung einer Amtsperiode ergebende Unzufriedenheit voraussah. (5) Als er erklärte, niemanden von den früheren Tribunen bei der Wahl zu berücksichtigen, und seine Kollegen ihn bedrängten, er solle die Bezirke frei abstimmen lassen oder den Vorsitz in der Versammlung Kollegen abtreten, die Wahlen eher nach dem Gesetz als nach dem Willen der Väter leiten würden, lud Duilius, (6) da eine Streitfrage entstanden war, die Konsuln zu den Sitzen der Tribunen und fragte sie, was sie bezüglich der Konsulwahlen in Sinne hätten. Als sie erwiderten, sie würden neue Konsuln wählen lassen, trat er mit ihnen vor die Versammlung, weil er in Männern aus der Volksbewegung Verfechter seines unpopulären Antrages gefunden hatte. (7) Dort stellten sich die Konsuln dem Volke und als sie gefragt wurden, was sie denn tun wollten, wenn das römische Volk sie in Erinnerung an die eben durch sie erlangte Freiheit, in Erinnerung an ihre Taten im Feld neuerlich zu Konsuln machen sollte, änderten sie ihre Ansicht in keiner Weise. (8) Dann pries Duilius die Konsuln, weil sie darauf beharrten, sich bis zuletzt von den Decemvirn zu unterscheiden, und hielt die Wahlversammlung ab. Nach der Wahl von fünf Tribunen – wegen des Ehrgeizes der neun noch fungierenden Tribunen, die sich ganz offen bewarben, konnten die anderen Kandidaten die Mehrheit der Stimmbezirke nicht auf sich vereinen[181] – (9) entließ er die Versammlung und berief auch keine mehr ein. Er erklärte, dem Gesetz sei Genüge getan, weil es ohne eine Zahl von Tribunen im voraus zu fixieren, lediglich die Wahl von Tribunen vorsehe und bestimme, daß die Gewählten dies Kollegium durch eine Nachwahl ergänzten. (10) Schließlich zitierte er den Ge-

190 *Ab urbe condita liber III*

carmen in quo ⟨scriptum est⟩ 'Si tribunos plebei decem
rogabo, si qui vos minus hodie decem tribunos plebei feceritis, tum ut i quos hi sibi collegas cooptassint legitimi eadem
lege tribuni plebei sint ut illi quos hodie tribunos plebei feceritis.' (11) Duilius cum ad ultimum perseverasset negando
quindecim tribunos plebei rem publicam habere posse, victa
collegarum cupiditate pariter patribus plebeique acceptus
magistratu abiit.

65 (1) Novi tribuni plebis in cooptandis collegis patrum
voluntatem foverunt; duos etiam patricios consularesque, Sp.
Tarpeium et A. Aternium, cooptavere. (2) Consules creati
Sp. Herminius T. Verginius Caelimontanus, nihil magnopere
ad patrum aut plebis causam inclinati, otium domi ac foris
habuere. (3) L. Trebonius tribunus plebis, infestus patribus
quod se ab iis in cooptandis tribunis fraude captum proditum-
que a collegis aiebat, rogationem tulit (4) ut qui plebem
Romanam tribunos plebei rogaret, is usque eo rogaret dum
decem tribunos plebei faceret; insectandisque patribus, unde
Aspero etiam inditum cognomen, tribunatum gessit.

(5) Inde M. Geganius Macerinus et C. Iulius consules facti
contentiones tribunorum adversus nobilium iuventutem
ortas, sine insectatione potestatis eius conservata maiestate
patrum, sedavere; (6) plebem, decreto ad bellum Volscorum
et Aequorum dilectu, sustinendo rem ab seditionibus conti-
nuere, urbano otio foris quoque omnia tranquilla esse adfir-

Römische Geschichte 3. Buch 191

setzestext über den Wahlvorgang, wo geschrieben steht:
»Wenn ich die Wahl von zehn Volkstribunen beantragen
werde, wenn ihr heute aus irgendeinem Grund weniger als
zehn Volkstribunen gewählt habt, dann sollen diejenigen,
welche sich die anderen als Kollegen nachwählten, nach dem-
selben Gesetz ebenso rechtmäßige Volkstribunen sein wie
diese, welche ihr gewählt habt.« (11) Da Duilius bis zuletzt
beharrlich bestritten hatte, daß es im Staat fünfzehn Volkstribunen geben könne, besiegte er die Machtgier seiner Kollegen
und schied, von Vätern und Volk gleichermaßen anerkannt,
aus dem Amt.

65 (1) Die neuen Volkstribunen unterstützten bei der Nachwahl für ihre Kollegen die Interessen der Väter, ja sie wählten
sogar zwei Patrizier und ehemalige Konsuln, Sp. Tarpeius
und A. Aternius in ihr Kollegium. (2) Zu Konsuln wurden
Sp. Herminius und T. Verginius Caelimontanus gewählt, die
weder der Sache der Väter noch der des Volkes sonderlich
geneigt, Frieden hielten im Inneren wie im Äußeren. (3) L.
Trebonius, ein Volkstribun, der den Vätern feindlich gesinnt
war, weil er von ihnen, wie er behauptete, bei der Nachwahl
der Tribunen hinterlistig übervorteilt und von seinen Kollegen verraten worden sei, brachte den Antrag ein, (4) daß
derjenige, welcher den römischen Bürgerstand über die Wahl
von Volkstribunen abstimmen lasse, dies so lange fortsetzen
müsse, bis er auf zehn Volkstribunen gekommen sei;[182] überhaupt setzte er den Vätern während seines Tribunates hart zu,
weswegen ihm auch der Beiname Asper (d. h. der Harte)
gegeben wurde.

(5) Die nächsten Konsuln M. Geganius Macerinus und C.
Iulius beruhigten die gegen die jungen Adeligen in Szene
gesetzten Angriffe der Tribunen, ohne deren Machtbefugnis
herabzusetzen oder die Würde der Väter zu verletzen; (6) den
Bürgerstand hielten sie dadurch vom Parteikampf fern, daß
sie zwar eine Truppenaushebung für den Volsker- und
Aequerkrieg beschlossen, das Unternehmen aber hinaus-
schoben und dabei versicherten, daß bei Ruhe im Inneren

192   *Ab urbe condita   liber III*

mantes, (7) per discordias civiles externos tollere animos.
Cura pacis concordiae quoque intestinae causa fuit. Sed alter
semper ordo gravis alterius modestiae erat; quiescenti plebi ab
iunioribus patrum iniuriae fieri coeptae. (8) Ubi tribuni auxilio humilioribus essent, in primis parum proderat; deinde ne
ipsi quidem inviolati erant, utique postremis mensibus, cum
et per coitiones potentiorum iniuria fieret et vis potestatis
omnis aliquanto posteriore anni parte languidior ferme esset.
(9) Iamque plebs ita in tribunatu ponere aliquid spei, si similes
Icilio tribunos haberet: nomina tantum se biennio habuisse.
(10) Seniores contra patrum ut nimis feroces suos credere
iuvenes, ita malle, si modus excedendus esset, suis quam
adversariis superesse animos. (11) Adeo moderatio tuendae
libertatis, dum aequari velle simulando ita se quisque extollit
ut deprimat alium, in difficili est, cavendoque ne metuant,
homines metuendos ultro se efficiunt, et iniuriam ab nobis
repulsam, tamquam aut facere aut pati necesse sit, iniungimus
aliis.

66 (1) T. Quinctius Capitolinus quartum et Agrippa Furius
consules inde facti nec seditionem domi nec foris bellum acceperunt; sed imminebat utrumque. (2) Iam non ultra discordia
civium reprimi poterat, et tribunis et plebe incitata in patres,
cum dies alicui nobilium dicta novis semper certaminibus

Römische Geschichte   3. Buch   193

auch auswärts alles friedlich bleibe; (7) bei Streitigkeiten unter Bürgern aber schwelle den Feinden der Mut. So führte die Pflege des Friedens auch zur inneren Eintracht. Aber stets machte der eine Stand es dem anderen schwer, Zurückhaltung zu üben; obwohl sich das Bürgervolk friedlich verhielt, begannen die Jüngeren unter den Vätern, ihm Unrecht anzutun. (8) Als die Tribunen den Schwächeren beistanden, hatte das zuerst gar wenig Wirkung; in der Folge blieben nicht einmal sie selbst verschont, besonders aber in ihren letzten Amtsmonaten, weil das Unrecht von den Cliquen der Mächtigeren ausging und andererseits jedes Amt gegen Jahresende in seiner Wirkung für gewöhnlich ziemlich erschlaffte. (9) Und schon jetzt setzte das Bürgertum nur dann noch einige Hoffnung auf das Tribunat, wenn es Tribunen vom Schlag eines Icilius hätte; aber seit zwei Jahren habe man sie nur mehr dem Namen nach gehabt. (10) Auf der anderen Seite hielten die Älteren unter den Vätern ihre eigenen jungen Herren zwar für allzu unbändig, sahen es aber lieber, daß, wenn schon das Maß überschritten werden mußte, eigenen Leuten das Temperament überschäumte als ihren Gegnern. (11) Gar sehr liegt es mit einem maßvollen Verhalten bei der Bewahrung der Freiheit im argen, solange sich jeder unter dem Vorwand, nach Gleichheit zu streben, dermaßen überhebt, daß er den anderen unterdrückt, sich jeder, um der Furcht zu entgehen, selbst zu einem fürchtenswerten Menschen macht, und wir ein Unrecht, das wir von uns abgewehrt haben, anderen aufbürden, als ob es unabdingbar wäre, entweder Unrecht zu tun oder zu leiden.[183]

66 (1) Hierauf wurden T. Quinctius Capitolinus – er war es zum vierten Mal – und Agrippa Furius zu Konsuln gewählt, die weder Entzweiung im Inneren noch auswärts einen Krieg vorfanden; gleichwohl drohte beides. (2) Die Zwietracht unter den Bürgern ließ sich jetzt nicht mehr länger unterdrükken, weil angesichts der Erbitterung von Tribunen und Bürgerstand gegen die Väter jeder gegen irgendeinen Adeligen angestrengte Prozeß mit stets neuen Streitigkeiten die Ver-

194   *Ab urbe condita   liber III*

contiones turbaret. (3) Ad quarum primum strepitum, velut
signo accepto, arma cepere Aequi Volscique, simul quod per-
suaserant iis duces, cupidi praedarum, biennio ante dilectum
indictum haberi non potuisse, abnuente iam plebe imperium:
eo adversus se non esse missos exercitus. (4) dissolvi licentia
militandi morem, nec pro communi iam patria Romam esse.
quicquid irarum simultatiumque cum externis fuerit in ipsos
verti. occaecatos lupos intestina rabie opprimendi occasionem esse. (5) Coniunctis exercitibus Latinum primum agrum
perpopulati sunt; deinde postquam ibi nemo vindex occurre-
bat, tum vero exsultantibus belli auctoribus ad moenia ipsa
Romae populabundi regione portae Esquilinae accessere,
(6) vastationem agrorum per contumeliam urbi ostentantes.
Unde postquam inulti, praedam prae se agentes, retro ad
Corbionem agmine iere, Quinctius consul ad contionem
populum vocavit.
67 (1) Ibi in hanc sententiam locutum accipio: 'Etsi mihi nullius noxae conscius, Quirites, sum, tamen cum pudore
summo in conspectum vestrum processi. Hoc vos scire, hoc
posteris memoriae traditum iri Aequos et Volscos, vix Hernicis modo pares, T. Quinctio quartum consule ad moenia
urbis Romae impune armatos venisse! (2) Hanc ego ignominiam, quamquam iam diu ita vivitur, is status rerum est ut
nihil boni divinet animus, si huic potissimum imminere anno
scissem, vel exsilio vel morte, si alia fuga honoris non esset,
vitassem. (3) Ergo si viri arma illa habuissent quae in portis

Römische Geschichte 3. Buch 195

sammlungen aufwiegelte. (3) Als dort die ersten Tumulte ausbrachen, griffen Aequer und Volsker wie auf ein gegebenes Zeichen zu den Waffen, und auch deshalb, weil ihre beutegierigen Fürsten sie überzeugt hatten, daß vor zwei Jahren die beschlossene Truppenaushebung nicht habe durchgeführt werden können, weil das römische Volk bereits den Gehorsam verweigert habe: deswegen seien keine Heere gegen sie gesandt worden. (4) Kriegszucht löse sich in allzu großer Freiheit auf, schon gelte Rom nicht mehr als das gemeinsame Vaterland. Was es an Haß und Groll gegenüber Fremden gegeben habe, falle auf sie selbst zurück. Das sei der richtige Moment, die von selbstzerstörerischer Tollwut verblendeten Wölfe[184] unschädlich zu machen. (5) Mit vereinten Streitkräften verwüsteten sie zuerst das Latinerland. Als sich ihnen später dort niemand strafend entgegenstellte, rückten sie unter dem Triumphgeheul der Kriegstreiber in Richtung auf die Porta Esquilina plündernd sogar gegen die Mauern Roms vor (6) und boten der Stadt wie zum Hohn die Verwüstung der Äcker zum Schauspiel dar. Nachdem sie, ungestraft die Beute vor sich hertreibend, von dort den Rückzug nach Corbio angetreten hatten, rief der Konsul Quinctius das Volk zur Versammlung.

67 (1) Meinen Quellen zufolge soll er dort dem Sinne nach gesagt haben[185]: »Obschon ich mir keiner Schuld bewußt bin, Römer, stehe ich doch ganz und gar beschämt vor eurem Angesicht: Das würdet ihr wissen, das würde unseren Nachkommen überliefert werden, daß Aequer und Volsker, erst jüngst den Hernikern kaum ebenbürtig, straflos und bewaffnet bis vor die Mauern der Stadt Rom zogen, als T. Quinctius zum vierten Mal Konsul war! (2) Ach, hätte ich gewußt, daß eine solche Schande gerade diesem Jahr bevorstand – obwohl man schon lang das Leben so fristet, und die Lage des Staates nichts Gutes erahnen läßt –, ich wäre ihr in der Verbannung oder im Tode entkommen, sollte es sonst vor dem Amte kein Entrinnen gegeben haben. (3) Wenn also wirkliche Männer die Waffen vor unseren Toren geführt hätten, könnte Rom

196 *Ab urbe condita liber III*

fuere nostris, capi Roma me consule potuit? Satis honorum,
satis superque vitae erat; mori consulem tertium oportuit.
Quem tandem ignavissimi hostium contempsere? (4) nos
consules an vos Quirites? Si culpa in nobis est, auferte imperium indignis et, si id parum est, insuper poenas expetite:
(5) si in vobis, nemo deorum nec hominum sit, qui vestra
puniat peccata, Quirites: vosmet tantum eorum paeniteat.
Non illi vestram ignaviam contempsere nec suae virtuti con-
fisi sunt; quippe totiens fusi fugatique, castris exuti, agro
multati, sub iugum missi, et se et vos novere: (6) discordia
ordinum et venenum urbis huius, patrum ac plebis certamina,
dum nec nobis imperii nec vobis libertatis est modus, dum
taedet vos patriciorum, nos plebeiorum magistratuum, sustu-
lere illis animos. Pro deum fidem, quid vobis voltis? (7) Tribunos plebis concupistis; concordiae causa concessimus.
Decemviros desiderastis; creari passi sumus. Decemvirorum
vos pertaesum est; coegimus abire magistratu. (8) Manente in
eosdem privatos ira vestra, mori atque exulare nobilissimos
viros honoratissimosque passi sumus. (9) Tribunos plebis
creare iterum voluistis; creastis. Consules facere vestrarum
partium; etsi patribus videbamus iniquum, patricium quoque
magistratum plebi donum fieri vidimus. Auxilium tribunicium, provocationem ad populum, scita plebis iniuncta patribus, sub titulo aequandarum legum nostra iura oppressa tuli-
mus et ferimus. (10) Qui finis erit discordiarum? ecquando

Römische Geschichte 3. Buch 197

unter meinem Konsulat erobert worden sein. Genug der
Ehren, mehr als lang habe ich das Leben genossen; ich hätte in
meinem dritten Konsulat sterben sollen. Mit wem haben
eigentlich die geringsten unserer Feinde ihren Spott getrieben? (4) Mit uns, den Konsuln, oder mit euch Bürgern? Wenn
die Schuld bei uns liegt, entzieht uns, da wir unwürdig, die
Regierungsgewalt, und sollte das noch zu wenig sein, bestraft
uns obendrein: (5) liegt sie bei euch, so möge es keinen Gott
und keinen Menschen geben, der euer Versagen bestraft,
Römer: ihr, nur ihr allein, sollt darüber Reue empfinden.
Jene haben nicht eure Feigheit verspottet noch trauten sie
eigener Tapferkeit, zumal sie, oftmals vertrieben und verjagt,
ihrer Lagerplätze beraubt, mit Gebietsabtretung bestraft und
unters Joch geschickt, sowohl sich selbst wie auch uns ken-
nengelernt haben: (6) die Zwietracht[186] unter den Ständen
und das Gift dieser Stadt, die Rivalitäten zwischen Vätern
und Bürgerstand, ließen sie Mut gewinnen, weil weder wir
für das Regieren, noch ihr für das Freisein ein Maß findet,
weil euch vor patrizischer, uns vor bürgerlicher Obrigkeit
ekelt. Um Himmelswillen, was wollt ihr denn eigentlich?
(7) Ihr habt nach Volkstribunen verlangt – der Eintracht willen haben wir nachgegeben. Ihr habt euch Decemvirn ge-
wünscht – wir duldeten deren Wahl. Ihr wurdet der Decemvirn überdrüssig – wir zwangen sie, abzudanken. (8) Weil
euer Haß gegen sie, auch als sie wieder Privatleute waren,
weiter dauerte, duldeten wir Tod und Verbannung der edel-
sten und angesehensten Männer. (9) Abermals wolltet
ihr Volkstribunen wählen – ihr habt gewählt. Ihr wolltet
Konsuln aus euren Reihen haben – obschon wir wußten, daß
das den Vätern gegenüber unangebracht war, sahen wir zu,
wie dem Bürgerstand sogar ein patrizisches Amt geschenkt
wurde.[187] Das Beistandsrecht der Tribunen, die Berufung an
das Volk, die den Vätern vorgesetzten Entscheide des Bürgerstandes, die unter dem Schlagwort der Gleichheit vor dem
Gesetz erfolgte Schmälerung unserer Rechte haben wir getragen und tragen es noch. (10) Wie wird die Zwietracht noch

198   *Ab urbe condita   liber III*

unam urbem habere, ecquando communem hanc esse patriam
licebit? Victi nos aequiore animo quiescimus quam vos victores. (11) Satisne est nobis vos metuendos esse? Adversus nos
Aventinum capitur, adversus nos Sacer occupatur mons;
Esquiliasque videmus ab hoste prope captas et scandentem in
aggerem Volscum hostem nemo submovit. In nos viri, in nos
armati estis.

68 (1) Agitedum, ubi hic curiam circumsederitis et forum
infestum feceritis et carcerem impleveritis principibus, (2) iisdem istis ferocibus animis egredimini extra portam Esquili-
nam, aut, si ne hoc quidem audetis, ex muris visite agros
vestros ferro ignique vastatos, praedam abigi, fumare passim
incensa tecta. (3) At enim communis res per haec loco est
peiore; ager uritur, urbs obsidetur, belli gloria penes hostes
est. Quid tandem? privatae res vestrae quo statu sunt? Iam
unicuique ex agris sua damna nuntiabuntur. (4) Quid est tandem domi unde ea expleatis? Tribuni vobis amissa reddent ac
restituent? Vocis verborumque quantum voletis ingerent, et
criminum in principes et legum aliarum super alias et con-
tionum; sed ex illis contionibus nunquam vestrum quisquam
re, fortuna domum auctior rediit. (5) Ecquis rettulit aliquid
ad coniugem ac liberos praeter odia offensiones simultates
publicas privatasque, a quibus semper non vestra virtute
innocentiaque, sed auxilio alieno tuti sitis? (6) At hercules,
cum stipendia nobis consulibus, non tribunis ducibus, et in

Römische Geschichte   3. Buch   199

enden? Wann werden wir denn eine geeinte Stadt haben,
wann wird dies Vaterland die Heimat aller sein können? Wir,
obgleich besiegt, bewahren gelasseneren Sinnes Ruhe als ihr,
die Sieger. (11) Reicht es euch nicht, wenn wir euch fürchten
müssen? Uns zum Trotz wurde der Aventin genommen, uns
zum Trotz der Heilige Berg besetzt. Wir mußten miterleben,
wie der Esquilin beinahe vom Feind erobert wurde, und niemand vertrieb den Volskerfeind, wenn er auf den Mauerwall
gestiegen wäre. Aber gegen uns seid ihr Männer, gegen uns,
da seid ihr gewappnet.

68 (1) Vorwärts, sobald ihr hier die Kurie umlagert, das
Forum unsicher gemacht und den Kerker mit den ersten
Männern bevölkert habt, (2) dann zieht mit eben dieser
Kämpfergesinnung durch die Porta Esquilina hinaus, oder
wenn ihr nicht einmal dazu Mut habt, betrachtet von den
Mauern aus eure von Feuer und Schwert verwüsteten Äcker,
wie euer Vieh als Beute weggetrieben wird, wie allüberall
gebrandschatzt die Höfe schwelen! (3) Aber, so höre ich euch
sagen, nur das Gemeingut befindet sich dadurch in einem
schlechteren Zustand. Das Staatsland wird verbrannt, die
Stadt belagert, der Kriegsruhm ist in Feindeshand. – Doch
weiter denkt ihr nicht? Wie steht es mit eurem privaten
Besitz? Bald werden jedem einzelnen vom Land die Schäden
an seinem privaten Eigentum berichtet werden. (4) Was habt
ihr denn zu Hause, womit ihr diese Dinge ersetzen könntet?
Werden euch die Tribunen das Verlorene zurückgeben und
wiederbeschaffen? Tönende Worte, so viel ihr nur wollt,
werden sie zustande bringen, sowie Anklagen gegen die
ersten Männer, Gesetz auf Gesetz und Versammlungen; aus
denen ist aber noch keiner von euch reicher an Hab und Gut
nach Hause gegangen. (5) Und wer brachte etwas anderes
heim zu Weib und Kind als Haß, Verdruß und Rivalität in
Staat und Familie – Dinge, vor denen ihr niemals durch eure
Tüchtigkeit und Redlichkeit, sondern kraft fremder Unterstützung sicher sein sollt?[188] (6) Aber beim Herkules, als ihr
von uns Konsuln, nicht von Tribunen geführt, im Heerlager

Ab urbe condita liber III

castris, non in foro faciebatis, et in acie vestrum clamorem hostes, non in contione patres Romani horrebant, praeda parta agro ex hoste capto pleni fortunarum gloriaeque simul publicae simul privatae triumphantes domum ad penates redibatis: nunc oneratum vestris fortunis hostem abire sinitis. (7) Haerete adfixi contionibus et in foro vivite: sequitur vos necessitas militandi quam fugitis. Grave erat in Aequos et Volscos proficisci: ante portas est bellum. Si inde non pellitur, iam intra moenia erit et arcem et Capitolium scandet et in domos vestras vos persequetur. (8) Biennio ante senatus dilectum haberi et educi exercitum in Algidum iussit: sedemus desides domi mulierum ritu inter nos altercantes, praesenti pace laeti nec cernentes ex otio illo brevi multiplex bellum rediturum. (9) His ego gratiora dictu alia esse scio; sed me vera pro gratis loqui, etsi meum ingenium non moneret, necessitas cogit. Vellem equidem vobis placere, Quirites; sed multo malo vos salvos esse, qualicumque erga me animo futuri estis. (10) Natura hoc ita comparatum est, ut qui apud multitudinem sua causa loquitur gratior eo sit cuius mens nihil praeter publicum commodum videt; nisi forte adsentatores publicos, plebicolas istos, qui vos nec in armis nec in otio esse sinunt, vestra vos causa incitare et stimulare putatis. (11) Concitati aut honori aut quaestui illis estis; et quia in concordia ordinum nullos se usquam esse vident, malae rei se

Römische Geschichte   3. Buch   201

statt auf dem Forum Kriegsdienst tatet, und auf dem Schlachtfeld vor eurem Ruf Feinde, nicht aber in der Volksversammlung die Väter Roms erschauerten, da habt ihr Beute gewonnen, dem Feind Land genommen und seid, beladen mit Reichtum und Ruhm für den Staat wie für euch selbst, triumphierend heimgekehrt zu euren Göttern: jetzt aber laßt ihr den Feind bepackt mit eurer Habe entkommen! (7) Lungert nur wie angenagelt in den Versammlungen herum und lebt auf dem Forum – das Unvermeidliche, der Kriegsdienst, dem ihr entflieht, holt euch ein. Es war euch zu beschwerlich, gegen Aequer und Volsker auszurücken – der Krieg steht vor den Toren. Wird er von dort nicht ferngehalten, wird er bald schon innerhalb der Mauern sein, Burg und Kapitol erklimmen und euch bis in eure Häuser verfolgen. (8) Vor zwei Jahren befahl der Senat, Truppen auszuheben und das Heer zum Algidus zu führen: wir aber sitzen nach Weiber Art miteinander zerstritten träge zu Hause und erkennen in der Freude über den gegenwärtigen Frieden nicht, daß aus dieser Ruhe heraus in Kürze ein um ein Vielfaches größerer Krieg erwachsen wird. (9) Daß es angenehmer ist, über andere Dinge zu sprechen, weiß ich; aber die Not zwingt mich, Wahres statt Willkommenem zu sagen, auch wenn mein Naturell mich dazu nicht ermahnte. Ich meinerseits wollte gerne bei euch beliebt sein, ihr Bürger; aber viel lieber will ich, daß ihr wohlbehalten seid, gleichgültig, welche Gesinnung ihr gegen mich hegen werdet. (10) Von Natur aus ist es ja so bestellt, daß einer, der in eigenem Interesse zur Menge spricht, beliebter ist als der, dessen Sinnen nichts als den Vorteil des Ganzen sieht; es sei denn, ihr meintet, die Speichellecker gegenüber dem Volk, diese sogenannten Volksfreunde, die euch sowohl den Krieg als auch den Frieden verbieten, verhetzten und ängstigten euch zu eurem Vorteil. (11) Für ihre Karriere oder ihren Profit seid ihr aufgewiegelt worden; und weil sie sehen, daß sie im Falle der Eintracht unter den Ständen keine Daseinsberechtigung mehr hätten, wollen sie lieber in einer verwerflichen Sache, bei Unru-

202 *Ab urbe condita   liber III*

quam nullius, turbarum ac seditionum duces esse volunt.
(12) Quarum rerum si vos taedium tandem capere potest et
patrum vestrosque antiquos mores voltis pro his novis
sumere, (13) nulla supplicia recuso, nisi paucis diebus hos
populatores agrorum nostrorum fusos fugatosque castris
exuero et a portis nostris moenibusque ad illorum urbes hunc
belli terrorem quo nunc vos attoniti estis transtulero.'
69 (1) Raro alias tribuni popularis oratio acceptior plebi quam
tunc severissimi consulis fuit. (2) Iuventus quoque, quae inter
tales metus detractationem militiae telum acerrimum adversus patres habere solita erat, arma et bellum spectabat. Et
agrestium fuga spoliatique in agris et volnerati, foediora iis
quae subiciebantur oculis nuntiantes, totam urbem ira imple-
vere. (3) In senatum ubi ventum est, ibi vero in Quinctium
omnes versi ut unum vindicem maiestatis Romanae intueri, et
primores patrum dignam dicere contionem imperio consulari, dignam tot consulatibus ante actis, dignam vita omni,
plena honorum saepe gestorum, saepius meritorum. (4) alios
consules aut per proditionem dignitatis patrum plebi adulatos
aut acerbe tuendo iura ordinis asperiorem domando multitudinem fecisse: T. Quinctium orationem memorem maiestatis
patrum concordiaeque ordinum et temporum in primis habuisse. (5) Orare eum collegamque ut capesserent rem publicam; orare tribunos ut uno animo cum consulibus bellum ab
urbe ac moenibus propulsari vellent plebemque oboedientem

Römische Geschichte   3. Buch   203

hen und Aufständen eure Führer sein als überhaupt nicht.
(12) Wenn euch vor all dem endlich Ekel zu packen vermag,
und ihr eure und eurer Väter alte Lebensart statt dieser neuen
annehmen wollt, (13) werde ich mich jeder Strafe fügen,
wenn ich nicht in wenigen Tagen diese Verwüster unserer
Äcker verjagt und vertrieben habe, sie ihrer Lagerplätze
beraubt und jenes Schreckbild des Krieges, von dem ihr nun
betäubt seid, von unseren Toren und Mauern zu ihren Städ-
ten getragen habe!«
69 (1) Selten sonst kam die Rede eines im Volk beliebten
Tribunen beim einfachen Volk besser an als damals die des so
strengen Konsuls. (2) Auch die waffenfähigen Jahrgänge, die
in solchen Krisenzeiten die Verweigerung des Militärdienstes
gewöhnlich als schärfste Waffe gegen die Väter handhaben,
warteten sehnlich auf Waffen und Krieg. Ferner erfüllten die
Flucht der Landbewohner, die auf ihren Ländern Ausgeplün-
derten und Verwundeten, die den Bürgern Grauenvolleres
verkündeten als das, was vor ihren Augen lag, die ganze Stadt
mit Erbitterung. (3) Sobald der Senat zusammengetreten war,
dort aber alle ihre Blicke auf Quinctius als den einzigen Retter
der Hoheit Roms richteten, priesen sogar die vornehmsten
Väter seine Rede vor dem Volk der Machtvollkommenheit
eines Konsuls würdig, würdig der zahlreichen Konsulate, die
er schon bekleidet habe, würdig seines ganzen Lebens, das
reich war an Ehrenämtern, die er oft empfangen, öfter noch
verdient habe. (4) Andere Konsuln hätten entweder die
Würde der Väter verraten, um dem Pöbel zu schmeicheln,
oder durch die rücksichtslose Verteidigung ihrer Standes-
rechte mit ihrer Herrenart die Menge noch widerspenstiger
gemacht: T. Quinctius hingegen habe eine Rede gehalten, die
vor allem auf die Hoheit der Väter, die Eintracht der Stände
sowie die gegenwärtigen Verhältnisse Bedacht genommen
habe. (5) Sie baten ihn und seinen Kollegen, die Führung des
Staates zu übernehmen; sie baten die Tribunen, eines Sinnes
mit den Konsuln den Krieg von Stadt und Mauern abzuwenden und in solch bedenklicher Lage das Bürgervolk zum

204   *Ab urbe condita   liber III*

in re tam trepida patribus praeberent; appellare tribunos communem patriam auxiliumque eorum implorare vastatis agris,
urbe prope oppugnata. (6) Consensu omnium dilectus decernitur habeturque. Cum consules in contione pronuntiassent
tempus non esse causas cognoscendi, omnes iuniores postero
die prima luce in campo Martio adessent; (7) cognoscendis
causis eorum qui nomina non dedissent bello perfecto se
daturos tempus; pro desertore futurum, cuius non probassent
causam – omnis iuventus adfuit postero die. (8) Cohortes sibi
quaeque centuriones legerunt; bini senatores singulis cohortibus praepositi. Haec omnia adeo mature perfecta accepimus
ut signa, eo ipso die a quaestoribus ex aerario prompta delataque in campum, quarta diei hora mota ex campo sint, exercitusque novus, paucis cohortibus veterum militum voluntate
sequentibus, manserit ad decimum lapidem. (9) Insequens
dies hostem in conspectum dedit, castraque ad Corbionem
castris sunt coniuncta. (10) Tertio die, cum ira Romanos,
illos, cum totiens rebellassent, conscientia culpae ac desperatio inritaret, mora dimicandi nulla est facta.
70 (1) In exercitu Romano cum duo consules essent potestate
pari, quod saluberrimum in administratione magnarum
rerum est, summa imperii concedente Agrippa penes collegam erat; et praelatus ille facilitati submittentis se comiter
respondebat communicando consilia laudesque et aequando
imparem sibi. (2) In acie Quinctius dextrum cornu, Agrippa

Römische Geschichte 3. Buch 205

Gehorsam gegenüber den Vätern zu veranlassen: ihr aller Vaterland rufe die Tribunen an und erflehe angesichts der Verwüstung des offenen Landes und der drohenden Eroberung der Stadt ihren Beistand. (6) Einstimmig wurde eine Truppenaushebung beschlossen und durchgeführt. Als die Konsuln in der Versammlung verlautbarten, es wäre nicht an der Zeit, sich mit Dienstfreistellungsgründen[189] zu befassen, alle Jungmänner sollten am nächsten Tag bei Sonnenaufgang auf dem Marsfeld zugegen sein, (7) der Untersuchung der Fälle jener, die sich nicht zum Kriegsdienst gemeldet hätten, würde man nach Beendigung des Krieges Zeit widmen, als Deserteur werde jeder gelten, dessen Entschuldigung sie nicht anerkannten – erschien am folgenden die Jungmannschaft vollzählig versammelt. (8) Jede Kohorte wählte sich ihre Zenturionen, je zwei Senatoren standen an der Spitze einer Kohorte. Unseren Berichten zufolge waren diese Maßnahmen so früh beendet, daß am selben Tag, an dem die Quästoren[190] die Feldzeichen aus der Schatzkammer holten und sie auf das Marsfeld brachten, die Truppen zur vierten Stunde des Tages in Marsch gesetzt wurden, und das neue Heer, dem einige wenige Veteranenkohorten folgten, sogar beim zehnten Meilenstein übernachten konnte. (9) Der folgende Tag brachte den Feind in Sichtweite, und vor Corbio grenzte Lager an Lager. (10) Am dritten Tag zögerte man den Kampf nicht mehr hinaus, denn Wut trieb die Römer an, jene aber das Bewußtsein ihrer Schuld und auch Niedergeschlagenheit, weil sie ja schon so oft Kriege begonnen hatten.

70 (1) Obwohl es im römischen Heer zwei Konsuln von gleicher Machtvollkommenheit gab, lag – was bei der Leitung großer Unternehmungen sehr vorteilhaft ist – der Oberbefehl mit Einverständnis Agrippas in der Hand seines Kollegen;[191] der war zwar der Vorgesetzte, erwiderte aber die Umgänglichkeit des sich Unterordnenden, indem er ihn wie einen Freund an Rat und Ruhm teilhaben ließ und sich mit dem Untergebenen auf eine Stufe stellte. (2) In der Schlachtlinie übernahm Quinctius den rechten, Agrippa den linken Flügel;

206 *Ab urbe condita liber III*

sinistrum tenuit; Sp. Postumio Albo legato datur media acies
tuenda; legatum alterum P. Sulpicium equitibus praeficiunt.
(3) Pedites ab dextro cornu egregie pugnavere, haud segniter
resistentibus Volscis. (4) P. Sulpicius per mediam hostium
aciem cum equitatu perrupit. Unde cum eadem reverti posset
ad suos, priusquam hostis turbatos ordines reficeret terga
impugnare hostium satius visum est; momentoque temporis
in aversam incursando aciem ancipiti terrore dissipasset
hostes, ni suo proprio eum proelio equites Volscorum et
Aequorum exceptum aliquamdiu tenuissent. (5) Ibi vero Sulpicius negare cunctandi tempus esse, circumventos interclu-
sosque ab suis vociferans, ni equestre proelium conixi omni vi
perficerent; (6) nec fugare equitem integrum satis esse: confi-
cerent equos virosque, ne quis reveheretur inde ad proelium
aut integraret pugnam; non posse illos resistere quibus sibi
conferta peditum acies cessisset. (7) Haud surdis auribus
dicta. Impressione una totum equitatum fudere, magnam vim
ex equis praecipitavere, ipsos equosque spiculis confodere.
(8) Is finis pugnae equestris fuit. Tunc adorti peditum aciem,
nuntios ad consules rei gestae mittunt, ubi iam inclinabatur
hostium acies. Nuntius deinde et vincentibus Romanis animos auxit et referentes gradum perculit Aequos. (9) In media
primum acie vinci coepti, qua permissus equitatus turbaverat
ordines; (10) sinistrum deinde cornu ab Quinctio consule

Römische Geschichte   3. Buch   207

der Unterfeldherr Sp. Postumius Albus war für den mittleren
Frontabschnitt verantwortlich; P. Sulpicius, den zweiten
Unterfeldherren, stellten sie an die Spitze der Reiter. (3) Die
Fußtruppen auf dem rechten Flügel kämpften vortrefflich,
obwohl die Volsker heftigen Widerstand leisteten. (4) P. Sulpicius brach mit der Reiterei mitten durch die feindliche
Linie. Obgleich er von dort auf gleichem Wege zu den Seinen
hätte zurückkehren können, hielt er es für richtiger, die
Feinde in ihrem Rücken anzugreifen, noch bevor sie ihre
zersprengten Reihen ordnen konnten; und im Nu hätte er mit
dem Angriff auf die ihm abgewandte Schlachtreihe die Feinde
durch dies zwiefache Entsetzen auseinandergetrieben, wenn
ihn die Kavallerie der Volsker und Aequer nicht durch einen
Kampf Reiter gegen Reiter abgefangen und eine Zeitlang aufgehalten hätte. (5) Da aber rief Sulpicius, es bleibe keine Zeit
zu zögern, sie seien umzingelt und von ihren Kameraden
abgeschnitten, wenn sie nicht mit letzter Kraft das Reiterge-
fecht durchstünden; (6) auch sei es nicht genug, die Reiter
unverletzt in die Flucht zu schlagen: sie sollten Roß und Reiter vernichten, damit von dort keiner in die Schlacht zurück-
reiten oder den Kampf wieder aufnehmen könne; die anderen
seien nicht in der Lage, ihnen zu widerstehen, da sogar die
geschlossene Reihe der Infanterie vor ihnen gewichen wäre.
(7) Diese Worte stießen nicht auf taube Ohren. Mit *einer*
Attacke zersprengten sie die gesamte Reiterei, stürzten eine
große Zahl von den Pferden, durchbohrten sie selbst aber und
ihre Rosse mit den Lanzen. (8) Das war das Ende des Reiter-
kampfes. Hierauf griffen sie die Reihen der Fußtruppen an
und schickten eine Meldung über ihre erfolgreiche Tat zu den
Konsuln, wo die Front der Feinde ebenfalls schon wankte.
Diese Kunde hob hierauf den siegreichen Römern den Mut
und rief andererseits bei den auf dem Rückzug befindlichen
Aequern völlige Bestürzung hervor. (9) Ihre Niederlage
nahm vom Zentrum des Treffens ihren Ausgang, wo die
durchgebrochene Reiterei die Linien in Unordnung gebracht
hatte; (10) danach wurde der linke Flügel vom Konsul Quinc-

Ab urbe condita liber III

pelli coeptum; in dextro plurimum laboris fuit. Ibi Agrippa, aetate viribusque ferox, cum omni parte pugnae melius rem geri quam apud se videret, arrepta signa ab signiferis ipse inferre, quaedam iacere etiam in confertos hostes coepit; (11) cuius ignominiae metu concitati milites invasere hostem. Ita aequata ex omni parte victoria est. Nuntius tum a Quinctio venit victorem iam se imminere hostium castris; nolle inrumpere antequam sciat debellatum et in sinistro cornu esse: (12) si iam fudisset hostes, conferret ad se signa, ut simul omnis exercitus praeda potiretur. (13) Victor Agrippa cum mutua gratulatione ad victorem collegam castraque hostium venit. Ibi paucis defendentibus momentoque fusis, sine certamine in munitiones inrumpunt, praedaque ingenti compotem exercitum suis etiam rebus reciperatis quae populatione agrorum amissae erant reducunt. (14) Triumphum nec ipsos postulasse nec delatum iis ab senatu accipio, nec traditur causa spreti aut non sperati honoris. (15) Ego quantum in tanto intervallo temporum conicio, cum Valerio atque Horatio consulibus qui praeter Volscos et Aequos Sabini etiam belli perfecti gloriam pepererant negatus ab senatu triumphus esset, verecundiae fuit pro parte dimidia rerum consulibus

Römische Geschichte 3. Buch 209

tius zurückgeschlagen; am härtesten ging es auf dem rechten zu: als dort Agrippa sah, daß man in jedem Kampfabschnitt besser vorankam als bei ihm, entriß er, unbändig in seiner jugendlichen Kraft, den Bannerträgern die Feldzeichen und begann, sie eigenhändig vorauszutragen und sie teilweise sogar mitten in die dichtgedrängten Scharen der Feinde zu werfen; (11) aus Furcht, solche Beschämung über sich ergehen lassen zu müssen, drangen die Soldaten auf den Feind. So kam es zu einem Sieg auf allen Linien. Da langte von Quinctius die Nachricht ein, er selbst stehe schon siegreich vor dem Feindeslager, wolle aber nicht einbrechen, bevor er nicht wisse, ob man auch am linken Flügel den Kampf zu Ende gekämpft habe: (12) hätte Agrippa die Feinde schon geworfen, solle er seine Truppen zu ihm in Marsch setzen, damit das gesamte Heer gleichzeitig von der Beute Besitz ergreifen könne. (13) Als Sieger kam Agrippa unter gegenseitigen Glückwünschen zu seinem siegreichen Kollegen vor das Lager der Feinde. Dort vertrieben sie im Nu die wenigen Verteidiger, drangen kampflos in die Befestigungen ein und führten ein mit gewaltiger Beute beladenes Heer nach Hause, nachdem sie sogar ihre Güter, die bei der Verwüstung des offenen Landes verlorengegangen waren, wiedererlangt hatten. (14) Meinen Quellen zufolge haben die Konsuln weder von sich aus einen Triumph gefordert, noch wurde er ihnen vom Senat verliehen; auch ist kein Grund überliefert, warum die Ehrung verweigert oder gar nicht erwartet wurde. (15) Soweit es in Anbetracht des gewaltigen zeitlichen Abstandes möglich ist, stelle ich für meinen Teil folgenden Schluß an: da den Konsuln Valerius und Horatius, die sich den Ruhm erworben hatten, außer dem Volsker- und Aequerkrieg auch den gegen die Sabiner beendet zu haben, vom Senat ein Triumph verweigert worden war, scheuten sich die neuen Konsuln davor, für nur halb so wichtige Taten einen Triumph anzustreben, damit es nicht, wenn sie ihn erreicht hätten, den Anschein erwecke, als ob eher auf ihre

210   *Ab urbe condita   liber III*

petere triumphum, ne etiamsi impetrassent magis hominum
ratio quam meritorum habita videretur.
71 (1) Victoriam honestam ex hostibus partam turpe domi de
finibus sociorum iudicium populi deformavit. (2) Aricini
atque Ardeates de ambiguo agro cum saepe bello certassent,
multis in vicem cladibus fessi iudicem populum Romanum
cepere. (3) Cum ad causam orandam venissent, concilio
populi a magistratibus dato magna contentione actum. Iamque editis testibus, cum tribus vocari et populum inire suffragium oporteret, consurgit P. Scaptius de plebe, magno natu,
et 'Si licet' inquit, 'consules, de re publica dicere, errare ego
populum in hac causa non patiar.' (4) Cum ut vanum eum
negarent consules audiendum esse vociferantemque prodi
publicam causam submoveri iussissent, tribunos appellat.
(5) Tribuni, ut fere semper reguntur a multitudine magis
quam regunt, dedere cupidae audiendi plebi ut quae vellet
Scaptius diceret. (6) Ibi infit annum se tertium et octogesi-
mum agere, et in eo agro de quo agitur militasse, non iuvenem, vicesima iam stipendia merentem, cum ad Coriolos sit
bellatum. (7) eo rem se vetustate oblitteratam, ceterum suae
memoriae infixam adferre agrum de quo ambigitur finium
Coriolanorum fuisse captisque Coriolis iure belli publicum
populi Romani factum. mirari se quonam ore Ardeates Arici-
nique, cuius agri ius nunquam usurpaverint incolumi Corio-

Römische Geschichte   3. Buch   211

Person als auf ihre Verdienste Rücksicht genommen worden
sei.
71 (1) Der ehrenhaft über die Feinde errungene Sieg wurde in
der Heimat von einem verwerflichen Volksentscheid über
Grenzfragen unter den Bundesgenossen entstellt: (2) nachdem Arikiner und Ardeaten oftmals um ein strittiges Ackerland Krieg geführt hatten, bestimmten sie, beide von zahlreichen Niederlagen erschöpft, das römische Volk zum Schiedsrichter. (3) Als sie sich eingefunden hatten, ihren Fall vorzu-
tragen, wurde für sie von den Behörden eine Volksversammlung einberufen, auf der sie mit großer Leidenschaft ihre
Sache vertraten. Und schon sollten nach der Vorführung der
Zeugen die Bezirke aufgerufen werden und das Volk zur
Abstimmung schreiten, als sich P. Scaptius[192], ein alter Mann
von bürgerlicher Herkunft, erhob und sagte: »Wenn es
gestattet ist, Konsuln, zu einer Frage von allgemeinem Interesse zu sprechen, so will ich das Volk in dieser Angelegenheit
nicht in die Irre gehen lassen.« (4) Als die Konsuln sagten,
einen Aufschneider wie ihn solle man gar nicht anhören und
ihn auf sein Geschrei hin, die Sache der Allgemeinheit werde
verraten, verhaften ließen, rief er die Tribunen an. (5) Die
Tribunen, wie beinahe immer eher von der Masse gelenkt als
deren Lenker, gaben dem hörbegierigen Volk nach, daß Scaptius sagen dürfe, was er wolle. (6) Er begann nun damit, daß
er im 83. Jahr sei und auf dem Land, das zur Debatte stehe,
Kriegsdienst geleistet habe, allerdings nicht als junger Mann,
sondern bereits in seinem 20. Dienstjahr, als man vor
Corioli[193] gekämpft habe. (7) Deshalb bringe er eine wegen
der langen Zeit in Vergessenheit geratene Tatsache vor, die
sich seinem Gedächtnis gleichwohl fest eingeprägt habe: das
strittige Land habe zum Gebiet der Coriolaner gehört und sei
nach der Einnahme von Corioli gemäß Kriegsrecht Gemeingut des römischen Volkes geworden. Er wundere sich, mit
welcher Dreistigkeit denn Ardeaten und Arikiner das Land,
dessen Besitzrecht sie niemals *beansprucht* hätten, als der
Staat von Corioli noch bestand, dem römischenVolk zu ent-

212 *Ab urbe condita liber III*

lana re, eum se a populo Romano, quem pro domino iudicem fecerint, intercepturos sperent. (8) sibi exiguum vitae tempus superesse; non potuisse se tamen inducere in animum quin, quem agrum miles pro parte virili manu cepisset, eum senex quoque voce, qua una posset, vindicaret. magnopere se suadere populo ne inutili pudore suam ipse causam damnaret.

72 (1) Consules cum Scaptium non silentio modo, sed cum adsensu etiam audiri animadvertissent, deos hominesque testantes flagitium ingens fieri, patrum primores arcessunt. (2) Cum iis circumire tribus, orare ne pessimum facinus peiore exemplo admitterent iudices in suam rem litem vertendo, cum praesertim etiamsi fas sit curam emolumenti sui iudici esse, nequaquam tantum agro intercipiendo adquiratur, quantum amittatur alienandis iniuria sociorum animis. (3) nam famae quidem ac fidei damna maiora esse quam quae aestimari possent: hoc legatos referre domum, hoc volgari, hoc socios audire, hoc hostes, quo cum dolore hos, quo cum gaudio illos? (4) Scaptione hoc, comptionali seni, adsignaturos putarent finitimos populos? clarum hac fore imagine Scaptium; sed populum Romanum quadruplatoris et interceptoris litis alienae personam laturum. (5) quem enim hoc privatae rei iudicem fecisse ut sibi controversiosam adiudicaret rem? Scaptium ipsum id quidem, etsi praemortui iam sit pudoris, non facturum.

(6) Haec consules, haec patres vociferantur; sed plus cupiditas

Römische Geschichte 3. Buch 213

reissen hofften, das sie zum Richter genommen hätten, obwohl es der Eigentümer sei. (8) Ihm bleibe nur noch wenig Zeit zu leben; dennoch habe es ihm nicht in den Kopf gewollt, ein Land, das er als Soldat nach besten Kräften mit tapferer Hand erobert habe, nicht auch als Greis mit der einzig ihm verbliebenen Waffe, seiner Stimme, in Anspruch zu nehmen. Er rate dem Volk eindringlich, nicht durch unnütze Skrupel selbst seine eigenen Interessen zu schädigen.

72 (1) Nachdem die Konsuln wahrgenommen hatten, daß Scaptius nicht bloß stillschweigend, sondern sogar zustimmend angehört wurde, riefen sie Götter und Menschen zu Zeugen an, daß eine ungeheure Niedertracht im Schwange sei, und ließen die ersten Männer unter den Vätern zu sich kommen. (2) Gemeinsam mit ihnen suchten sie die Bezirke auf, baten, sie sollten eine üble Schandtat nicht zu einem noch übleren Vorbild werden lassen, indem sie als Richter die Streitsache in ihren Besitz überführten; zumal ja, selbst wenn es gerechtfertigt sei, wenn ein Richter Vorteil aus seiner Tätigkeit ziehe, keinesfalls so viel durch Landraub gewonnen, wie dadurch verloren werde, daß man sich die Bundesgenossen durch ein Unrecht entfremde. (3) Denn der Verlust von gutem Ruf und Glaubwürdigkeit sei schwerwiegender als sie abschätzen könnten: das berichteten Gesandte in ihre Heimat, das verbreite sich in der Öffentlichkeit, davon hörten Bundesgenossen und Feinde – wie würden diese verbittert, jene erfreut sein! (4) Glaubten sie, die benachbarten Völker würden das einem Scaptius, diesem alten Marktredner zuschreiben? Scaptius werde noch berühmt werden und ein Ahnenbild dafür bekommen,[194] doch das römische Volk habe die Maske eines bestechlichen Richters und eines Unterschlagers fremder Streitsache zu tragen. (5) Welcher Richter habe es nämlich in einem Zivilprozeß unternommen, den Gegenstand des Verfahrens sich selbst zuzusprechen? Nicht einmal Scaptius selbst werde so etwas tun, auch wenn sein Ehrgefühl schon längst vor ihm gestorben sei.

(6) So riefen die Konsuln, so die Väter; doch mehr vermochte

Ab urbe condita liber III

et auctor cupiditatis Scaptius valet. Vocatae tribus iudicave-
runt agrum publicum populi Romani esse. (7) Nec abnuitur
ita fuisse, si ad iudices alios itum foret; nunc haud sane quicquam bono causae levatur dedecus iudicii; idque non Aricinis
Ardeatibusque quam patribus Romanis foedius atque acer-
bius visum. Reliquum anni quietum ab urbanis motibus et ab
externis mansit.

Römische Geschichte   3. Buch   215

die Habgier und der Anstifter zur Habsucht – Scaptius. Die
Stimmbezirke wurden aufgerufen und entschieden, das Land
sei Gemeingut des römischen Volkes. (7) Es ist auch nicht zu
leugnen, daß es so ausgegangen wäre, wenn man sich an einen
anderen Richter gewandt hätte; nun wird aber die Schande
des Urteilsspruches in keiner Weise durch die Rechtlichkeit
der Sache gemildert; und den Arikinern und Ardeaten erschien das Urteil nicht schmählicher und grausamer als den
Vätern Roms. Das restliche Jahr blieb von inneren und äußeren Erschütterungen frei.

Zur lateinischen Ausgabe

Bis auf die im folgenden zitierten Abweichungen folgt der Text der Ausgabe: Titi Livi Ab urbe condita. Rec. et adnot. crit. instr. R. M. Ogilvie. Bd. 1. Oxford: Oxford University Press, 1974. Repr. 1984. – Die Karte S. 262 ist der Ausgabe entnommen: Titi Livi Ab urbe condita. Rec. et adnot. crit. instr. R. S. Conway et C. F. Walters et S. K. Johnson. T. 1. Ebd. 1955.

3,7,5:	Tusculano für Tusculana
3,11,2:	spes et für spe et
3,13,8:	publico für publicos
3,27,1:	gentis, qui für gentis, sed qui
3,37,2–3:	luvare nolle: für iuvare; nolle
3,39,5:	in rege uno tandem für in rege + tum eodem
3,44,4:	omnia pudore für omni apudore

Anmerkungen

1 Vgl. Liv. 2,50. Das Geschlecht der Fabier wurde auf einem Beutezug im Etruskerland von den Bewohnern der Stadt Veji in einen Hinterhalt gelockt und völlig aufgerieben. Der hier erwähnte Q. Fabius kam damals wegen seines jugendlichen Alters (Liv. 2,50,11: *propter impuberem aetatem*) als einziger mit dem Leben davon. Obwohl er bereits zehn Jahre danach (Liv. 3,1,1) als Konsul erwähnt wird, er das höchste Amt also bereits im Alter von 25 Jahren bekleidet hätte, muß der historische Wert der Fabiererzählung nicht bezweifelt werden. Wie nämlich die Wahl des M. Valerius Corvus mit 23 Jahren zum Konsul (Val. Max. 8,13,1; Liv. 7,26,12) zeigt, war die Ämterlaufbahn nicht immer an Altersgrenzen gebunden. Vgl. Mommsen 1 (1952/53), S. 564 A1.

2 Liv. 2,61,1 ff. weiß nichts über ein Engagement des Aemilius für die Plebs während seines 1. Konsulates von 470.

3 Livius neigt dazu, die sich aus einem Konflikt ergebende Spannung bis zu dem Punkt aufzubauen, an dem ein plötzlicher Umschwung die Situation entschärft. Sprachlich typisch dafür ist die Verwendung des Indikativs in der hypothetischen Periode (... *certamen aderat*) und die Einleitung des Gliedsatzes mit *ni*. Stellenangaben vgl. Burck (1964) S. 215 f.

4 Die *auspicia* bezeichnen das Recht bestimmter Beamten, nach festgelegten Riten bei wichtigen Staatshandlungen die Götter zu befragen. Die Wendung *ductu et auspicio* gibt an, daß der Imperiumsträger das Heer persönlich führt.

5 Der Vorschlag des Fabius gleicht den späteren Reformversuchen Ti. Gracchus, nicht durch Enteignung des Privatbesitzes, sondern durch Neuverteilung des Staatslandes Siedlungsgebiet zu gewinnen. Beide Reformen sollten durch einen Dreierrat (*tresviri*) bewerkstelligt werden. Vgl. Meyer (1964) S. 293. Ansonsten finden wir bei Landzuweisungen auch stärker besetzte Kommissionen vor (bis zu 20 Beamte; vgl. Varro rust. 1,2,10; Cic. Att. 2,6,2). Gemeinsam war diesen Behörden ihre Wahl kraft eines Gesetzesbeschlusses des populus Romanus (Liv. 34,53,1), wobei die Zustimmung des Senats die Regel, keinesfalls aber erforderlich war. Belege bei Mommsen 2 (1952/53) S. 624 ff.

6 Es handelte sich also um eine ethnisch gemischte Kolonie, die sich nach Dion. Hal. 9,59,2 aus Römern, Bewohnern von Antium, Sabinern und Hernikern zusammensetzte. Dies und die malaria-

218 *Anmerkungen*

gefährdete Küste bei Antium (vgl. Strab. 5,3,5) dürften die mittellosen Bauern von einer Umsiedelung nach Antium abgebracht haben.

7 Um dem Diktat strenger annalistischer Geschichtsschreibung zu entgehen und die Handlungseinheiten nicht durch Jahreseinschnitte aufzusplittern, bindet Livius die Übernahme des Konsulats zu Jahresbeginn als organischen Teil in den Ablauf homogener hist. Prozesse ein (Liv. 3,2,1; 3,2,2; 3,8,2; dazu vgl. Burck, 1964, S. 9 f.).

8 Obwohl die Art dieser Epidemie nicht sicher auszumachen ist, dürfte sie periodisch aufgetreten und später nach Rom eingeschleppt worden sein (Liv. 3,6,2 f.).

9 *Provincia* bezeichnet so wie hier ursprünglich den Aufgabenbereich eines Beamten, woraus sich erst nach der Installierung Siziliens als der 1. *provincia* die Bedeutung eines außeritalischen Untertanengebietes entwickelte.

10 Bei Tätigkeiten, die ein gemeinsames Handeln gleichgestellter Beamter unmöglich machten (z. B.: Tempelweihungen, Sonderkommandos), wurde jeweils ein Kollege durch Loswurf oder gegenseitige Vereinbarung mit dem Auftrag betraut (Liv. 35,20,2; Meyer, 1964, S. 115 f.; Mommsen 1, 1952/53, S. 41 ff.). Im Falle des Fabius rückte man von diesem Verfahren ab (*. . . extra ordinem*) und beauftragte ihn direkt mit dem Feldzug.

11 Der Vertragsbruch der Aequer (Liv. 3,1,8), ihre Charakterisierung als potentielle Frevler (Liv. 3,2,5 f.) und ihr bedrohliches Verhalten gegen Gesandte nehmen den Leser schon vor der Schlacht gegen die Aequer ein. Livius, eher an Stimmungsbildern als an Details interessiert, übergeht Fakten (z. B. den Ablauf der Verhandlungen zwischen den Aequern und den Gesandten, der bei Dion. Hal. 9,60,3 f. genau dargestellt ist), um in der Konzentration Spannung zu erzielen. Vgl. Burck (1964) S. 10 f.

12 Gemeint ist Iuppiter, der beim Abschluß eines Vertrages (*foedus*) zum Zeugen angerufen wird und dessen Bruch rächend verfolgt. Vgl. Kajanto (1957) S. 37 f.

13 Ohne auf einzelne Vorkehrungen zur Abwehr der Aequergefahr einzugehen, konzentriert sich Livius auf die Panikstimmung in der Stadt (Wortfeld »Angst« in 3,3,1–4 durch *terror, trepidatio, timeri, pavore* stark repräsentiert) und folgt einem in der Historiographie verbreiteten Topos, der die seelische Verfassung von Belagerten zum Motiv hat. Vgl. die Beschreibung der Stimmung

Anmerkungen

in Rom nach der Niederlage am Trasumenersee Liv. 22,7,6–14; dazu Burck (1964) S. 208.

14 Eine zufällige Rückkehr des Konsuls nach Rom ist angesichts der Gefahr zwar unglaubhaft, doch gelingt dem Autor dadurch erzähltechnisch die Herausarbeitung des plötzlichen Umschlags der Handlung – Quinctius tritt als *deus ex machina* auf, der die Krise meistert. Vgl. Burck (1964) S. 11.

15 Das *iustitium* war eine Notstandsmaßnahme, welche die Einstellung der Iurisdiction, der Senatssitzungen, aller öffentlich abgewickelter Geschäfte sowie die Schließung des Aerars beinhaltete (Liv. 3,27,2; Mommsen 1, 1952/53, S. 263 f.).

16 Seit der Königszeit wurden während der Abwesenheit der obersten Beamten als Vertreter Stadtpräfekten eingesetzt; ihr Amt war örtlich auf das Stadtgebiet beschränkt, zeitlich bis zu Rückkehr des Magistrates begrenzt (vgl. Tac. ann. 6,11).

17 Unter *census* versteht man die Erfassung der römischen Bürger und ihre Einteilung in Vermögensklassen. Den Schlußakt, der diese auf dem Marsfeld vorgenommene Schätzung rechtskräftig machte, bildete das *lustrum* (von *luo* oder *lux*), ein Opfer an Mars, bei dem *suovetaurilia* (Dion. Hal. 4,22,1 f.; Liv. 1,44,1 f.) um das Volk herumgeführt wurden. Vgl. Mommsen 2 (1952/53) S. 331 f.; Ogilvie (1984) S. 178. Gewöhnlich war alle fünf Jahre ein *lustrum* vorgesehen (vgl. Varro l.l. 6,93), doch wurde diese Regelung über weite Strecken freier gehandhabt.

18 *Fusius* zu *Furius*: Ein ursprünglich zwischen Vokalen stehendes s wird zu einem r. Dieser sprachlichen Entwicklung (Rhotazismus) war man sich schon in der Antike bewußt (Cic. fam. 9,21,2 f.: *Papisius* zu *Papirius*).

19 Grund für die Feindschaft dürfte eine von Rom 495 erzwungene Gebietsabtretung gewesen sein (Liv. 2,25,6).

20 Aufgrund eines Vertrages aus dem Jahr 486 dazu verpflichtet (Liv. 2,41,1).

21 Offenkundig ein Anachronismus, da der Staatsnotstand (*senatus consultum ultimum*) in dieser Form zum ersten Mal im Jahre 121 gegen C. Gracchus verfügt wurde. Der »äußerste Senatsbeschluß« berechtigte die Oberbeamten, ohne Rücksicht auf bestehende Gesetze den Staat vor Schaden zu bewahren. Aus den vom Senat eingesetzten außerordentlichen Gerichtshöfen entstanden, bot das *senatus consultum ultimum* der Senatspartei in ihrem Kampf gegen die Popularen eine wirksame Waffe, die, allerdings verfassungsrechtlich heftig umstritten, meist durch eine *hostis-*

Erklärung (der betreffende innenpolitische Gegner wurde zum Staatsfeind erklärt) juridisch abgesichert wurde. Vgl. Meyer (1964) S. 134; 214.

22 Da sich zu diesem Zeitpunkt ein Konsul in Rom aufhielt, war die Tätigkeit des Quinctius als Stadtpräfekt automatisch erloschen (vgl. Anm. zu Liv. 3,3,6), er selbst zum Verlassen des Stadtgebietes berechtigt.

23 Das hintere, dem Feinde abgewandte Lagertor – daher die Überraschung des Feindes.

24 *Legati* waren als ständige Inhaber eines militärischen Ranges bis zu den Hannibalkriegen unbekannt (unter den bei Cannae gefallenen Offizieren scheint kein *legatus* auf; vgl. Liv. 22,49,16).

25 Die *temeritas* als Ursache der Mißerfolge des Furius klang bereits Liv. 3,4,7 an.

26 Der römische Sieg dürfte nicht eindeutig ausgefallen sein, da die Verluste der Aequer gering waren, und das Gros ihrer Truppen unbehelligt abziehen konnte.

27 Von Livius häufig zitierter Annalist, dessen Zahlenangaben er aber oft mißtraut (Liv. 38,23,8: *inmodicus in numero augendo*).

28 Bemerkenswert ist Livius' Skeptizismus: Prodigien werden nicht mehr unbefragt als religiöse Phänomene hingenommen, sondern psychologisch gedeutet. Vgl. Kajanto (1957) S. 49; Liv. 3,6,2.

29 Gemeint sind die *feriae imperativae*, also von Magistraten zur Sühnung von negativen Vorzeichen (*portenta, prodigia*) angeordnete Feste, während denen die öffentlichen Geschäfte ruhten (Macr. Sat. 1,16,5 f.; Varro l.l.6,25 f.).

30 Der Monat *Sextilis* wurde später zu Ehren des Kaisers Augustus nach ihm benannt. In der frühen Republik gab es keinen fixierten Termin für den Amtsantritt der Konsuln. Eine erste Normierung aus dem Jahre 222 sah den 15. März vor, bis der Konsul M. Fulvius Nobilior 153 den 1. Januar festsetzte. Vgl. Ogilvie (1984) S. 404 f.

31 Diese Straße stellte die kürzeste Verbindung zwischen Rom und den Hernikern dar (vgl. Weissenborn, 1966, S. 15).

32 Zusammen mit den Volkstribunen gehörten die Ädilen zu den Beamten der römischen Plebs. Das Amt wurde ein Jahr lang kollegial ausgeübt, seine Träger waren sakrosankt und in späterer Zeit vor allem für Verwaltungsaufgaben kompetent (Straßen-, Wasser-, Lebensmittelaufsicht, Organisation der öffentlichen Spiele; vgl. Cic. leg. 3,3,7: *curatores* (sc. *aediles*) *urbis annonae ludorumque sollemnium*). Ursprünglich dürfte es sich um Gehilfen der

Anmerkungen   221

Volkstribunen (Plut. Coriol. 18,4 f.) gehandelt haben, die wie
diese mit der Iurisdiction betraut waren. Die Ädilen verwahrten
auch das Archiv der Plebs beim Cerestempel (Liv. 3,55,13), der
aedes Cereris. Ihre Bezeichnung wurde demnach von ihrem
Amtslokal abgeleitet (*aedes – aedilis*; vgl. Mommsen 2, 1952/53,
S. 470 ff.; Ogilvie, 1984, S. 406; 503).

33 Damit ist nicht die wankelmütige Glücksgöttin, sondern als *fortuna publica populi Romani* die Hüterin der Nation gemeint, der
auf dem Quirinal ein Tempel geweiht war. Vgl. Latte (1960)
S. 176 ff.; Ogilvie (1984) S. 406.

34 Fremde stehen unter dem Banne der in ihren sieben Hügeln maje-
stätisch aufragenden Tiberstadt: altes Motiv der Romidee, das bis
in die Spätantike fortlebte. So wird um 400 n. Chr. der Einzug des
römischen Generals Stilicho in die ewige Stadt vom Hofdichter
Claudian mit dem Vers ... *quae septem scopulis zonas imitatur
Olympi* beschrieben (Claud. Stil. 3,135).

35 In ältester Zeit war das römische Volk in 30 Kurien gegliedert, die
jeweils einem *curio* unterstanden, der vor allem eine religiöse
Funktion ausübte. Das Kollegium der *curiones* wurde von einem
curio maximus geleitet. Vgl. Ogilvie (1984) S. 408 f.

36 In der Antike als Gestus der Unterwerfung unter die Gottheit
verstanden. Davon abgesehen führt diese leidenschaftlich erregte
Szene zur ἔκπληξις (innere Erschütterung) und damit zum συμ-
παθεῖν (Mitempfinden) des Lesers. Effekte, die in der peripateti-
schen Geschichtstheorie als wesentliche Ziele der Historiographie
gelten. Auch wenn Livius sonst durchaus eigene Wege geht, ver-
zichtet er in manchen Erzählungen nicht auf die hellenistischen
Vorbilder und deren Liebe zum dramatischen Effekt.

37 Ein Interregnum trat im Falle des Todes beider Konsuln ein. Da
aber nur diese selbst befugt waren, die *auspicia* vorzunehmen, an
welche die Wahl eines neuen Konsuls gebunden war, würde es nie
mehr zu einer regulären Konsulwahl gekommen sein. Deshalb
wählten die patrizischen Senatoren aus ihren Reihen einen Interrex (Zwischenkönig) für fünf Tage, der nach Einholung der *auspicia* einen Nachfolger bestimmte. Diese Kette wurde solange fort-
gesetzt, bis es einem Interrex gelang, in seiner Amtsperiode ge-
setzmäßige Konsulwahlen abzuhalten. Da die Auspikation nur
Senatoren patrizischer Herkunft gestattet war (Cic. dom. 14,38),
blieb das Interregnum bis zu seinem letzten Auftreten 32. v. Chr.
Patriziern vorbehalten (Mommsen 1, 1952/53, S. 649 f.; Ogilvie,
1984, S. 409 f.).

222 **Anmerkungen**

38 Vgl. Sall. Cat. 16,5.

39 Die hohen Verlustzahlen passen nicht zur Charakterisierung der Feinde als *praedonum agmen*. Entweder hat Livius den noch existierenden Widerstand verharmlost – die angeblichen Plünderer wurden »geführt«, also wie eine reguläre Armee kommandiert –, oder es ist wegen der übertriebenen Zahlenangaben Valerius Antias als Quelle anzunehmen. Vgl. Ogilvie (1984) S. 411.

40 Bei Dion. Hal. 10,1,5 Τερέντιος genannt.

41 Dahinter steht die Vorstellung des *imperium infinitum*. Dabei handelt es sich nicht um einen staatsrechtlichen Terminus, sondern um ein in der späten Republik gebrauchtes Schlagwort gegen die örtlich unbegrenzte Machtbefugnis hoher Militärs (Cic. Verr. 2,3,213). Auch die Begriffe *liberae civitati, soluti atque effrenati, libidinem atque licentiam* gehören dem politischen Wortschatz der ciceronianischen Epoche an. Vgl. Ogilvie (1984) S. 412 f.

42 Der aristokratenfeindlichen Tendenz seiner Rede entsprechend, verschweigt Terentilius jene Mechanismen, die eine Gewaltherrschaft der Konsuln verhinderten: die Prinzipien der Kollegialität und Annuität, das Provokations- (Berufungsrecht) und Interzessionsrecht (Vetorecht). Dennoch sind die Angriffe der Tribunen insofern verständlich, als eine schriftliche Kodifikation der Rechtsnormen nicht existierte und somit bei der Plebs der sicher oft berechtigte Eindruck einer willkürlichen Rechtsauslegung von seiten der Patrizier entstand. Ziel aller plebejischen Reformversuche war es daher, durch Abfassung und Veröffentlichung der Gesetze die Machtbasis der Oligarchie zu brechen. Vgl. Ogilvie (1984) S. 412.

43 Da eine Beschneidung der konsularischen Macht keine grundlegende Änderung am System des nicht fixierten Gewohnheitsrechtes bewirkt hätte, liegt hier, wie schon Mommsen gezeigt hat (Mommsen 2, 1952/53, S. 702A2), eine Fehlinterpretation des Livius oder seiner Quelle vor. Statt *quinque viri legibus de imperio consulari scribendis* (so der Text) wählen zu lassen, zielten die Bestrebungen der Reformer auf *quinque viri consulari imperio de legibus scribendis*, also auf eine »Fünferkommission mit konsularischer Machtbefugnis zur Abfassung von Gesetzen«.

44 Für Livius typischer Wechsel von der indirekten zur direkten Rede, der neben seiner formalen Funktion der rhetorischen Steigerung (vgl. Lambert, 1946, S. 417) auch inhaltlich eine Trennlinie zieht: in der *oratio obliqua* ist die Kritik an Terentilius artiku-

Anmerkungen 223

liert, in der direkten Rede steht die *adhortatio* an die übrigen Tribunen im Mittelpunkt.

45 Die *ovatio* (»kleiner Triumph«) wurde vom Senat gewährt, wenn ein Triumph nicht angebracht erschien (ungerechter Krieg, minderer Feind, unblutiger Sieg; vgl. Gell. 5,6,21). Der Feldherr zog nicht wie beim Triumph auf dem Wagen, sondern zu Fuß auf das Kapitol, trug weder Triumphgewand noch Szepter und war mit Myrte statt mit Lorbeer bekränzt (vgl. Dion. Hal. 5,47,2).

46 Für dieses Jahrzehnt ist eine Reihe von Erdbeben belegt; das heftigste löste 464 den Helotenaufstand in Sparta aus (Thuk. 1,128,1; dazu Ogilvie, 1984, S. 415).

47 Vgl. Plin. nat. 8,70,183.

48 Vgl. Plin. nat. 2,57,147.

49 Bei den sibyllinischen Büchern handelte es sich um eine in Hexametern abgefaßte Spruchsammlung von Ritualvorschriften, die der Legende nach von Tarquinius Superbus eingeführt worden waren. Sie wurden bei unheilverkündenden Vorzeichen auf Senatsbeschluß konsultiert, fielen allerdings im Jahre 83 v. Chr. bei dem Brand des kapitolinischen Tempels, ihres Aufbewahrungsortes, den Flammen zum Opfer (vgl. Latte, 1960, S. 160 f.).

50 Gemeint ist das Vetorecht der Tribunen als politische Waffe gegen die geplante Truppenaushebung.

51 Auf dem *comitium*, jenem Teil des Forums (ungefähr zwischen Kurie, Septimius Severusbogen und Lapis Niger anzusiedeln), der allein dem politischen Geschehen vorbehalten blieb.

52 *Lictores*: Als Träger der *fasces* (Rutenbündel) gingen sie dem Beamten in der Öffentlichkeit voraus, um ihm die schuldige Ehrerbietung zu verschaffen und die Menge zurückzudrängen (Liv. 3,45,5). Daneben war es ihre Aufgabe, auf Weisung des Beamten Verhaftungen und Züchtigungen vorzunehmen (Liv. 2,56,13; Cic. Verr. 2,5,142; vgl. Mommsen 1, 1952/53, S. 355; 374–392).

53 Am ersten und letzten Tag eines *nundinum* (Woche von 8 Tagen) wurden Gerichtstage und Bürgerversammlungen abgehalten (Varro rust. II praef. 1).

54 Durch ihr Stehenbleiben behinderten sie die Abstimmung, da die Bürger vor der Stimmabgabe in ihre jeweilige Tribus auseinandertreten (*discedere*) mußten (Liv. 2,56,10 ff.; Mommsen 3, 1952/1953, S. 398 ff.).

55 Die von Caeso Quinctius gegen die Volkstribunen verübten Handgreiflichkeiten (Liv. 3,11,8) galten als Kapitalverbrechen (vgl. Mommsen 2, 1952/53, S. 305).

224 _Anmerkungen_

56 Anspielung auf die spätere Verbannung des Caeso (Liv. 3,13,8).

57 Der spätere Konsul (Liv. 3,19,2) und Diktator (Liv. 3,26,6).

58 Ogilvie vertritt die Ansicht (1984, S. 418), es handle sich bei dieser Erzählung um eine von Livius intendierte Anspielung auf die Ermordung des berüchtigten Volkstribunen Clodius im Jahre 52 v. Chr. Dieser war auf der *via Appia* mit dem Gefolge seines Gegners Milo zusammengestoßen, während des Kampfes verwundet und in ein nahes Wirtshaus gebracht worden, wo er seinen Verletzungen erlag. Die Wortfolge ... *incidisse* ... *rixam natam* ... *pugno ictum* ... *semianimem* ... *ablatum* ... (Liv. 3,13,2 f.) zeige einen analogen Handlungsablauf zum Bericht über das Attentat bei Asconius (in Milon 31 f. Clark) und beweise, daß Livius den zu seiner Zeit bekannten Akt politischen Terrors literarisch umgestaltet habe, um ein Ereignis der älteren Geschichte für sein Auditorium relevant zu machen.

59 Der As war eine gegossene (*Aes grave*) Kupfermünze mit duodezimaler Teilung und entsprach einem römischen Pfund (Varro l.l.5,36,169).

60 Mußte ein Verfahren vertagt werden, standen *vades* mit einer Bürgschaftszahlung (*vadimonium*) dafür ein, daß der Angeklagte beim 2. Termin vor Gericht erschien. Livius ist hier aber nicht authentisch, da ein *vadimonium* nur für den Zivilprozeß vorgesehen war (Gell. 16,10,8; vgl. Kaser 1, 1955, S. 51 f.; 167 ff.).

61 Der Fall des Caeso soll die Verarmung des L. Quinctius Cincinnatus plausibel machen, die soweit ging, daß der ehemalige Konsul später vom Pflug zum Diktator berufen werden sollte. Der Caesoprozeß ist also lediglich ein literarischer Vorverweis auf die bekannte Episode altrömischer *virtus* (vgl. Cic. dom. 32,86; Ogilvie, 1984, S. 417).

62 Unter der *promulgatio* versteht man die Bekanntmachung eines Gesetzentwurfes in Form eines Dekretes, wobei der auf Holztafeln geschriebene Text öffentlich ausgestellt war (Cic. leg. 3,4,11; pro Sest. 33,72). Zwischen promulgatio und Abstimmung lag eine Frist von 3 *nundina* (vgl. Mommsen 3, 1952/53, S. 375 f.).

63 Vgl. Anm. zu 3,11,3.

64 Ich folge der Deutung Ogilvies (1984, S. 422), der als Subjekt zu *permulcendo* und *tractando* die Tribunen ansieht. Dagegen bezieht Weissenborn (1966, S. 35) durch seine Interpunktion (*ne voce quidem incommodi, nedum ut ulla vis fieret, paulatim permulcendo tractandoque mansuefecerant plebem. his per totum an-*

Anmerkungen 225

num artibus lex perlusa est.) sowohl *ne voce quidam ... mansuefecerant*, als auch *his ... elusa est* auf die *iuniores*.

65 Capitolium hieß im engeren Sinne nur die südliche Anhöhe des
gleichnamigen Hügels, die nördliche nannte man *arx*. Da sich seit
Romulus auf dem Capitolium ein Asyl befand, das nach antiker
Vorstellung Schutzflehenden den Erwerb des Bürgerrechtes versprach, ist die Besetzung des Capitolium nicht nur aus strategi-
schen Überlegungen erfolgt.

66 Vgl. Sall. Cat. 35,3 und Ps. Sall. ep. I 5,4.

67 Wörtliche Übersetzung hier nur sehr schwer möglich, da Livius
das Bild des Staatsschiffes einbringt (Alk. 46 a.D. 46 b. D.; Hor.
c. 1,14), das von Fluten überströmt (*superantibus*) und versenkt
(*mergentibus*) zu werden droht.

68 Vgl. Verg. Aen. 1,84.

69 Sie lag an der Stelle der später mit Schiffsschnäbeln verzierten und
danach *rostra* genannten Rednerbühne; da der Platz für Bürgerversammlungen durch Inauguration abgegrenzt sein mußte, wurde er auch als *templum* (urspr. abgegrenzter Raum) bezeichnet.

70 Soll diese Stelle einen Sinn geben, müssen mit den *servitia* die
stadtrömischen Sklaven, nicht aber die Besetzer des Burgberges
gemeint sein (dagegen Ogilvie, 1984, S. 426).

71 Ist die skeptische Position des Livius gegenüber der tradierten
Volksreligion an vielen Stellen seines Werkes evident (vgl. Anm.
zu 3,5,14), so hindert ihn seine philosophische Bildung nicht daran, den sozialen Wert der Religion anzuerkennen (wie in 1,19,4
bewirkt der Respekt vor den Göttern auch in dieser Episode die
Eintracht im Staat). Die Götterscheu des Valerius ist also keine
Form des Aberglaubens, noch weniger rhetorische Pose, sondern
Ausdruck der positiven Grundstimmung des Livius gegenüber
einer vom Aberglauben geläuterten Religiosität (zum terminus
vereri vgl. Aug. civ. 6,9: *... ut a superstitioso dicat* (sc. Varro)
timeri deos, a religioso autem tantum v e r e r i ut parentes ...).
Vgl. dazu Walsh (1961) S. 48 f.

72 *Deos hominesque:* formelhafte Wendung, vgl. Liv. 2,9,3.

73 Die Sabiner hatten durch Bestechung der Tochter des Burgkom-
mandanten das Kapitol erobert (Liv. 1,11,9).

74 P. Valerius Publicola (»Volkspfleger«) war am Sturz des König-
tums maßgeblich beteiligt (Liv. 1,58,6).

75 Livius ist hier unkorrekt, da die *penates publici* von Aeneas nach
Lavinium gebracht worden waren und dort auch verblieben (Varro l.l.5,32,144; Serv. Aen. 3,12). Erst später kam es auf der Velia,

226 *Anmerkungen*

einer mit dem Palatin verbundenen Anhöhe, zur Errichtung eines
Penatenheiligtums (Liv. 45,16,5; Mon. Anc. 19,2). Dazu vgl.
Latte (1960) S. 89; 108.

76 Der historiographischen Tradition nach soll im *foedus Cassianum*
von 493 v. Chr. ein Bündnis zwischen Rom und dem von einem
Diktator geleiteten latinischen Städtebund geschlossen worden
sein (Liv. 2,33,9; Cic. Balb. 23,53).

77 Sklaven wurden gekreuzigt, Freie mit dem Beil geköpft (Liv.
24,14,7).

78 Eine zu dieser Zeit noch nicht existierende Kupfermünze geringen
Wertes; da das Volk mit seiner Spende die Begräbniskosten übernahm, deutet Livius ein *funus publicum* an (wie etwa Liv. 2,16,7).

79 Die *dii manes* traten erst spät als die Totengeister bestimmter
Personen auf (Cic. Pis. 7,16); hier wird auf ihre Rolle als Rache-
götter Bezug genommen.

80 Diese Anspielung auf A. Verginius, der zu dem Zeitpunkt bereits
das 2. Mal Tribun war, stellt erzähltechnisch eine Verbindung zu
dem in direkter Rede abgefaßten zweiten Teil der Rede dar, die
mit den Worten »*Aulus . . . ille Verginius*« beginnt.

81 *Pudet* + Gen. hier: sich schämen vor (vgl. Cic. Phil. 12,3,8; Plaut.
Trin. 912; Weissenborn, 1966, S. 45).

82 Zynisches Wortspiel gegen die *sacrosancta potestas* der Volkstribunen, das die eigentliche Bedeutung des Wortes *sacer* (den Göttern verfallen, d. h. aus der menschlichen Gemeinschaft ausgeschlossen; vgl. die Formel *sacer esto* in XII tab. 8,21 und Cic.
Balb. 14,33) verdunkelt. Die sakrosankte Gewalt plebejischer Beamter stammte aus einer Zeit, in der die Magistrate der Plebs
staatsrechtlich nicht geschützt waren und deshalb durch einen Eid
abgesichert wurden (vgl. Fest. 424 L; Mommsen 2, 1952/53,
S. 301): Wer sich einer Verletzung tribunizischer Rechte schuldig
machte, war durch diesen Schwur *sacer*, d. h. den Göttern verfallen.

83 Römischer Auffassung nach erforderte das Prinzip der Kollegialität keine Mehrheitsbeschlüsse: jeder Beamte konnte ohne Rück-
sprache bei seinen Kollegen allgemein wirksame Befehle erlassen
(Ausnahme: Einspruch des Amtsgenossen). War daher einer von
zwei Magistraten an bestimmten Maßnahmen nicht interessiert,
so konnte sein Kollege diese Geschäfte selbständig erledigen (vgl.
Mommsen 1, 1952/53, S. 30 f.).

84 Die Formel des Fahneneides, den die Römer vor dem Angriff auf
das Kapitol leisteten (von Liv. dort, d. h. 3,15,8 bzw. 3,18,5 nicht

Anmerkungen

erwähnt). Da ein *sacramentum* (Fahneneid) nur für die Dauer eines Feldzuges Gültigkeit hatte (Cic. off. 1,11,36), nach der Niederlage der Aufständischen der Krieg aber beendet wurde, waren die Einwände der Tribunen durchaus berechtigt.

85 Vgl. Liv. 4,6,12; 10,9,6.

86 Die Auguren sollten am Regillussee Auspizien einholen, um diesen Ort für die Abhaltung einer beschlußfähigen Volksversammlung zu bestimmen.

87 Jenseits des ersten Meilensteines erlosch die Amtsgewalt der städtischen Beamten, ebenso ruhten dort das Vetorecht und die Möglichkeit der Berufung an das Volk (Mommsen 1, 1952/53, S. 70 f.).

88 Vgl. Tac. ann. 3,52.

89 Zur ersten Diktatur vgl. Liv. 2,18,4–8.

90 Ursprünglich war eine Wiederholung desselben Amtes auch nach kurzen Intervallen häufig, 342 v. Chr. erst nach 10 Jahren gestattet (Liv. 7,42,2; Mommsen 1, 1952/53, S. 517 ff.).

91 Im Falle einer Wiederwahl will T. Quinctius Einspruch erheben und die *renuntiatio*, die öffentliche und einer Abstimmung erst Gesetzeskraft verleihende Bestätigung seiner Ernennung nicht erlauben.

92 Vgl. Anm. zu Liv. 3,3,9.

93 Gewöhnlich war ein als *puls* bezeichneter Weizenbrei das Hauptnahrungsmittel des römischen Soldaten.

94 Vgl. Liv. 3,28,10 f.

95 Da sich die Aequer den Bewohnern Tusculums, nicht aber Rom ergeben hatten, fühlte sich der Konsul als Vertreter Roms an keinen Friedensvertrag gebunden (vgl. Weissenborn, 1966, S. 54).

96 Damit sind die älteren Annalisten aus vorsullanischer Zeit gemeint.

97 Die mit vollständiger Titulatur *quaestores parricidi* genannten Beamten fungierten spätestens seit der frühen Republik als Untersuchungsrichter in Kapitalprozessen vor dem Volksgericht (vgl. Mommsen 2, 1952/53, S. 537 ff.; Wesener in: RE XXIV, Sp. 804 f.).

98 Bei Streitfällen zwischen einzelnen Bürgern konnten sich die beiden Parteien eigenverantwortlich (*privatim*) dem Schiedsspruch eines Privatmannes unterwerfen und sich durch Leistung einer Bürgschaft (*sponsio*) wechselseitig zur Einhaltung des Urteils verpflichten (vgl. Kaser 1, 1955, S. 150 ff.; 533 f.).

99 Da Livius Gesandte an anderer Stelle (Liv. 1,32,5 f.; 9,10,10) auch *legati fetiales* nennt, und eine der Aufgaben dieser Fetialpriester

228 *Anmerkungen*

im res *repetere* bestand (vgl. Varro bei Non. 529,21), dürfte es sich auch hier um eine Priestergesandtschaft handeln.

100 Die Eiche war als Blitzbaum dem Iuppiter heilig (Plin. nat. 16,87,237). Durch die Beschwörung der in der Eiche wirkenden göttlichen Kraft wird Iuppiter selbst zum Zeugen des Vertragsbruches der Aequer (vgl. Ogilvie, 1984, S. 439).

101 War nach dem Verständnis hellenistischer Historiographen das Zufällige bestimmendes Element im Lauf der Geschichte, dem sich der Mensch chancenlos ausgeliefert sah, so hat Livius das Moment der Überraschung und des Zufalls als literarische Technik benutzt (etwa Liv. 3,1,8), um gerade anhand der Überwindung eines blinden Schicksals die Größe römischer *virtus* zu zeigen (vgl. Burck, 1964, S. 223 f.).

102 Mit der Schilderung der historisch nicht exakt faßbaren Diktatur des Cincinnatus (auch Liv. 4,13,12 tritt er als Diktator in Erscheinung) beginnt das Kernstück der ersten Pentade, die in der Einsetzung der Decemvirn ihrem markanten Höhepunkt zusteuert. Die Figur des Cincinnatus dient dabei als Folie für den entarteten Decemvirn Ap. Claudius, an ihr werden die Tugenden eines römischen Staatsmannes einprägsam verkörpert (vgl. Ogilvie, 1984, S. 436).

103 *Operae pretium* als Einleiteformel vgl. Enn. ann. 465; Hor. s. 1,2,37.

104 Auf dem *ager Vaticanus* am rechten Tiberufer.

105 *Satin salve* (sc. *agis*)?: alte Form der Begrüßung (Liv. 1,58,7), die hier aber doch als Frage, nicht als Gruß aufzufassen ist (ähnlich Plaut. Trin. 1177; Ter. Eun. 978; vgl. Ogilvie, 1984, S. 224).

106 *Magister equitum*: Der vom Diktator unmittelbar nach seinem Amtsantritt gewählte und mit vollem *imperium* versehene Beamte. Der *magister equitum* dürfte zusammen mit dem als *magister populi* (Kommandant des Fußvolks) bezeichneten Diktator auf die Königszeit zurückgehen, wobei das Amt nach dem Sturz der Monarchie als ständige Einrichtung abgeschafft wurde und auf Krisenzeiten beschränkt blieb (vgl. Meyer, 1964, S. 42; Mommsen 2, 1952/53, S. 173 ff.).

107 Vgl. Thuk. 7,69,2; Tac. ann. 5,4.

108 Dieser besaß gegenüber dem Konsul das *maius imperium*, hatte also letztverantwortlich zu entscheiden.

109 Gewöhnlich mußte der jeweilige *imperator* außerhalb des *pomerium* mit dem Senat über den Triumph verhandeln (Liv. 3,63,7).

110 Diese in Form des *versus quadratus* vorgebrachten *ioci militares*

Anmerkungen 229

hatten ursprünglich apotropäischen Charakter, zeichneten sich aber später vor allem durch ihren satirischen Ton aus (Liv. 4,20,2; weitere Belege bei Ogilvie, 1984, S. 444 f.).

111 Das Auftreten des Wolfes galt als unheilverkündendes Vorzeichen. Der auffällige Gebrauch des Asyndeton, die an Zitate erinnernden Sätze machen eine Übernahme aus den Annalen wahrscheinlich.

112 Der Beistand für die zwangsrekrutierten Bürger.

113 Die Zahl der Volkstribunen wurde von zwei (*secessio plebis*; Liv. 2,33,2) auf fünf (Liv. 2,58,1) erhöht und im Jahre 449 v. Chr. endgültig mit zehn festgelegt (Liv. 3,54,11 ff.). Das Auftreten von zehn Volkstribunen bereits im Jahre 457 geht auf einen Datierungsfehler Livius' zurück. Vgl. Ogilvie (1984) S. 446.

114 Das auf dem Aventin gelegene Heiligtum des latinischen Bundes, der Dianatempel (Liv. 1,45,2), sowie das Heiligtum der Libertas (Liv. 24,16,19), deren Kult eine politische Komponente aufwies, machen die zentrale Bedeutung des Aventin für Emigranten und Plebejer deutlich (Latte, 1960, S. 173; 256).

115 Der Freiheitsbegriff römischer Prägung ist nur als ein Teil des bipolaren Kräfteverhältnisses zwischen *libertas* und *auctoritas* zu verstehen: das gleiche Recht vor dem Gesetz schloß die Führungsrolle einer durch Herkunft, Persönlichkeit und Leistung legitimierten Elite und damit die Unterordnung der Mehrheit unter anerkannte Autoritäten nicht aus. Die ἐλευθερία (Freiheit) nach athenischem Muster war hingegen auf ἰσονομία (Gleichheit vor dem Gesetz) und ἰσηγορία (Redefreiheit; bei Quint. inst. 9,2,27 findet sich bezeichnenderweise die Übersetzung des verwandten παρρησία mit *licentia* = Zügellosigkeit) aufgebaut und blieb den auf sorgsame Abstufung, nicht aber auf Gleichschaltung der Rechte bedachten Römern in ihrer Radikalität fremd (vgl. Plin. epist. 9,5,3: *quae* (sc. *discrimina ordinum*) *si confusa, turbata, permixta sunt, nihil est ipsa aequalitate inaequalius*). So meint der Terminus *libertatem aequare* keinesfalls die Nivellierung der Gesellschaft, sondern die Normierung (schriftliche Fixierung) vorhandener Rechtszustände, die dann für alle gültig, d. h. für alle gleich sind. Diese Rechtsauffassung gewinnt durch das . . . *utrisque* (sc. *plebi et patribus*) *utilia ferrent* . . . an Schärfe: Die Reform strebt keine grundlegende Umschichtung an, sondern gibt der Aristokratie mit der Rechtskodifizierung eine wirksame Waffe zur Bewahrung des *status quo* in die Hände (zum Freiheitsbegriff vgl. Cic. Flacc. 7,16; Cic. rep.

230 Anmerkungen

1,27,43; 28,44; 31,47; 34,53; Liv. 3,53,9; Ps. Sall. ep. 1,9,3; dazu
Meyer, 1964, S. 261 ff.; Ogilvie, 1984, S. 448 f.).

116 Die unter Anm. zu Liv. 3,31,7 angedeutete spezifisch römische
Zielrichtung des geplanten Gesetzwerkes, sowie das völlige
Schweigen griechischer Quellen über die römische Gesandtschaft lassen den historischen Wert des Berichtes über die Reise
nach Athen fragwürdig erscheinen. Zudem wären die Griechen-
städte Unteritaliens weitaus näher gelegen als Athen (auch Cic.
rep. 2,36,61 berichtet in dem Zusammenhang nichts von Athen;
vgl. Ogilvie, 1984, S. 449).

117 *Flamines* waren Priester eines bestimmten Gottes, hier des Quirinus (Latte, 1960, S. 36).

118 *Leges sacratae* bestraften den Schuldigen mit der Verstoßung aus
der Bürgerschaft und schützten vor allem Volkstribunen.

119 Zur genauen Titulatur der Decemvirn vgl. Anm. zu Liv. 3,9,5.
Durch die Angabe des Jahres unterstreicht Livius die Bedeutung
des Decemvirats.

120 Ob es ein Decemvirat ein- oder zweimal gegeben hat, bleibt
ungewiß. Offenbar war die Überlieferung von der Entartung des
zweiten Decemvirats die Erklärung der in moralischen Katego-
rien denkenden antiken Historiographen für die zweite *secessio
plebis*. Grund für die abermalige Auswanderung der Plebs war,
daß die Decemvirn die bestehenden Gesetze zwar ediert, jedoch gerade damit die gesellschaftliche Diskriminierung der
plebs Romana für lange Zeit fixiert hatten. Vgl. Ogilvie (1984)
S. 452 f.

121 *Decimo die ... singuli reddebant*: drei Übersetzungen sind möglich. A: Jeden 10. Tag sprach ein Decemvir Recht. B: Nach
jeweils 10 Tagen sprach ein anderer Recht. C: Jeder sprach an
einem von 10 Tagen Recht. Der Vergleich mit Liv. 3,36,3 macht
Version C am wahrscheinlichsten.

122 Da aufgrund des Rotationsprinzips unter den Beamten nur der
jeweils fungierende Magistrat Liktoren in Anspruch nehmen
durfte, gingen den anderen *accensi* (Amtsdiener) als Ersatz
voraus.

123 Durch sein Auftreten als Ankläger erkennt er das Recht der
Berufung an das Volk an und riskiert die Zurückweisung seines
Antrages, da er im Prozeß nicht mehr die oberste Instanz ist
(Weissenborn, 1966, S. 76).

124 Nach der öffentlichen Bekanntmachung mußte ein Gesetzentwurf entweder angenommen oder abgelehnt werden. Textände-

Anmerkungen 231

rungen waren nicht vorgesehen (vgl. Mommsen 3, 1952/53, S. 393 A4).

125 Aus der älteren Republik sind nur wenige Beispiele dafür bekannt, daß sich amtierende Magistrate selbst zur Wiederwahl vorgeschlagen hätten (Belege bei Mommsen 1, 1952/53, S. 500 A1); gegen Ende der Republik wurde dieses Verfahren jedoch häufiger (z. B. Cinna – Liv. epit. 83 und Caesar – Caes. civ. 3,1,1).

126 Vgl. Anm. zu Liv. 3,6,1.

127 Die Beile an den Rutenbündeln verkörperten die durch keine Berufung (*provocatio ad populum*) beschränkte polizeiliche Zuchtgewalt der Magistrate. Da im Stadtgebiet (*domi*) die *provocatio* aber gültig war, wurden die Beile dort nicht getragen (vgl. Mommsen 1, 1952/53, S. 66).

128 Jeder Amtsträger besaß das Vetorecht (*intercessio*) gegenüber gleichrangigen und untergeordneten Kollegen, der Volkstribun durfte das Veto gegen alle Beamte mit Ausnahme der Diktatoren erheben.

129 Die bewaffnete Leibwache galt als Erscheinungsform der Tyrannei (vgl. Liv. 1,49,2).

130 Vgl. Liv. 2,7,6.

131 Durch sparsam gesetzte und daher um so wirkungsvollere Details (hier die tragikomische Suche nach Senatoren an allen Ecken und Enden des Forums) erhöht Livius die ἐνάργεια (Anschaulichkeit) der Darstellung. Vgl. Burck (1964) S. 197 ff.

132 Unentschuldigtes Fernbleiben von Senatssitzungen wurde mit einer Geldstrafe belegt (Cic. Phil. 1,5,12; vgl. Ogilvie, 1984, S. 468).

133 Iuppiter Rex ist als Kulttitel nicht belegt; das Epitheton dürfte in Analogie zu Iuno Regina entstanden sein. Mit den heiligen Riten sind die Zeremonien gemeint, die am 23./24. März bzw. am 23./24. Mai vom *rex sacrorum* geleitet wurden (*tubilustrium*; Varro l.l.6,3,14; vgl. Latte, 1960, S. 117).

134 *Populares ... optimates*: Politische Diktion aus späterer Zeit. Zur Definition der beiden Gruppen vgl. Cic. Sest. 44,96–45,97.

135 Vgl. Anm. zu Liv. 3,8,2.

136 Textkritisch schwierige Stelle; Ogilvie (1984, S. 472 f.) konjeziert *nemini (videri pos) se ... fieri* anstelle von *neminem maiore cura occupatis animis verum esse praeiudicium rei tantae auferri.* Zu *praeiudicium* vgl. Quint. inst. 5,2,1.

137 Vgl. Anm. zu Liv. 3,1,4.

232 *Anmerkungen*

138 Zu L. Siccius Dentatus vgl. Dion. Hal. 10,36,2 ff., Gell. 2,11; Plin. nat. 7,28,101–106; Val. Max. 3,2,24. Ebenso Fries (1985) S. 189 ff.

139 Die sich nun entwickelnde Tragödie um Verginia ist historisch nicht fixierbar und wohl nur als Doublette zur Lukretiaepisode zu verstehen. Beide Erzählungen haben die Macht der *pudicitia* zum Thema, die den Fall von Tyrannen (Tarquinier bzw. Decemvirn) auslöst. Vgl. Ogilvie (1984) S. 476 ff.

140 Der Verginiaprozeß war eine *causa liberalis*, also ein Gerichtsverfahren, in dem entschieden wurde, ob jemand frei oder unfrei ist. Wer jemanden als Sklave beanspruchte, konnte mit der *manus iniectio* auf ihn greifen, wonach der Betroffene seine eigene Freiheit gerichtlich nicht mehr verteidigen konnte. Nur ein anderer Bürger durfte für ihn als *adsertor in libertatem* auftreten und in einer *vindicatio in libertatem* rechtlich gegen den vorgehen, der die betreffende Person als Sklave beansprucht (*in servitutem adserere*) hatte. Vgl. Kaser 1 (1955) S. 99 f. Während des Prozesses mußte der umstrittenen Person die Freiheit gelassen werden. Vgl. Kaser 1 (1955) S. 248 f.

141 Die »Handanlegung« (*manus iniectio*) war kein Gewaltakt, wie aus Liv. 3,44,7 f. hervorgehen könnte, sondern ein legales Mittel, sich vor Zeugen einer Person zu versichern, um sie vor den Richter zu bringen. Vgl. Kaser 1 (1955) S. 129 ff.; 134 ff.

142 Im Gegensatz zu den *iuris periti* waren *advocati* zunächst keine professionellen Juristen, sondern persönliche Rechtsbeistände.

143 Der Vindikationsprozeß teilte sich in zwei Abschnitte. 1. *in iure*: Nach Anhörung beider Kontrahenten (*adsertores*) wies der Magistrat die Streitsache einstweilen einer Partei zu (*vindicias dare*) und legte das weitere Verfahren fest. 2. *in iudicio*: ein oder mehrere Richter fällten die endgültige Entscheidung. Wie unter Anm. zu Liv. 3,44,5 bereits festgestellt, mußten bei einem Vindikationsprozeß, bei dem die Streitsache eine Person war, die *vindiciae* immer *secundum libertatem* erfolgen. Da Verginia aber wegen der Abwesenheit ihres Vaters, unter dessen Manusgewalt sie stand (Liv. 3,45,2), von niemandem als Freie beansprucht werden konnte, das zum Abschluß des Verfahrens *in iure* aus Formalgründen notwendige Gegenplädoyer des *adsertor in libertatem* also fehlte, konnte Appius, ohne das Gesetz zu brechen, Verginia seinem Gefolgsmann zusprechen. Vgl. Ogilvie (1984) S. 482 f.; Weissenborn (1960) S. 100.

144 Vgl. Cic. Verr. 5,68,174.

Anmerkungen   233

145 Tatsächlich finden sich hier Begriffe aus der rhetorischen Praxis. *In acie stare* – Cic. Phil. 11,10,24; *incolumi urbe* – Cic. dom. 37,98.

146 Da auf diese Weise beide *vindicationes* (*in servitutem* bzw. *in libertatem*) nicht zur Ausführung kommen, handelt es sich formalrechtlich um keinen Vindikationsprozeß mehr, in dem Appius gezwungen wäre, Verginia bis zum Urteil auf freiem Fuß zu lassen.

147 Der Kult der Venus Cloacina, deren Heiligtum an der Mündung der *cloaca maxima* in das Forum lag, scheint mit Reinigungsriten verbunden gewesen zu sein (Plin. nat. 15,36,119). Die Sage vom Tod der keuschen Verginia in unmittelbarer Nähe dieses Ortes trägt offenbar aitiologische Züge. Vgl. Ogilvie (1984) S. 487.

148 Livius läßt Verginia nie selbst zu Worte kommen und geht auf ihren Tod nur kurz ein, um die Aufmerksamkeit vom Schicksal des Individuums Verginia auf ihre Bedeutung beim Ausbruch des Aufstandes zu lenken.

149 *Inhiberet*: Konj. iterativus.

150 Damit beginnt die 2. *secessio plebis*, welche die Plebejer nach Quellen aus dem 2. Jh. v. Chr. auch auf den Heiligen Berg geführt haben soll (Ogilvie, 1984, S. 489).

151 Da nur Oberbeamten die Einberufung des Senates zukam (Gell. 14,7,5), wurde Oppius zu dem Zeitpunkt vom Senat noch als Träger eines *imperium* und damit indirekt auch das Decemvirat anerkannt.

152 Tatsächlich gab es seit ältester Zeit sechs Tribunen für die gesamte Bürgerwehr, seit dem Aufkommen der Legionen ebensoviele pro Legion (vgl. Mommsen 2, 1952/53, S. 185).

153 Livius teilt die Argumente auf mehrere ungenannte Sprecher auf und vermittelt so den Eindruck eines mehrheitlich gegen die Decemvirn eingestellten Senates. Rhetorisches Material ist sehr konzentriert verwendet (Belege bei Ogilvie, 1984, S. 492 f.).

154 Vgl. Sall. Cat. 31,7.

155 *Dulcedine capti*: Color poeticus – vgl. Lucan. 9,393; Ov. met. 1,709.

156 *Potestas* hier fälschlich im Sinne von *auctoritas* verwendet (zur Def. vgl. Cic. leg. 3,12,28).

157 Die *provocatio*, das Recht gegen Strafen der Magistrate beim Volk Berufung einzulegen, ist keinesfalls vor dem Zwölftafelgesetz zu datieren. Vgl. Ogilvie (1984) S. 499.

158 Die *crematio* war im Zwölftafelgesetz als Strafe für Brandstif-

234 *Anmerkungen*

tung, Verrat und Desertation vorgesehen. Als schwerste Strafe ist sie mit Ausnahme der Christenprozesse kaum bezeugt (Mayer-Maly in: RE IX A, Sp. 497).

159 Vgl. Anm. zu Liv. 3,31,7.

160 Da der Pontifex maximus kein Beamter war, ist sein Eingreifen bei der Bestellung anderer Magistrate unwahrscheinlich (vgl. Mommsen 2, 1952/53, S. 36 f.; Ogilvie, 1984, S. 494 f.). Diese Kompetenz wäre beim Fehlen anderer Magistrate einem Interrex zugekommen (Liv. 3,55,1).

161 Da der 221 v. Chr. errichtete *circus Flaminius* Austragungsort der *ludi plebeii* war (Val. Max. 1,7,4), wurden die *prata Flaminia* mit dieser Versammlung der Plebs in Zusammenhang gebracht. Vgl. Ogilvie (1984) S. 497.

162 Neben der l. Valeria Horatia sind noch die l. Publilia (339 v. Chr. – Liv. 8,12,14) und die l. Hortensia (287 v. Chr. – Gell. 15,27,4) über Plebiszite überliefert, die allerdings in ihrer Relation zueinander umstritten sind. Vermutlich dürften im Rahmen der ersten beiden Gesetze Beschlüsse der Plebs nur mit dem Einverständnis des Senates für das Gesamtvolk gültig gewesen sein. Erst 287 erfolgte die Angleichung der *plebiscita* an die Komitialgesetzgebung (Plin. nat. 16,15,37). Dazu Ogilvie (1984) S. 498 f.; Mommsen 3, 1952/53, S. 157 f.

163 Vgl. Anm. zu Liv. 3,53,4.

164 Vgl. Anm. zu Liv. 3,19,10. Da Volkstribune nicht als Magistrate der Gesamtgemeinde galten, ihre Stellung also nicht durch allgemeine Gesetze abgesichert war, erfüllte die Religion die Rolle als Beschützerin der *tribunicia potestas*. Die hier angesprochene zusätzliche Absicherung des Tribunates durch eine *lex* stellte die Aufwertung der Tribunen zu gesamtstaatlichen Beamten dar.

165 Bei diesen *iudices* (*decemviri* nach Ogilvie, (1984) S. 501 eine Interpolation) dürfte es sich um einen oder zwei plebejische Beamte mit richterlicher Funktion gehandelt haben.

166 Der Zugang zu den schriftlich fixierten Senatsbeschlüssen war für die Plebs von großer Wichtigkeit, weil die Gültigkeit der Plebiszite von den Erlässen des Senates abhing (Mommsen 3, 1952/53, S. 158).

167 Das deutsche Wort »Berufung« verwischt den Unterschied zwischen *appellatio* und *provocatio*. Die Appellatio ist die Berufung an einen Magistrat mit dem Ziel, eine Interzession zu bewirken. Unter *provocatio* versteht man eine Berufung an das Volk, um

Anmerkungen   235

von Beamten ausgesprochene Strafen überprüfen bzw. umwandeln zu lassen.

168 Vgl. Cic. Pis. 5,11.

169 Die auf der Interpretation von *illi* als Dat. auct. beruhende Übersetzung »und *von ihm* sei das Gefängnis erbaut worden . . .« (so Ogilvie, 1984, S. 506) ist im Zusammenhang mit dem bereits für die Königszeit belegten Bau des römischen Kerkers unglaubhaft (Liv. 1,33,8; Varro l.l.5,32,151). Der Dativ ist als *incommodi* aufzufassen.

170 C. Claudius als Vermittler vgl. Liv. 3,40,2 ff.

171 C. Claudius bezieht sich hier auf die Totenmasken (*imagines*), welche man von den Verstorbenen direkt abnahm und im Atrium aufbewahrte. Bei dem Leichenzug vorangetragen, dienten sie der Repräsentation der einzelnen *gentes* (vgl. Pol. 6,53).

172 Der Zeuge war nach 27 Jahren beim Militär nicht mehr zum aktiven Dienst verpflichtet und daher widerrechtlich bestraft worden. Vgl. Ogilvie (1984) S. 508.

173 Vgl. Anm. zu Liv. 3,19,1.

174 Diese Stelle, an der *fortuna* nichts weiter als »Zufall« bedeutet, schließt nicht aus, daß Livius auch die Vorstellung von *fortuna* als einer weltbestimmenden Schicksalsmacht (der stoischen πρόνοια entsprechend) andernorts in sein Werk einband (Liv. 2,40,13; dazu Walsh, 1961, S. 58).

175 Von dieser Anspielung auf P. Valerius Publicola ausgehend, charakterisiert Livius den Konsul in dessen Feldherrnrede nicht als Individuum, sondern beschreibt ihn als typischen Vertreter der volksfreundlichen *gens Valeria*: Schuldzuweisungen an die Decemvirn, die Erinnerung an die *secessio plebis* und die Verteidigung der Gleichheit vor dem Gesetz entsprechen der politischen Grundhaltung dieses Geschlechtes (vgl. Bornecque, 1933, S. 408; Ogilvie, 1984, S. 510).

176 Topos vom Heer als Souverän über den Feldherrn (Sall. Cat. 20,16).

177 Vgl. Liv. 3,61,10.

178 Die *supplicatio* war ein auf Anordnung des Senates beschlossenes ein- oder mehrtägiges Fest mit dem Charakter eines Bitt- (*obsecratio*) oder Dankopfers (*gratulatio*), während dessen jedermann in den geöffneten Tempeln seiner individuellen Frömmigkeit nachgehen konnte (Latte, 1960, S. 245 f.).

179 Im Falle einer Rückkehr nach Rom mußten die Konsuln das *pomerium* überschreiten, wodurch sie ihre Auspizien, d. h. ihr

236 *Anmerkungen*

militärisches *imperium* verloren (Mommsen 1, S. 99 A 5). Deshalb berufen sie hier den Senat vor die Stadt auf das Marsfeld, dem die Senatoren als Versammlungsplatz des Heeres mißtrauisch gegenüberstehen.

180 Die Entscheidung über einen Triumph lag formell in den Händen der Magistrate, doch spielte der Senat als Geldgeber eine immer wichtigere Rolle (Pol. 6,15,8). Das Engagement der Volksversammlung für den Triumph ist eher als Willenserklärung, nicht als rechtliche Weisung zu verstehen (Mommsen 1, 1952/53, S. 134 f.).

181 Da Duilius die Stimmen der Bezirke, die für die alten Tribunen votierten, als ungültig erklärte, war eine Mehrheitsbildung der anderen Tribunen nicht möglich. Vgl. Ogilvie (1984) S. 515.

182 Der Senat konnte auf einzelne Volkstribunen leichter Einfluß ausüben, »fügsamere« Tribunen nachzuwählen als auf die gesamte Plebs. Daher zielte der Antrag des Trebonius darauf ab, den Einfluß des Senates auf das Tribunat zu brechen (Mommsen 1, 1952/53, S. 219).

183 Livius interpretiert hier mit Hilfe der Historie das Hauptproblem der ausgehenden Republik (*nobis!*), den nicht bewältigten Gegensatz zwischen Einzel- und Staatsinteresse. Vgl. dazu den Aufschrei Catilinas: ... *incendium meum ruina restinguam* (Sall. Cat. 31,9).

184 Anspielung auf die von einer Wölfin ernährten Gründer Roms Romulus und Remus.

185 Diese zum *genus deliberativum* (Staatsrede) zählende Rede gehört zu den umfangreichsten der 1. Pentade und bildet einen markanten Abschluß des Buches (große Reden oft am Buchanfang oder -ende: z. B.: Liv. 4,3,2–4,5,6; 5,3,2–5,6,17; 5,51,1–5; 5,54,7). Der Aufbau entspricht dem gängigen Schema rhetorischer Technik. A: *exordium* (3,67,1–3); B: *narratio* (3,67,4–5); C: *propositio* (3,67,6); D: *argumentatio* (3,67,7–3,68,8); E: *peroratio* (3,68,9–13).

186 Nicht nur das Schlagwort von der *discordia ordinum*, sondern auch der sprachliche Gehalt der gesamten Rede lassen die *imitatio Ciceroniana* deutlich werden.

187 Die Konsuln Valerius und Horatius waren Patrizier, werden hier aber wegen ihrer popularen Politik fälschlich den Plebejern zugerechnet. Erst mit den Licinisch-Sextischen Gesetzen von 367 v. Chr. stand der Plebs der Weg zum Konsulat offen.

188 Der Konj. von *sitis* ist final aufzufassen: die Tribunen stiften

Anmerkungen   237

Zwietracht im Staat, um sich dadurch der Plebs unentbehrlich zu
machen (Weissenborn, 1966, S. 149).

189 Die Entscheidung über eine Dienstfreistellung (*vacatio militiae*)
lag beim kommandierenden Magistrat, der auch die rechtlich
festgelegten Freistellungen bei einem Krieg in Italien außer Kraft
setzen konnte (vgl. F. Lammert in: RE VII A, Sp. 2028 ff.).

190 Die ursprünglich von den Konsuln gewählten Quästoren waren
mit der Strafgerichtsbarkeit (*quaestor parricidii*) oder mit der
Verwaltung des Staatsschatzes (*quaestor aerarii*) im Saturntem-
pel betraut (vgl. G. Wesener in: RE XXIV Sp. 801 ff.).

191 Eine Alternative dazu wäre der Turnus, d. h. der tägliche Wechsel im Oberkommando gewesen (Mommsen 1,1952/53, S. 48).

192 Die Figur des Scaptius ist höchstwahrscheinlich eine Erfindung
der Annalisten und von der Tribus Scaptia abgeleitet worden,
deren Gebiet das hier zur Debatte stehende Land abdeckte. Vgl.
Ogilvie (1984) S. 523.

193 Die von den Volskern besetzte Latinerstadt Corioli war nach
Liv. 2,33,5 im Jahre 493 unter Beteiligung des Cn. Marcius Co-
riolanus zurückerobert worden.

194 Aufgrund der gedanklichen Antithese zu *persona* (Maske) ist
unter *imago* das Ahnenbild zu verstehen, das die »Leistungen«
des Scaptius verzeichnet (Ogilvie, 1984, S. 524).

Verzeichnis der Eigennamen

L. Aebutius Helva: Konsul des Jahres 463*, im Amt verstorben.

Ti. Aemilius Mamercus: Konsul der Jahre 470 und 467, unterstützte die Politik der Landverteilung an die Plebs.

Aequi: Altes Bergvolk im Zentralapennin nordwestlich von Rom; seit frühester Zeit in ständiger Konfrontation mit der Tiberstadt, griffen sie um 500 nach Latium über und wurden erst 304 endgültig geschlagen.

Algidus: Von einem Einschnitt unterbrochener Teil des Kraterringes der Albanerberge (ca. 540 m über dem Meeresspiegel); als wichtige Verkehrsroute (*via Latina*) in den Kriegen gegen Aequer und Volsker heftig umkämpft.

L. Alienus: Volksädil, klagte den Konsular C. Veturius Cicurinus an, weil dieser Kriegsbeute verkauft hatte.

Antium: Hafenstadt an der latinischen Küste, seit 500 in volskischem Besitz. Im 1. Krieg gegen die Volsker 469/468 von Rom erobert, fiel es zehn Jahre später wieder ab. Nach mehreren Feldzügen gelang Rom 338 die endgültige Unterwerfung der Stadt sowie die Anlage einer Kolonie.

T. Antonius Merenda: Mitglied des 2. Decemvirates, Niederlage gegen die Aequer am Algidus.

Apollinare: Siehe Apollo.

Apollo: Als Sohn des Zeus und der Leto verehrt, doch urspr. ein nichtgriechischer Gott (vermutlich aus Kleinasien). Verschiedenste Wesenszüge (mantische und kathartische Funktion, Mäuse-, Musik- und Lichtgott) verdunkeln seine primären Merkmale, doch dürfte die heilende, unheilabwehrende Kraft zur ältesten Schicht gehören (als Heilgott später von Asklepios abgelöst). Herr über Delphi und die pythischen Spiele. In Rom besondere Verehrung als Heilgott (auf den Prata Flaminia wurde ihm 433 das *Apollinare pro valetudine populi* erbaut).

C. Apronius: Volkstribun 449.

Ardea: Vom Odysseussohn gegründete Rutulerstadt. Mitglied des latinischen Bundes, im Prozeß gegen Aricia um strittiges Land von Rom übervorteilt; um 443 latinische Kolonie.

Aricia: Sikulerstadt an der Via Appia; siehe Ardea.

---

* Wo nicht anders angegeben, beziehen sich die Jahreszahlen auf die Zeit vor Christi Geburt.

Verzeichnis der Eigennamen

A. Aternius Varus: Konsul 454; da der Name in den Fasti nicht zu finden ist, vermutlich Sproß eines früh ausgestorbenen Geschlechtes. Aufgrund eines volksfreundlichen Gesetzes gleichen Namens später irrtümlich als Volkstribun angesehen.

Athenae: Zur Frage der Beeinflussung der Zwölftafelgesetze durch Athen vgl. Anm. zu Liv. 3,31,8.

Aventinus: Der südlichste der sieben Hügel Roms, erst um 200 in die Stadtbefestigung einbezogen. Der Name ist ungeklärt. Wegen seiner Bedeutung für die Plebs (vgl. Anm. zu Liv. 3,31,1) war er Ziel der Auswanderung des Plebs und bot später C. Gracchus letzte Zuflucht.

C. Calvius Cicero: Volkstribun 454, vermutlich als Vorfahr des M. Tullius Cicero erfunden.

Capena porta: Stadttor in der servianischen Mauer unterhalb des Caelius; kein direkter Zusammenhang zur Etruskerstadt Capena.

Capitolium: Urspr. nur die Bezeichnung für die südliche Anhöhe des *mons Capitolinus.* Dort erhob sich bereits seit der Königszeit der Tempel der kapitolinischen Trias (Iuppiter Optimus Maximus, Iuno, Minerva). Mittelpunkt des staatlichen Kultes.

Ceres: Altitalische Gottheit mit fruchtbarkeitsförderndem und chthonischem Charakter. 493 wurde ihr zusammen mit Liber und Libera in der Nähe des Circus Maximus ein Tempel geweiht, der sich zum sakralen Zentrum der Plebs entwickelte (Archiv und Kasse der Plebs).

Ap. Claudius Crassus Ingrillensis: Konsul 471 und Decemvir von 451–449 (bei Livius fälschlich Sohn des Konsuls von 471; tatsächlich sind Konsul und Decemvir identisch). In wilder Leidenschaft entbrannt, wollte er die Bürgertochter Verginia über einen Gefolgsmann zur Sklavin machen. Doch als deren Vater sie tötete, um die Entehrung seiner Tochter zu verhindern, löste er seinen eigenen Sturz aus und schied freiwillig aus dem Leben. Die Historizität dieser Ereignisse ist nicht beweisbar.

C. Claudius Ingrillensis: Konsul 460, Bruder des Decemvirn Ap. Claudius (bei Livius fälschlich dessen Onkel). Als Vertreter der *gens Claudia* harter aber fairer Gegner der Plebejer.

M. Claudius: Gefolgsmann des Ap. Claudius.

Cloacina: Heiligtum an der Einmündung der *Cloaca maxima* in das Forum. Die Verbindung mit dem Venuskult führte zur Bezeichnung Venus Cloacina.

Gracchus Cloelius: 458 Führer der Aequer.

Columen: Heute Colonna bei Tusculum.

240 *Verzeichnis der Eigennamen*

Corbio: Heute Rocca Priora östlich der Albanerberge, wegen der Nähe zum strategisch wichtigen Algidus in den Kriegen gegen Aequer und Volsker oft umkämpft, 457 vom Konsul Horatius zerstört.

Corioli: Urspr. latinische Stadt südlich der Albanerberge, zeitweilig volskisch und der Sage nach von Coriolan erobert.

A. Cornelius: Quästor 459, vielleicht fehlerhaft für Ser. Cornelius, den Konsul des Jahres 485.

L. Cornelius Maluginensis: Konsul 459, Sohn des Ser. Cornelius und Vater (in der Annalistik irrtümlich Bruder) des Decemvirn M. Cornelius. Er führte ein konsularisches Heer zur Eroberung von Antium, am Sturz der Decemvirn beteiligt.

M. Cornelius Maluginensis: Decemvir 450.

Ser. Cornelius Maluginensis: Konsul 485, starb als *flamen Quirinalis* an der Seuche von 453.

Cremera: Bach nördlich Roms. Schauplatz der Schlacht der *gens Fabia* gegen die Etruskerstadt Veji.

Crustumerium: Etruskische oder latinische Stadt nördlich Roms. 500 unterworfen und in eine Tribus umgewandelt.

P. Curiatius Trigeminus: Zum Unterschied zu den übrigen Vertretern dieses Geschlechtes Patrizier, Konsul 453 und Decemvir.

K. Duilius: Der Überlieferung zufolge Mitglied im zweiten Decemvirat.

M. Duilius: Volkstribun 471 und 449, initiierte die zweite *secessio plebis*.

Ecetra: Bedeutende Volskerstadt im Grenzgebiet zu den Aequern, die neben Antium im 5. Jh. die wichtigste Rolle im Kampf gegen Rom spielte, 378 zerstört.

Eretum: Sabinischer Ort an der Via Salaria, durch die Malaria zur Bedeutungslosigkeit abgesunken.

Esquiliae: Sammelname für die Hügel Oppius und Cispius im Osten der Stadt.

Q. Fabius Vibulanus: Dreifacher Konslul (467, 465, 459). Ging als einziger seines Geschlechtes lebend aus der Schlacht an der Cremera hervor. Während seines Konsulates von 467 befürwortete er die Landzuteilung an die Plebs. Nahm 458 an der Gesandtschaft zu den Aequern teil.

Ficulensis via: Alter Name der Via Nomentana, die von der *porta Collina* ihren Ausgang nahm.

Fidenae: Alte Latinerstadt nördlich Roms an der Via Salaria, später von den Etruskern (Veji) als Ausgangsbasis für ihre Operatio-

Verzeichnis der Eigennamen 241

nen gegen Rom verwendet. Nach dem Galliereinfall von Rom zerstört.

Flaminia prata: Vgl. Anm. zu Liv. 3,54,15. Dieses Land gehörte entweder einst der *gens Flaminia*, oder es erhielt den Namen nachträglich vom Circus Flaminius.

P. Furius Medullinus Fusus: Konsul 472, Mitglied der Dreierkommission für die Landverteilung an die Plebs, fiel 464 im Aequerkrieg.

Sp. Furius Medullinus Fusus: Bruder des P. Furius, als Konsul 464 von den Aequern umzingelt und von T. Quinctius befreit.

Gabinus ager: Gebiet um Gabii, einer Latinerstadt östlich Roms an der Straße nach Praeneste, die seit der Königszeit im Bund mit Rom war.

M. Geganius Macerinus: Dreifacher Konsul (447, 443, 437), Censor 435 und Sieger über die Volsker von 443.

T. Genucius: Volkstribun 476, Beteiligung am ersten Decemvirat ungewiß.

Graecia: Warum die Italiker Griechenland Graecia, nicht aber Hellas nannten, wird verschieden beantwortet. Entweder haben die Gründer von Kyme, die aus Graia auf Euboia stammten, den Namen gegeben, oder die Bezeichnung rührt von einem boiotischen Stamm aus der Gegend von Tanagra her.

Ap. Herdonius: Sabiner, nützte der Überlieferung nach 460 den Parteienstreit in Rom aus, um mit Verbannten und Sklaven das Kapitol zu besetzen; mit Hilfe der Tuskulaner geschlagen.

Sp. (Lars?) Herminius: Konsul 448.

Hernici: Kleines Volk in Mittellatium, das die mächtigen Aequer und Volsker voneinander trennte und daher für Rom strategisch bedeutsam war. 486 Bündnis mit Rom.

M. Horatius Barbatus: Konsul 449. In der Historiographie als Plebejerfreund dargestellt; Gegner der Decemvirn. Nach deren Sturz soll er die *XII-tabulae* öffentlich aufgestellt haben.

C. (M.?) Horatius Pulvillus: Konsul 477 und 457, starb als Augur an der Seuche von 453.

L. Icilius: Mehrfacher Volkstribun, angeblich Initiator des gleichnamigen Gesetzes über die Freigabe des Aventin für die Plebs. Verlobter der Verginia, maßgeblich an der zweiten *secessio plebis* beteiligt.

C. Iulius (Iullus?): Mehrfacher Konsul (447, 435, 434).

C. Iulius Iullus: Konsul 489, Mitglied des ersten Decemvirates und Vermittler zwischen Senat und Plebs.

242   *Verzeichnis der Eigennamen*

Iuno: Iuno ist die Göttin »junge Frau« (vgl. *iu-venis* etc.), die das
    Leben der Frau in allen Phasen (Geburt, Ehe, Tod) begleitete. Viele
    Wesenszüge aus italischen Lokalgottheiten abgeleitet, später mit
    Hera gleichgesetzt und als Gattin Iuppiters verehrt (Iuno Regina).
    Ihr waren alle Kalenden (Monatsanfänge) heilig.
Iuppiter: Oberster Himmels- und Wettergott (Stamm *dieu-* zu *dies*).
    Ihm waren die Iden (Vollmondnächte) und die Blitze heilig. Stam-
    mesgott des Latinerbundes, als Iuppiter Optimus Maximus (*opti-
    mus* zu *ops*) Staatsgott Roms (zusammen mit Iuno und Minerva
    verehrt – kapitolinische Trias), mit Zeus gleichgesetzt.
Iuppiter Feretrius: Ableitung des Namens aus *ferire* (der römische
    Feldherr erschlägt den feindlichen Führer und weiht I. F. die *spolia
    opima*) oder *ferre* (die *spolia opima* werden ihm dargebracht); alter
    Tempel auf dem Kapitol.
Labici: unbedeutender Ort südöstlich Roms, Ende der Via Labicana.
Lanuvium: Latinerstadt am Südhang der Albanerberge.
Latini: Name mit Latinos, dem Sohn des Odysseus und der Kirke in
    Zusammenhang gebracht; Sammelbezeichnung für die Bevölke-
    rung Latiums, die aber keine einheitliche ethnische Struktur auf-
    wies. Ausdehnung: von Sabiner-, Aequer- und Hernikerbergen
    umschlossen.
Liber, Libera: Vgl. Ceres. Namen mit *libare* gießen oder *liberare*
    (befreien) erklärt. Durch frühe Angleichung an Dionysos genuine
    Wesenszüge unklar, mit seiner Gattin (Schwester) Libera und Ce-
    res als Trias verehrt; Fest der Liberalia am 17. März.
Lucretia: Gattin des L. Tarquinius Collatinus; vom Königssohn Sex.
    Tarquinius vergewaltigt, verübte sie Selbstmord und gab damit den
    Anlaß zum Sturz des Königtums.
L. Lucretius Tricipitinus: Konsul 462, Triumph über Aequer und
    Volsker, Stadtpräfekt, angeblich Gegner der Decemvirn.
L. Mamilius: Sandte als Diktator von Tusculum 460 Rom gegen Ap.
    Herdonius Hilfe, bekam dafür die römische Bürgerschaft.
Sex. Mamilius: Anläßlich der zweiten *secessio plebis* zum Kriegstri-
    bun gewählt. Gestalt vermutlich unhistorisch.
A. Manlius Vulso: Konsul 474, gehörte dem ersten Decemvirat an,
    zum Studium der solonischen Gesetze nach Athen geschickt.
Mars: Alter italischer Bauerngott (urspr. Grenzschützer), nach
    Angleichung an Ares Kriegsgott. Stammvater des Romulus und
    Remus, daher auch Roms, wo er einen hohen Stellenwert besaß:
    ihm waren das Marsfeld und der März geweiht, er hatte einen
    Eigenpriester (*flamen Martialis*), die Priesterschaften der Salii und

Verzeichnis der Eigennamen 243

Arvales besorgten seinen Kult. Beinamen: Gradivus (der im Kampf Voranschreitende) und Quirinus (Speergott?).

Martius campus: Dem Mars geweihtes Staatsland gegenüber dem *ager Vaticanus* im Osten bis zur Via Flaminia, im Süden bis zum Kapitol. Das nur dünn bebaute Gelände beherbergte einen Marsaltar und diente sportlichen und militärischen Zwecken.

C. Menenius Lanatus: Konsul 452.

Minerva: Sabinische Gottheit, als *custos urbis* Stadtgöttin, daher Gleichsetzung mit Athena Polias. Heiligtum auf dem Kapitol (Göttin der kapitolinischen Trias) und dem Aventin, Schirmherrin der Handwerker, Lehrer und Ärzte.

L. Minucius Esquilinus Augurinus: Cos. suff. 458, von den Aequern am Algidus umzingelt und von L. Quinctius Cincinnatus befreit, Mitglied im zweiten Decemvirat.

Q. Minucius Esquilinus Augurinus: Konsul des Jahres 457, Bruder des L. Minucius.

C. Nautius Rutilus: Zweifacher Konsul (475, 458), er regte die Wahl des L. Quinctius zum Diktator an.

Nomentana via: Straße im Nordosten Roms, die von der *porta Collina* ihren Ausgang nahm.

P. Numitorius: Großvater (Großonkel?) der Verginia, für die er zusammen mit Icilius gegen Ap. Claudius eintrat. Angeblich 449 Volkstribun.

C. Oppius: Nach dem Sturz der Decemvirn 449 Volkstribun.

M. Oppius: Nach der Ermordung Verginias Kriegstribun.

Sp. Oppius Cornicinus: Mitglied des zweiten Decemvirates, nach dessen Sturz er angeklagt wurde und Selbstmord beging.

Ortona: Nur ungenau zwischen Praeneste und Tusculum lokalisierbare latinische Ortschaft.

Q. Poetelius: Der Überlieferung nach im zweiten Decemviratskollegium vertreten, aber historisch kaum faßbar.

M. Pomponius: Volkstribun 449.

A. Postumius Albus: Konsul 464, nahm 458 an der Gesandtschaft zu den Aequern teil.

Sp. Postumius Albus Regillensis: Konsul 466, nach Athen gesandt, um die Gesetze Solons zu studieren.

Praenestinus ager: Das Gebiet um Praeneste (heute Palestrina), einer alten, 338 endgültig von Rom unterworfenen Latinerstadt.

Sex. Quinctilius: Konsul 453, fiel im selben Jahr der Seuche zum Opfer.

Caeso Quinctius: Sohn des Diktators L. Quinctius Cincinnatus.

244   Verzeichnis der Eigennamen

Vom Volkstribunen A. Verginius 461 in einem Kapitalprozeß angeklagt (Verletzung der tribunizischen *sacrosanctitas*), ging er vor dem Urteil ins Exil.

T. Quinctius Capitolinus Barbatus: Sechsmaliger Konsul (471, 468, 465, 446, 443, 439); nach seinem Sieg über Volsker und Antiaten Mitglied der Dreierkommission zur Koloniegründung im Gebiet von Antium; 446 einte er das Volk zum abermaligen Krieg gegen die Aequer.

L. Quinctius Cincinnatus: Cos. suff. 460. Zwei Jahre später wurde er vom Pflug zum Diktator berufen, um den Aequerkrieg zu leiten. Nach dessen siegreichem Ende legte er sein Amt nieder. Gemäß römischem Selbstverständnis war Cincinnatus Muster eines *vir vere Romanus*, doch ist seine Diktatur chronologisch nicht fixierbar.

Quinctia prata: Vgl. Anm. zu Liv. 3,26,8.

Quirites: Synonym für *cives Romani*.

M'. Rabuleius: Gehörte dem zweiten Decemvirat an, 449 von den Sabinern bei Eretum geschlagen.

Racilia: Gattin des L. Quinctius Cincinnatus.

Regillum: Ortschaft im Sabinerland, Stammsitz der *gens Claudia* und während des Decemvirates Exil des C. Claudius.

Regillus lacus: Nicht lokalisierbar, Schauplatz der Entscheidungsschlacht zwischen Römern und Sabinern; kein Zusammenhang mit der sabinischen Stadt Regillum.

Roma: Name vom etruskischen Geschlecht Rumlna ableitbar; seit dem 10. Jh. Besiedelung des Palatin, um 650 mit dem *pomerium* umzogen (das von Varro für den 21. April 753 errechnete Gründungsdatum ist legendär). Trotz starker etruskischer Einflüsse (Herrschaft der Tarquinier, Übernahme etruskischen Kulturgutes) blieb die Siedlung ethnisch von Römern und Sabinern dominiert. Um 508 Vertreibung der etruskischen Könige, in der Folge innere Konsolidierung durch Zugeständnisse an die Plebs, Ausbreitung nach Mittelitalien.

T. Romilius Rocus Vaticanus: Aus patrizischer Familie, Konsul 455; wegen des Verkaufs der Kriegsbeute zu einer Geldstrafe verurteilt.

Romulus: Legendärer Stammvater Roms, nach älterer Überlieferung Sohn des Aeneas, galt er seit der Annalistik (Fabius Pictor) als Sohn des Mars und der Vestalin Rea Silvia (Ilia). Mit seinem Zwillingsbruder Remus im Tiber ausgesetzt, wurde er von einer Wölfin gerettet und von Faustus und Acca Larentia aufgezogen. Bei der Gründung Roms erschien ihm ein *augurium maximum* (12 Geier). Nach der Ermordung des Remus erster König Roms: Einrichtung

Verzeichnis der Eigennamen 245

neuer Kulte, Gliederung der Bürgerschaft, Kalender, während eines Gewitters angeblich von Senatoren getötet.

Sabini: Sittenstrenges und weitverzweigtes Bergvolk in Mittelitalien zwischen Tiber, Umbrien, Picenum und dem Gebiet der Aequer. Seit frühester Zeit mit Rom durch das Doppelkönigtum verbunden (T. Tatius – Romulus), siedelten sie auf dem Quirinal. Ihre Einfälle in das fruchtbare Latium waren bis zum Sieg des M. Curius Dentatus im Jahre 290 zahlreich.

Sacer mons: Vgl. Anm. zu Liv. 3,50,13. Hügel am Ufer des Anio, der von den Historikern des zweiten Jh.s v. Chr. als Ziel der Auswanderung der Plebs angesehen wurde.

P. Scaptius: Soll durch eine falsche Zeugenaussage im Grenzstreit zwischen Ardea und Aricia die Inbesitznahme des Landes durch Rom bewirkt haben; als Persönlichkeit unhistorisch.

M. Sergius: Patrizier, Mitglied im zweiten Decemvirat, 449 von den Aequern am Algidus geschlagen.

P. Servilius Priscus: Konsul 463, starb im selben Jahr an der Seuche.

Q. Servilius Priscus: Zweifacher Konsul (468, 466). Begann 466 den Krieg gegen die Aequer; ein Jahr später Stadtpräfekt; 459 klagte er den M. Volscius des Meineides an.

L. Sestius: 451 wegen Mordes angeklagt; obwohl der Fall in die Kompetenz der Decemvirn gehört hätte, überließen sie die Entscheidung dem Volk.

P. Sestius Capitolinus Vaticanus: Konsul des Jahres 452, Mitglied des ersten Decemvirates.

L. Siccius Dentatus: Vgl. Anm. zu Liv. 3,43,2. Plebejischer Kriegsheld (»römischer Achill«), auf Befehl der Decemvirn 449 meuchlings ermordet; Historizität sehr unwahrscheinlich.

C. Sicinius: Volkstribun nach dem Sturz der Decemvirn.

Solon aus Athen: Einer der 7 Weisen des Altertums, Staatsmann und Dichter. Im Konflikt zwischen Großgrundbesitzern und Kleinbauern zum Schiedsrichter (διαλακτής) gewählt, setzte er die allgemeine Schuldentilgung durch (σεισαχθεία) und kodifizierte Rechtswesen wie Verfassung (Veröffentlichung der Gesetze auf drehbaren Holztafeln – ἄξόνες). Danach verließ er Athen (Besuch des Lyderkönigs Kroisos), mußte aber noch den Beginn der Tyrannei des Peisistratos erleben. Als Elegiendichter reflektierte er über staatliche Eintracht und Gerechtigkeit.

Subura: Ärmliches Stadtviertel der 4. Region zwischen Oppius und Viminal.

246 _Verzeichnis der Eigennamen_

Ser. Sulpicius Camerinus Cornutus: Konsul 500, starb 463 als _curio maximus_ an der Seuche.

Ser. Sulpicius Camerinus Cornutus: Konsul 461, nahm an der Gesandtschaft nach Athen teil und gehörte dem ersten Decemvirat an. Seit Valerius Antias schrieb man einige seiner Tätigkeiten fälschlich einem Vertreter der gleichen _gens_ mit dem Praenomen Publius zu.

Sp. Tarpeius: Mitglied einer im 5. Jh. ausgestorbenen Familie; unsicherer Überlieferung nach Konsul des Jahres 454. Anläßlich der zweiten _secessio plebis_ gehörte er der Gesandtschaft des Senates an.

Tarquinii: Etruskisches Herrschergeschlecht, Name latinisiert aus etruskisch _tarquna_. Aus dieser Dynastie stammten der Überlieferung nach der 5. (L. Tarquinius Priscus) und 7. (L. Tarquinius Superbus) König Roms.

L. Tarquinius Flaccus: 458 Reiteroberst (_magister equitum_) des Diktators Cincinnatus (in den Fasti Tarquitius genannt).

C. Terentilius Harsa: Volkstribun, der 462 den Antrag einbrachte, »fünf Männer mit konsularischer Befugnis zur Abfassung von Gesetzen« zu wählen.

Tiberis: Der alte Name des Flusses (Albula) wurde verdrängt, seit ein König im Strom ertrunken und ihm seinen Namen gegeben haben soll. Er entspringt bei Arretium im Apennin und mündet als zweitgrößter Fluß Italiens bei Ostia ins Meer. Ehemals Völkerscheide zwischen Etruskern (am rechten Ufer) und Umbrern, Sabinern bzw. Latinern.

M. Titinius: 449 nach dem Sturz der Decemvirn Volkstribun.

L. Trebonius Asper: Brachte als Volkstribun 448 ein Gesetz ein, das die Wahl von zehn Tribunen vorschrieb (Verbot der _cooptatio_).

Tusci (Etrusci): Volk rätselhafter Herkunft (Oberitalien, Kleinasien?), das in Mittelitalien und in der Poebene seßhaft war (Ostgrenze Apennin). In einzelnen Städtebünden organisiert, entwikkelten sie sich nie zu einem geschlossenen Staat; trotzdem ist ihr kultureller Einfluß auf Rom kaum zu unterschätzen. Da ihre Sprache wohl gelesen, nicht aber übersetzt werden kann, lassen sich tiefere Einblicke in das Leben der Etrusker nur aus den Fresken der zahlreichen Nekropolen gewinnen.

Tusculum: Von Alba Longa gegründete Latinerstadt in den Albanerbergen an der Via Latina; seit früher Zeit gutes Verhältnis zu Rom.

Valerius Antias: Historiker der sullanischen Epoche (»jüngerer Annalist«), Verfasser von nur mehr bruchstückhaft erhaltenen Annales, die von der Gründung Roms bis zum Tod Sullas (78) reich-

Verzeichnis der Eigennamen 247

ten. Vorwiegend um effektvolle Schilderung bemüht, wurde er bereits von Livius wegen seiner fehlerhaften Zahlenangaben kritisiert, gleichwohl häufig als Quelle herangezogen.

M. Valerius Maximus: Text verdorben für M'. Diktator 494, dankte nach dem Scheitern seiner Reformvorschläge für die Plebs ab, sein Tod während der Seuche von 463 ist späte Rekonstruktion.

M. Valerius Maximus: Sohn des M'. Valerius, Quästor 458, Konsul 456.

L. Valerius Publicola Potitus: Sohn des P. Valerius. Wie alle Valerier sehr volksfreundlich, soll er in seinem Konsulat von 449 die während des Decemvirates beschnittenen Rechte der Plebs und der Volkstribunen gestärkt haben.

Vecilius mons: Nicht näher lokalisierbarer Hügel (Algidus?).

Veiens hostis: Veji war eine reiche, auf einem Plateau gelegene Etruskerstadt nördlich Roms, mit dem es seit ältester Zeit verfeindet war. Obwohl die Stadt das römische Geschlecht der Fabier an der Cremera vernichtet hatte, wurde sie im 5. Jh. von A. Cornelius Cossus eingenommen.

Verginia: Tochter des L. Verginius; von ihrer Schönheit geblendet, befahl der Decemvir Ap. Claudius einem Gefolgsmann, sie als Sklavin zu beanspruchen. Appius, selbst der Richter in diesem Streitfall, erklärte das Mädchen zur Sklavin seines Klienten. Daraufhin erstach der Vater seine Tochter, um sie vor Schande zu bewahren; zur Historizität vgl. L. Verginius.

A. Verginius: Volkstribun von 461–457, trieb Quinctius durch seine Anklage aus dem Jahr 461 ins Exil. Da die Verginier einer patrizischen *gens* angehörten, ist dieses Volkstribunat historisch fragwürdig.

L. Verginius: Vater der von Ap. Claudius begehrten Verginia; als der Decemvir das Mädchen seinem Gefolgsmann als Sklavin zuerkannte, tötete er seine Tochter, um ihre Ehre zu retten. Danach wiegelte er das Heer zum Aufstand gegen die Decemvirn auf und wurde zum Volkstribun gewählt. Die Geschichte ist lediglich eine Dublette zur Tragödie um Lucretia, Verginius als Individuum historisch nicht faßbar.

Sp. Verginius Tricostus Caelimontanus: Unter seinem Konsulat von 456 wurde der Aventin für die allgemeine Besiedlung freigegeben.

T. Verginius Tricostus Caelimontanus: Konsul 448.

T. Verginius Tricostus Rutulus: Erlitt 479 als Konsul eine Niederlage gegen Veji und starb als Augur an der Seuche des Jahres 463.

C. Veturius Cicurinus: Konsul 455; weil er die Beute aus dem

248   *Verzeichnis der Eigennamen*

Aequerkrieg verkauft hatte, wurde er vom Volksädil L. Alienus angeklagt und auch verurteilt; 453 zum Augur gewählt.

T. Veturius Geminus Cicurinus: 462 nach einem Interregnum zum Konsul gewählt, gelang ihm ein Sieg über die Aequer, wofür man ihm die *ovatio* gewährte; Mitglied des ersten Decemvirates.

Vetusius: Ältere Schreibform für Veturius.

Ap. Villius: 449 nach dem Sturz der Decemvirn Volkstribun.

Volsci: Ein mit den Umbrern verwandtes mittelitalisches Volk zwischen Latium und Kampanien; seit dem Beginn des 5. Jh.s Angriffe gegen den Latinerbund und Rom. Ein halbes Jh. später von Rom wieder zurückgedrängt.

M. Volscius Fictor: Volkstribun, beschuldigte 461 durch seine Zeugenaussagen den Caeso Quinctius des Brudermordes; wurde aber 458 wegen Meineides verurteilt und ging in die Verbannung. Person und Schicksal sind später erfunden worden.

P. Volumnius Amintinus Gallus: Konsul 461. Ein Jahr danach übernahm er das Kommando des beim Angriff gegen Ap. Herdonius gefallenen P. Valerius. 458 nahm er an der Gesandtschaft zu den Aequern teil.

Inhaltsüberblick

Ereignisse

	In Rom	Auswärts
1,1–1,7	Ein geplantes Ackergesetz führt zu Unruhen.	
1,8–5		Zwei Kriege gegen die Aequer und ihre volskischen Verbündeten werden siegreich beendet.
6,1–7	Eine verheerende Seuche ruft ein Massensterben hervor.	Neuerlich fallen Aequer und Volsker in röm. Gebiet ein.
8	Überwindung der Krankheit.	Aequer und Volsker ziehen geschlagen ab.
9,1–11,5	Der Antrag des Volkstribunen C. Terentilius Harsa, zur Reduzierung konsularischer Macht eine Fünferkommission zu wählen, wird zurückgezogen, führt aber im nächsten Jahr zu Spannungen zwischen Senat und Plebs.	
11,6–13	Der Patrizier Caeso Quinctius wird vom Volkstribunen A. Verginius angeklagt und geht vor dem Urteil ins Exil.	
14–15,4	Durch kluges Taktieren verhindern junge Patrizier die Annahme der *lex Terentilia*.	
15,5–17	Verbannte und Sklaven besetzen unter Führung des Ap. Herdonius das Kapitol. Als sich die Tribunen einer Truppenaushebung widersetzen, droht der Konsul P. Valerius mit Gewalt.	
18,1–4		L. Mamilius, der Diktator von Tusculum, beschließt, Rom zu unterstützen.
18,5–11	Wiedereroberung und Entsühnung des Kapitols.	

250 *Inhaltsüberblick*

19–22,1	Der Konsul L. Quinctius Cincinnatus erneuert die staatliche Einheit.	
22,2–23		Erfolgreiche Feldzüge gegen Aequer und Volsker.
24–25,4	Streit um die *lex Terentilia* und den Prozeß gegen Caeso.	
25,5–26,5		Plötzlicher Einfall der Aequer und Sabiner.
26,6–27	L. Quinctius Cincinnatus wird zum Diktator bestimmt und einigt das Volk.	
28–29		Cincinnatus triumphiert über die Feinde und legt sein Amt vor der Frist nieder.
30–32	Die Zahl der Volkstribunen wird von 5 auf 10 erhöht. Zur Abschrift der Gesetze Solons reist eine Gesandtschaft nach Athen.	
33–34,6	Im Zuge einer Verfassungsreform wählt man 10 Männer, die Decemvirn, zur obersten Behörde. 10 Gesetzestafeln werden öffentlich aufgestellt.	
34,7–35	Die zweite Wahl von Decemvirn.	
36–37	Durch den Einfluß des Ap. Claudius entartet das zweite Decemvirat zur Tyrannei.	
38–41	Beginnende Opposition des Senates gegen die Decemvirn, die trotz heftigen Widerstandes eine Truppenaushebung erlassen.	Angriffe der Sabiner und Aequer.
42–43		Niederlage der Römer bei Eretum und am Algidus. L. Siccius wird von Schergen der Decemvirn im Feindesland getötet.
44–48,5	Ap. Claudius läßt die Jungfrau Verginia, die er vergeblich umworben hat, zur Sklavin erklären. Um sie vor Schande zu bewahren, tötet sie ihr eigener Vater.	

Inhaltsüberblick 251

48,6–49	Offene Empörung gegen die Decemvirn; Ap. Claudius flieht.
50,1–13	Das Heer fällt von den Decemvirn ab.
50,14–54	Der zweite Auszug der Plebs aus Rom; der Senat nimmt die Forderungen des Volkes an. Die Decemvirn danken ab, die alte Verfassung wird wiederhergestellt; Neuwahl von Volkstribunen.
55–58	Der Schutz der Volkstribunen wird in den Gesetzen der Konsuln Valerius und Horatius verankert. Ap. Claudius, von Verginias Vater angeklagt, geht vor der Verurteilung in den Freitod. Verbannung der übrigen Decemvirn.
59	M. Duilius mäßigt die Tribunen.
60–61,10	Valerius schlägt Aequer und Volsker.
61,11–63	Auch das zweite römische Heer bleibt gegen die Sabiner siegreich. Ohne Zustimmung des Senates triumphieren die Konsuln auf Geheiß des Volkes.
64–66,2	Unstimmigkeiten zwischen Senat und Volk bezüglich der Kooptation von Volkstribunen.
66,3–6	Aequer und Volsker plündern das offene Land und ziehen ungestraft ab.
67–68	In einer großangelegten Rede tadelt der Konsul T. Quinctius die Zwietracht im Volk.
69	Unter dem Einfluß der Rede wird einmütig eine Truppenaushebung beschlossen.
70	Unter Führung beider Konsuln gewinnen die Römer die Schlacht.

252 · *Inhaltsüberblick*

71–72   Das römische Volk spricht
        sich in einem Prozeß, in dem
        es als Schiedsrichter angerufen
        wurde, auf Betreiben eines
        Scaptius das strittige Land
        selbst zu.

Literaturhinweise

Textausgaben und Übersetzungen

Tite-Live. Histoire romaine. Traduction nouvelle, avec une introduction et des notes par E. Lassere. Bd. 2: Livres III–V. Paris 1936.

Titus Livius: Römische Geschichte. Übers. von E. Bednara. Bd. 2: 3. und 4. Buch. Limburg 1952.

Titus Livius: Storia di Roma. Testo latino e versione di G. Vitali. Bd. 1: Libri I–III. Bologna 1952.

Storie di Tito Livio. La prima deca. A cura di L. Perelli. Turin 1953.

Livy. The early history of Rome. Books I–V of the history of Rome from its foundation. Transl. by A. de Sélincourt. Baltimore 1960.

Titi Livi Ab urbe condita Libri. Bearb. von W. Weissenborn und H. J. Müller. Bd. 2: Buch 3.4. Erkl. von W. Weissenborn. Berlin [12]1966.

Livy. With an English Translation. Bd. 2: Books III and IV. Transl. by B. O. Foster. London 1967. (Loeb Classical Library.)

Tite-Live: Histoire romaine. Texte établi par J. Bayet et trad. par G. Baillet. Bd. 3: III. Livre. Paris 1969.

Titus Livius: Ab urbe condita. Rec. et adnot. crit. instr. R. S. Conway et C. F. Walters. Bd. 1: Libri I–V. Oxford 1969.

Titus Livius: Römische Geschichte seit Gründung der Stadt. Übers. von H. Dittrich. Bd. 1: 1.–5. Buch. Berlin 1978.

Titus Livius: Ab urbe condita. Liber I / Römische Geschichte. 1. Buch. Lat./Dt. Übers. und hrsg. von R. Feger. Stuttgart 1981.

Tito Livio: Storia di Roma della sua fondazione. Trad. di M. Scandola. Bd. 2: Libri III–IV. Mailand 1982.

Titi Livi Ab urbe condita. Rec. et adnot. crit. instr. R. M. Ogilvie. Bd. 1: Libri I–V. Oxford [3]1984.

Titus Livius: Römische Geschichte. Buch 1–3. Übers. und hrsg. von H. J. Hillen. München/Zürich 1987.

Titus Livius: Ab urbe condita. Liber II / Römische Geschichte. 2. Buch. Lat./Dt. Übers. und hrsg. von M. Giebel. Stuttgart 1987.

Sekundärliteratur

Alföldi, A.: Römische Frühgeschichte. Kritik und Forschungen seit 1964. Heidelberg 1976.

Bloch, R.: Tite-Live et les premiers siècles de Rome. Paris 1965.

254 *Literaturhinweise*

Bonfante, P.: Storia del diritto Romano. 2 Bde. Mailand 1959.

Borneque, H.: Tite-Live. Paris 1933.

Burck, E.: Die Erzählkunst des Livius. Berlin 1964.

– Wege zu Livius. Darmstadt 1977. (Wege der Forschung. 132.)

Christ, K.: Römische Geschichte. Einführung. Quellenkunde. Bibliographie. Darmstadt ³1980.

Dorey, T. A. (Hrsg.): Livy. London 1971.

Düll, R.: Das Zwölftafelgesetz. München/Zürich ⁶1980.

Erb, N.: Kriegsursachen und Kriegsschuld in der ersten Pentade des Livius. Zürich 1963.

Finley, M. I.: Antike und moderne Demokratie. Stuttgart 1980.

Fries, J.: Historische und literarische Aspekte seiner Darstellung bei T. Livius. In: Beiträge zur klassischen Philologie 169 (1985) S. 291.

Geldner, H. N.: Lucretia und Verginia. Studien zur virtus der Frau in der römischen und griechischen Literatur. Mainz 1977.

Gjerstad, E.: Early Rome. 6 Bde. Lund 1953–73.

Gries, K.: Constancy in Livy's Latinity. New York 1947.

Haberman, L.: Nefas ab libidine ortum. Sexual morality and politics in the early books of Livy. In: The Classical Bulletin (1981) S. 8–11.

Haffter, H.: Rom und römische Ideologie bei Livius. In: Gymnasium 71 (1964) S. 236–250.

Hellmann, F.: Livius-Interpretationen. Berlin 1939.

Heuß, A.: Die innere Zeitform bei Livius. In: Livius. Werk und Rezeption. Festschrift für E. Burck. München 1983. S. 175–215.

Hoch, H.: Die Darstellung der politischen Sendung Roms bei Livius. Frankfurt a. M. 1951.

Hoffmann, W.: Livius und die römische Geschichtsschreibung. In: Antike und Abendland 4 (1954) S. 170–186.

Howald, E.: Vom Geist antiker Geschichtsschreibung. Oldenburg/München 1944.

Kajanto, J.: God and Fate in Livy. Turku 1957.

Kaser, M.: Das römische Privatrecht. 2 Bde. München 1955. (Handbuch der Altertumswissenschaft. X 3,3,1 und X 3,3,2.)

– Das römische Zivilprozeßrecht. München 1966. (Handbuch der Altertumswissenschaft. X 3,4.)

Kissel, W.: Livius 1933–1978: Eine Gesamtbibliographie. In: Temporini/Haase (Hrsg.): Aufstieg und Niedergang der römischen Welt. Tl. 2. Bd. 30. Hbd. 2. Berlin / New York 1982. S. 899–997.

Klingner, F.: Livius. Zur Zweitausendjahrfeier. In: F. K.: Römische Geisteswelt. Essays zur Lateinischen Literatur. Stuttgart ⁵1979. S. 458–482.

Literaturhinweise 255

Kühnast, L. Chr. F.: Die Hauptpunkte der Livianischen Syntax. Berlin 1872.

Laggner, B.: Untersuchungen zur Topologie in den Reden der ersten und dritten Dekade des Livianischen Geschichtswerkes. Graz 1972.

Lambert, W.: Die indirekte Rede als künstlerisches Stilmittel des Livius. Zürich 1946.

Latte, K.: Römische Religionsgeschichte. München 1960. (Handbuch der Altertumswissenschaft. V,4.)

Lefèvre, E. / Olshausen, E. (Hrsg.): Livius. Werk und Rezeption. Festschrift für E. Burck zum 80. Geburtstag. München 1983.

Lintott, A. W.: Violence in Republican Rome. Oxford 1968.

Luce, T. J.: Livy. The composition of his history. Princeton 1977.

Machiavelli, N.: Discorsi. Gedanken über Politik und Staatsführung. Übers., eingel. und erl. von R. Zorn. Stuttgart 1977.

Mazza, M.: Storia e ideologia in Livio. Catania 1966.

Meyer, E.: Römischer Staat und Staatsgedanke. Zürich [2]1964.

Mommsen, Th.: Römisches Staatsrecht. Bd. 1–3. Unveränd. photomech. Nachdr. der 3. Aufl. Graz 1952/53.

Nash, E.: Pictorial Dictionary of ancient Rome. New York [4]1981.

Nissen, H.: Italische Landeskunde. Bd. 1. 2. Berlin 1883–1902.

Ogilvie, R. M.: A commentary on Livy. Books 1–5. Oxford [4]1984. [Repr. with correct.]

– Das frühe Rom und die Etrusker. München 1983.

Pabst, W.: Quellenkritische Studien zur inneren römischen Geschichte der älteren Zeit bei Titus Livius und Dionys von Halikarnaß. Innsbruck 1969.

– Die Ständekämpfe in Rom als Beispiel für einen politisch-sozialen Konflikt. In: Der altsprachliche Unterricht 16,3 (1973) S. 5–28.

Phillips, J. E.: Current Research in Livy's First Decade: 1959–1979. In: Temporini/Haase (Hrsg.): Aufstieg und Niedergang der römischen Welt. Tl. 2. Bd. 30. Hbd. 2. Berlin / New York 1982. S. 998–1057.

Platner, S. B. / Ashby, Th.: A topographical Dictionary of ancient Rome. Oxford 1929.

Pöschl, V. (Hrsg.): Römische Geschichtsschreibung. Darmstadt 1969. (Wege der Forschung. 90.)

Ridley, R. T.: Livy and the concilium plebis. In: Klio 62 (1980) S. 337–354.

Rieche, A.: Das antike Italien aus der Luft. Mit 58 Karten und Plänen von U. Hess. Bergisch Gladbach 1978.

256 *Literaturhinweise*

Ruchenbusch, E.: Die Zwölftafeln und die römische Gesandtschaft nach Athen. In: Historia 12 (1963) S. 250–253.

Schmitt, G.: Frauenszenen bei Titus Livius. Göttingen 1951.

Schönlein, P. W.: Sittliches Bewußtsein als Handlungsmotiv bei römischen Historikern. Erlangen 1965.

Siber, H.: Römisches Verfassungsrecht in geschichtlicher Entwicklung. Lahr 1952.

Stübler, G.: Die Religiosität des Livius. Stuttgart/Berlin 1941. (Tübinger Beiträge zur Altertumswissenschaft. 35.)

Syme, R.: Livius und Augustus. In: Prinzipat und Freiheit. Hrsg. von R. Klein. Darmstadt 1969. (Wege der Forschung. 135.) S. 169–255.

Täubler, E.: Untersuchungen zur Geschichte der Decemvirats und der Zwölftafeln. Berlin 1921.

Tränkle, H.: Livius und Polybios. Basel/Stuttgart 1977.

Treptow, R.: Die Kunst der Reden in der ersten und dritten Dekade des livianischen Geschichtswerkes. Kiel 1964.

Vogt, J.: Die römische Republik. Freiburg i. Br. ²1951.

Vretska, K.: Die Geisteshaltung der Geschichtsschreiber Sallust und Livius. In: Gymnasium 61 (1954) S. 191–203.

Walsh, P. G.: The Literary Techniques of Livy. In: Rheinischer Merkur 97 (1954) S. 94–114.

– Livy's preface and the distortion of history. In: American Journal of Philology 76 (1955) S. 369–383.

– Livy. His historical aims and methods. Cambridge 1961.

– Livy and Stoicism. In: American Journal of Philology 79 (1958) S. 355–375.

Watson, A.: Rome of the XII tables. Princeton 1975.

Wille, G.: Der Aufbau des livianischen Geschichtswerkes. Amsterdam 1973.

Zeger, N.: Wesen und Ursprung der tragischen Geschichtsschreibung. Köln 1959.

Nachwort

»Wer sich mit der gegenwärtigen und antiken Geschichte beschäftigt, erkennt leicht, daß alle Staaten und alle Völker von jeher die gleichen Wünsche und die gleichen Launen hatten. Untersucht man also sorgfältig die Vergangenheit, so ist es ein leichtes, in jedem Staat die Zukunft vorherzusehen und die gleichen Mittel anzuwenden, die auch von den Alten angewandt wurden, oder bei ähnlichen Ereignissen neue auszudenken, wenn bereits erprobte Mittel nicht zur Hand sind.«

Diese Worte wurden zwischen den Jahren 1513–1522, in einer Zeit politischer und geistiger Umwälzungen niedergeschrieben. Ihr Verfasser war Florentiner und der wohl talentierteste Politiker seiner Zeit – er hieß Niccolò Machiavelli. Das aus den *Discorsi sopra la prima deca di Tito Livio* (I, 39) entnommene Zitat konfrontiert uns mit einem Problem, dem wir heute ebensowenig ausweichen können wie die Menschen der Renaissance, und das uns vor die Frage stellt: Wozu Livius, wozu Beschäftigung mit den »Alten«? Machiavelli, zum Zeitpunkt der Abfassung seiner *Discorsi*, politischer Erörterungen also, die von den ersten 10 Büchern des Livius ausgehen, politisch kaltgestellt und zu verhaßter Untätigkeit gezwungen, erachtete es als seine Pflicht, wenn schon nicht durch politisches Wirken, so doch durch Reflexion und Analyse seiner Heimatstadt Florenz nützlich zu sein. Als historischer Denker beurteilte er jedes Geschehen vom Blickpunkt des Werdens und Vergehens aus, so daß die Bezugnahme auf Rom, die Stadt, die aus einem Nichts zu einem Weltreich gewachsen war, einsichtig und der Blick auf Livius, den Historiker dieses Aufstieges, nur logisch war. Hinter dieser Methode der Gegenwarts- und Zukunftsdeutung steht die bereits von Thukydides artikulierte Vorstellung von der Parallelität geschichtlicher Ereignisse, die einer allgemeinen Gesetzlichkeit folgend, zu jeder Zeit deckungs-

Nachwort

gleich ablaufen, wenn nur die Voraussetzungen die gleichen sind. Das Studium der Vergangenheit war für Machiavelli demnach kein antiquarisches Gaudium, sondern Methode, sich in einer, wie er glaubte, schematisch funktionierenden Welt orientieren zu können.

Das 20. Jahrhundert freilich scheint der Retrospektivität als einer produktiven Instanz zur Problemlösung nichts mehr abgewinnen zu können. Die Allmacht der Medien, die internationale Vernetzung ökonomischer Strukturen und die Datenverarbeitung haben uns der griechisch-römischen Antike, deren Stadtstaaten von einer »face to face«-Gesellschaft geprägt waren (in Athen, der größten griechischen Demokratie überstieg die Zahl der männlichen Bürger nie 50 000) und eine technische Revolution niemals erlebt haben, nach Meinung zeitgenössischer Politologen entfremdet. Ihr Irrtum besteht allerdings darin, daß beispielsweise die Frage nach der richtigen Verwendung von Mikrochips an sich kein politisches, sondern ein technisches Problem ist, das von Fachleuten gelöst werden kann. Die Entscheidung darüber, ob dieser Expertenvorschlag verwirklicht wird oder nicht, fällt allerdings in den Bereich des Politischen,[1] und muß von politisch denkenden Menschen getroffen werden, für die wiederum die Leistungen der antiken Gemeinwesen eine wertvolle historische Erfahrung darstellen.

Damit hat auch Livius Nachgeborenen Relevantes zu sagen. Doch wird die oben zitierte Lesart Machiavellis, sich Livius als eines Analytikers der römischen Politik in ihrer diachronen Entwicklung zu bedienen, den modernen Leser vor Enttäuschung nicht bewahren und Livius selbst nicht gerecht. Der wahrscheinlich um 59 v. Chr. in Padua geborene und zeit seines Lebens mit dem Stigma des »Provinzlers« behaftete Autor[2] gehörte nämlich im Unterschied zu den römischen

1 Vgl. Finley, (1980) S. 19.
2 Biographie, Sprache und Geschichtsauffassung des Livius werden hier nur am Rande behandelt, da in den zweisprachigen Ausgaben der ersten beiden Bücher, die ebenfalls in dieser Edition vorliegen, auf diese Fragen ausführlich eingegangen wird. (vgl. Feger, 1985, S. 227–237 und Giebel, 1987, S. 227–233).

Nachwort 259

Historikern vor ihm nicht der Senatsaristokratie an, so daß ihm das in diesen Kreisen selbstverständliche politische und militärische Wissen wie auch der direkte Zugang zu den Privatarchiven der führenden Häuser fehlte. Im Umgang mit den übrigen ihm zur Verfügung stehenden Quellen zeigt er, daß er vom heutigen Standpunkt aus unter dem wissenschaftlichen Niveau vieler seiner Vorgänger steht, weil er – und das ist das *punctum saltans* – Historiographie nicht auf Chronologie, Faktentreue oder gesellschaftspolitische Theorien reduziert. Worin liegt dann das Charakteristikum seines literarischen Schaffens begründet?

Eine Antwort kann die Betrachtung einer Passage aus dem hier vorgelegten Buch geben (3,44–49), die mit zu den bekanntesten der 35 erhaltenen Bücher des Werkes zählt: Gemeint ist die Geschichte über die vom Decemvirn Ap. Claudius begehrte und vom eigenen Vater erdolchte Verginia. Es spielt hier keine Rolle, daß die Person der Verginia historisch völlig unglaubhaft ist und von den römischen Annalisten nachträglich fabriziert wurde, um anhand ihres Schicksals Teile aus dem Zwölftafelgesetz zu erläutern, bzw. den Sturz der Decemvirn zu begründen. Von Bedeutung ist vielmehr, daß Livius am Beginn der Erzählung programmatisch Ursache (*libido* des Appius) wie Ausgang (Sturz des Decemvirates) des Dramas vorwegnimmt und somit wie im Epos ein Proömium konzipiert, welches das nun Folgende in einen epischen, d. h. halb mythischen, historisch nicht mehr verifizierbaren Kontext stellt. Zudem reduziert er, da das Ende der Protagonisten bereits im Proömium vorweggenommen ist, die den Ereignissen innewohnende Spannung. Der Leser soll seine Konzentration nicht auf den Ausgang der Erzählung legen, sondern aus den sich nun filmartig abspulenden, linear einem Höhepunkt zustrebenden Bildern die »Moral von der Geschicht'« erfahren. Bewußt unterstreicht Livius die Gesetzmäßigkeit, unter der die einzelnen Szenenbilder stehen (z. B. 3,46,10: »Wie es geschehen mußte, kam die verwerfliche Maßnahme zu spät«.), um sich detailliertere

Erklärungen zu ersparen und die zentrale Aussage klarer an das Publikum zu bringen. Dazu gehört auch der nicht unwesentliche Umstand, daß Verginia, die Hauptakteurin des Stückes, kein einziges Mal selbst zu Worte kommt. Der Rezipient soll sich durch übertriebene Identifikation mit einem Individuum nicht dem übergeordneten Programm des Werkes verschließen. Das didaktische Element nimmt somit im *spectaculum mundi*, in der Welten-, d. h. der Römerschau des Livius einen beherrschenden Rang ein.

Lehrstücke – *exempla* – kommen ohne Lehre nicht aus. Es wäre zu kühn, im Rahmen eines Nachwortes aus dem Gesamtwerk des Paduaners *eine* Generaltendenz herausfiltern zu wollen, doch ist im Livianischen Œuvre ein moralisches Engagement überall greifbar. Der Wertekanon (hier die Antipoden *libido – pudicitia*), an bestimmten Figuren verlebendigt, dient nicht wie bei Sallust als Gradmesser für die ethische Dekadenz des Römervolks, sondern ist Ursache und Triebkraft weiteren Geschehens: nicht eine politische Eigendynamik, die sich aus den Spannungen zwischen den auf dem Status quo beharrenden Decemvirn und der vom publizierten Gesetzwerk enttäuschten Plebs ergibt, führt zum Sturz der Regierung, sondern die vom Volk als positiver Wert anerkannte, von Appius geschändete *pudicitia*. Moralität ist für Livius also produktiv, sie wirkt »geschehensbildend«. So ist sie auch immer aktuell, weil sie sogar in trister Gegenwart – so schätzte Livius das augusteische Zeitalter ein (vgl. praef. 12) – wiederholbar ist und wie im Fall der Verginia eine Wende zum Guten bringen kann. Insofern bleibt in den 142 Büchern das letzte Wort über die Entwicklung Roms unausgesprochen.

Die *exempla* besitzen neben ihrer schöpferischen Kraft auch noch transzendierende Funktion. Denn wie andere Legenden stellt Livius auch die Geschichte über Verginia in engen Zusammenhang mit der für den Leser erfaßbaren Wirklichkeit des augusteischen Rom: die Ermordung des Mädchens soll sich beim Tempel der Venus Cloacina abgespielt haben,

Nachwort

den noch die Zeitgenossen des Livius am Eingang zum Forum sehen konnten. Dieser Brückenschlag in graue Vorzeit macht Vergangenheit lebendig und läßt sinnlich wahrnehmbar begreifen, daß ein historisches Faktum kein zeitlich isoliertes Ereignis von bloß punktueller Bedeutsamkeit ist, sondern als Ursprung eine Gegebenheit begründet, Gegenwart in Vergangenheit einbindet.[3] Die Vergangenheit, vom Staub des Musealen befreit, überschreitet eigendynamisch ihre zeitliche Begrenzung. Von dieser Warte aus kann Livius, obwohl er wissenschaftlicher Kritik oft nicht standhält, tatsächlich als Historiker gelten, weil er Gegenwärtiges einem Vergangenen zuordnet und es von diesem her begreift. Die Beliebtheit des Livius – sein Werk verdrängte fast durchwegs die anderen Darstellungen der römischen Frühzeit – basiert deshalb wohl darauf, daß er Rom, das aus einem Stadtstaat zur Weltstadt geworden war, Möglichkeiten zur Identifikation offeriert, ihm erlaubt hat, sich im Vergangenen zu erkennen. Die aus den entferntesten Teilen des Reiches stammenden, nun in Rom ansässigen Großstadtbürger dürfte, um bei dem Beispiel zu bleiben, das Problem der jungfräulichen Ehre eines vor mehr als 400 Jahren erdolchten Mädchens namens Verginia als solches nur am Rande berührt haben, aber nach Livius wußte man, daß diese Geschichte weiterwirkte und man in irgendeiner Form daran Anteil nehmen durfte, sich zu den Römern zählen konnte. Livius hat diesem Schmelztiegel von Völkern einen Weg aus der Monotonie der Welt in eine neue Zusammengehörigkeit gebahnt.

So ist es nicht die Ereignisgeschichte in ihrer zeitlichen Bedingtheit, um derentwillen uns Livius angeht, sondern seine Fähigkeit, uns mit den Charakteren aus den Tagen des alten Rom mitleben und mitempfinden zu lassen. Der sich daraus ergebende Dialog, notwendig, weil zwischen zwei verschiedenen Welten geführt, bietet uns ebenso wie den ersten Lesern dieses Monumentalwerkes Orientierungshilfe auf der Suche nach den eigenen Wurzeln.

3 Vgl. Heuß (1983) passim.

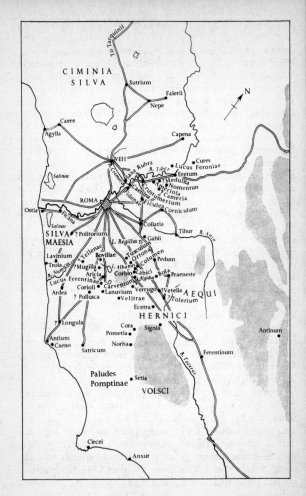

Die Campagna

Inhalt

Ab urbe condita / Römische Geschichte
  Liber III / 3. Buch   4

Zur lateinischen Ausgabe   216

Anmerkungen   217

Verzeichnis der Eigennamen   238

Inhaltsüberblick   249

Literaturhinweise   253

Nachwort   257

Römische Literatur

IN RECLAMS UNIVERSAL-BIBLIOTHEK

Geschichtsschreibung

Augustus, *Res gestae / Tatenbericht*. Lat./griech./dt. (M. Giebel) 9773 [2]

Caesar, *Der Bürgerkrieg*. (M. Deißmann) 1090 [3] – *Der Gallische Krieg*. (M. Deißmann) 1012 [4] – *De bello Gallico / Der Gallische Krieg*. Lat./dt. (M. Deißmann) 9960 [8]

Livius, *Ab urbe condita. Liber I / Römische Geschichte. 1. Buch*. Lat./dt. (R. Feger) 2031 [3] – *Ab urbe condita. Liber II / Römische Geschichte. 2. Buch*. Lat./dt. (M. Giebel) 2032 [3] – *Ab urbe condita. Liber III / Römische Geschichte. 3. Buch*. Lat./dt. (M. Fladerer) 2033 [3] – *Römische Geschichte. Der Zweite Punische Krieg*. (W. Sontheimer) I. Teil. 21.–22. Buch. 2109 [2] – II. Teil. 23.–25. Buch. 2111 [2] – III, Teil. 26.–30. Buch. 2113 [3]

Cornelius Nepos, *Atticus*. Lat./dt. (R. Feger) 994

Sallust, *Bellum Iugurthinum / Der Krieg mit Jugurtha*. Lat./dt. (K. Büchner) 948 [3] – *Historiae / Zeitgeschichte*. Lat./dt. (O. Leggewie) 9796 – *Die Verschwörung des Catilina*. (K. Büchner) 889 – *De coniuratione Catilinae / Die Verschwörung des Catilina*. Lat./dt. (K. Büchner) 9428 [2] – *Zwei politische Briefe an Caesar*. Lat./dt. (K. Büchner) 7436

Sueton, *Augustus*. Lat./dt. (D. Schmitz) 6693 [3] – *Nero*. Lat./dt. (M. Giebel) 6692 [2]

Tacitus, *Agricola*. Lat./dt. (R. Feger) 836 [2] – *Annalen I–VI*. (W. Sontheimer) 2457 [4] – *Annalen XI–XVI*. (W. Sontheimer) 2642 [4] – *Dialogus de oratoribus / Dialog über die Redner*. Lat./dt. (H. Gugel / D. Klose) 3728 [2] – *Germania*. (M. Fuhrmann) 726 – *Germania*. Lat./dt. (M. Fuhrmann) 9391 [2] – *Historien*. Lat./dt. 8 Abb. u. 6 Ktn. (H. Vretska) 2721 [8] (auch geb.)

Die Namen in Klammern geben die Übersetzer bzw. Herausgeber an.

Philipp Reclam jun. Stuttgart